BEHAVIORAL DIMENSIONS OF RETIREMENT ECONOMICS

退休经济学

——应用与实证

Henry J. Aaron 编著

汪泽英　耿树艳　赵巍巍　胡绍英　王　丽　赵晶晶（译）

汪泽英　耿树艳（校译）

中国劳动社会保障出版社

图书在版编目(CIP)数据

退休经济学——应用与实证/Henry J. Aaron 编著；汪泽英，耿树艳等译.
—北京：中国劳动社会保障出版社，2008
ISBN 978-7-5045-7026-0

Ⅰ.退… Ⅱ.①汪… ②耿… Ⅲ.退休-经济学-研究 Ⅳ.F241.34

中国版本图书馆 CIP 数据核字(2008)第 099271 号

中国劳动社会保障出版社出版发行
(北京市惠新东街1号 邮政编码：100029)
出 版 人：张梦欣

*

中国铁道出版社印刷厂印刷装订 新华书店经销
787毫米×1092毫米 16开本 13.75印张 212千字
2008年7月第1版 2008年7月第1次印刷
定价：32.00元

读者服务部电话：010-64929211
发行部电话：010-64927085
出版社网址：http：//www.class.com.cn

译 者 序

退休是人生中的一件大事，以此为转折点，人们在劳动时间、收入来源与水平、休闲时间与方式、生活与交际网络、精神状态等诸多方面发生了重大变化。包括退休年龄、养老金水平在内的退休政策是社会保障乃至社会经济宏观层面必须关注的重大理论与现实问题，它对养老保险基金平衡、劳动力供需、产品竞争力、人口的经济负担与代际利益，已经并将继续产生长远的影响。

由于我国劳动力供给总量在未来几十年内仍然大于劳动力需求，所以冲淡了人们对退休政策与退休行为的关注。当前，以定性分析与宏观探讨为主，主要从经济学与社会学角度研究退休政策。从现有的宏观现象与调查数据观察到，人们的退休观念与行为正在发生改变，不同的人对养老保险待遇政策调整的反映倾向不一，职工在退休年龄选择上有早退、按时退、晚退三种。但对于与退休相关的诸多现象之后的原因缺乏清楚的理论指导与实证分析，这些现象到底是纯经济行为，还是纯社会行为？还是两者的交互作用？如果是多种因素的交互作用，它们是如何交互的？这些都是政策制定与决定中需重点把握的关键问题，但国内对此缺乏研究。Henry J. Aaron 编著的《退休经济学——应用与实证》以美国为背景，运用行为经济学理论与方法，有针对性地探索了以上问题。

行为经济学是一门新兴的学科，真正引起震动的是行为经济学的代表人物、心理学家卡尼曼[①]和特沃斯基在 20 世纪 70—80 年代发表的一系列论文，它融合经济学、心理学、社会学和法律理论于一体，保留了标准经济理论和计量经济学逻辑严密、统计精确的特色，认为人们无法按照经济学的理论和概率的知识，全面地分析问题和进行权衡；相反，人们在判断时往往依赖于一些（可得性与代表性等）启发式思考，决策变得轻松了，但准确性却降低了。它比古典经济学更好地解释了社会经济现象，并成功地应用于金融市场分析、消费分析等领域。行为经济学的理论成果受到中国经济界的关注，并成为 2007 年第七届中国经济学年会讨论专题之一。

Henry J. Aaron 编著的《退休经济学——应用与实证》具有三方面的成就：(1) 拓展了行为经济学的应用领域。将行为经济学理论框架与分析方法系

① 获得 2002 年度诺贝尔经济学奖。

统地应用到公共政策，填补了退休政策与行为方面的空白。(2) 提出了新的退休行为理论，改进人们对退休现象的认识。如面对退休政策的瞬间（或短时）巨大调整（如退休年龄由 65 岁增加到 67 岁），人们行为的反映不是瞬间的，而是一个过程，行为调整是缓慢的、逐步的。在一个群体内，人们的行为很大程度上受到社会关系网的影响，同一群体中退休人员比例增加时，未退休者选择退休的概率增加。由于为退休准备的短期延迟行所造成的损失不大，以至于开始储蓄的时间一再被延迟甚至被无限期地延迟下去。面对不同的政策，人们的选择取决于政策“定格”，既依赖于选择比较描述的基准点，也依赖于描述的形式是否简洁易懂。人们对退休的考虑，不完全是从经济角度，更多的是从个人的效果与福利角度来考虑。劳动力供给中的家庭联合，是达到家庭效用最大化，这一点在退休决策中也相似，它是夫妻双方博奕的结果，倾向于尽可能地同一时间退休等。(3) 实证成果丰富。给予相关的研究成果大量的实证分析，既深化和验证了理论，又形成了一套实证数据获取与处理方法、计算与模拟过程。

《退休经济学——应用与实证》汇集了国际上关于退休政策与行为的最新研究，形成了丰硕的理论成果与实证结论。尽管我国的社会经济背景与发展阶段，以及养老保险政策体系与美国不尽相同，但《退休经济学——应用与实证》对分析研究中国退休问题、推动我国退休政策研究与制定具有指导意见与借鉴价值。

本书由劳动和社会保障部专家和中国人民大学劳动人事学院研究生共同翻译完成，其中：耿树艳译前言，王丽译第 1～3 章，汪泽英译第 4 章，胡绍英译第 5 章，赵巍巍译第 6 章和第 8 章，赵晶晶译第 7 章。耿树艳承担前 3 章的初校工作，其他章节初校与全书统稿工作由汪泽英完成。本书涉及多学科交互，技术细节多且复杂，退休行为分析中的一些术语与表达在中英文里都十分生疏，译文中难免有不尽如人意之处，敬请学界同仁批评指正。

汪泽英

2008 年 3 月 25 日于北京

目　录

引言……………………………………………………………………………（1）

第一章　退休的经济学观察……………………………………………………（5）

第二章　退休、退休研究和退休政策…………………………………………（32）

第三章　信息、预期和退休储蓄………………………………………………（61）

评论……………………………………………………………………………（90）

第四章　退休准备中的延迟行为………………………………………………（98）

评论……………………………………………………………………………（121）

第五章　短暂的社会网络中的协调行为——可计算的代理人退休时间模型……………………………………………………………………（125）

评论……………………………………………………………………………（141）

第六章　社会保障决定中的政策定格与收入流动性偏好……………………（144）

评论……………………………………………………………………………（161）

第七章　从心理学角度看“退休”的经济意义………………………………（164）

评论……………………………………………………………………………（189）

第八章　家庭协议和退休行为…………………………………………………（193）

评论……………………………………………………………………………（207）

引 言

不久前发生的事件使公共政策是否应该用于影响退休行为的问题成为焦点。1996 年，多数社会保障咨询委员会成员赞成提高享受全额社会保障待遇的年龄，后来这个提议也得到了许多议会成员的赞同。1998 年年末，对于未来医疗保险制度，美国两党连立委员会（National Bipartisan Commission）主席 John Breaux 参议员提议，将享受医疗保险待遇的起始年龄从 65 岁提高到 67 岁。这两个提议确实能够降低社会保障和医疗保险的预算支出，也可能促使人们推迟退休从而增加终生的货币收入。如果说随着人均预期寿命的延长应该相应延长工作年限这一尚待商榷的假设观点可以接受的话，这两个提议甚至可以说是“公平”的。但是这些制度变化会提高受影响的劳动者的福利水平吗？又如何得知呢？

本书各篇文章中所采用的创新的分析方法取自于行为经济学。行为经济学是一个新兴的科学领域，集经济学家、心理学家、社会学家和法律学者分工协作的共同努力于一体，融合了各个学科的研究成果于一身，同时保留了标准经济理论和计量经济学逻辑严密、统计精确的特色。行为经济学方法在金融市场分析中提供了很有见地的分析，同时解释了包括损失计算方法等许多法律方面的问题①，但是尚未在公共政策的主要问题上进行系统地应用。本书在一定程度上填补了这方面空白。

本书以 Gray Burtless 对经济学家用于分析终生劳动供给的标准模型框架的简单解释作为开篇。这个框架假设人的一生中工作和退休的计划是一个一致性的计划，计划随着获得的新信息而调整。在这个框架中，人可以确切知道社会保障和医疗保险方面的公共政策会怎样影响一生的收入分配。Burtless 列出的证据表明，调整有关享受社会保障待遇起始年龄的规定，只会逐渐地改变人们的行为。尽管在 1961 年享受社会保障待遇的起始年龄已从 65 岁降低到 62 岁，但人们实际申请待遇的年龄是在此后逐渐降低的。有一种观点认为，人们可以非常透彻地理解政策规定，并可以不受周围人的影响。显然，这一结果与

① Thaler (1994); and Sunstein, Kahneman, and Schrade (1997).

此大相径庭。按照上述假设，一旦政策规定发生改变，人们就会立刻调整其行为。实际上，行为的调整是缓慢的、逐步的，也就意味着影响行为的不是人们对突然改变并自此稳定下来的政策规定的瞬间反应，而是一个过程。

Henry Aaron 解释了为什么从心理学、社会学和信息理论的研究结果来看，传统的经济模型在分析退休决定和其对行为的影响，以及福利政策对退休决定的影响时总是步入歧途。特别是，与标准经济学的假设相反，他认为，人们往往对自己的意愿非常模糊，他们缺少必要的信息来全面地分析与工作和储蓄相关的各种决定，甚至缺少对已有数据的分析能力。他们很大程度上受到社会关系网的影响，甚至倾向于事后将他们偶然选择的行为过程视为最优的。

Annamaria Lusardi 组织密歇根大学调查研究中心工作小组展开跟踪调查，通过从健康与退休研究项目（Health and Retirement Study）中获得的数据对生命周期决策模型的不同预测结果进行验证。生命周期模型假定人计划每年消费产品的数量是根据其对一生收入最乐观的估计而确定的。该模型表明，当前收入通常低于未来收入的年轻人将储蓄甚微，甚至有可能背上债务；中年人前期的储蓄比率相对较高，从而为后期收入下降直至退休作准备。健康与退休研究项目的研究结果显示，人们的储蓄比生命周期模型建议的少得多是比较理想的，有相当一部分人根本没有积蓄，而且从未考虑过退休。这些结果是对一向作为退休决策分析基础的生命周期模型的主要挑战。在 Lusardi 研究结果的这一章后，有 William Gale 对它的评论。

Ted O'Donoghue 和 Matthew Rabin 对延迟现象进行了调查。延迟现象在标准的经济分析中未考虑到，但它似乎是解释大多数人为何没有为退休作充分储蓄的一个重要候选原因。他们指出，因为每个阶段为退休准备的积蓄数量很小，所以许多人认为晚一些开始为退休进行储蓄的成本不高，只要将来额外稍稍多储蓄一些就可以弥补了。总之，人们在延迟。Ted O'Donoghue 和 Matthew Rabin 正规地解释了人们的这一想法会导致这样的顺势延迟日复一日，以至于开始储蓄的时间一再被延迟甚至被无限期地延迟下去。主要原因是人们没有认识到今天的延迟动机明天同样会有，等待储蓄开始的那一天将是明日复明日。这两位作者对 Lusardi 关于退休储蓄问题的经验性的结果提供了正规的解释。他们的分析中最显著的成果是，现在一个妨碍行动的小障碍将会造成大大超过其规模的长期后果。该文后有 Peter Diamond 的评论。

Robert Axtell 和 Joshua Epstein 研究了 Gary Burtless 提出的问题：为什么享受社会保障待遇的起始年龄变化后，人们申请待遇的年龄改变得如此缓慢？尽管很多解释都是可能的，但 Axtell 和 Epstein 探索的是，大多数人并不是对政策规定变化本身，而是对身边的人或其他人的行为作出明确的反应，它是随机事件。为了拓展这个想法，他们引进了包含“软件代理人”（software agents）的计算机模拟模型。所谓“软件代理人”，就是将真人的行为通过计算机程序以一系列行为规则的形式模拟表现出来。他们发现，尽管只有很小一部分行为人对改变的规定作出了直接反应，但整个群体最终表现好像每个人对这些规定都有反应一样。尽管如此，这种向新的行为标准的转变却是滞后的。滞后的原因在于没有对规定作出反应的行为人可能随机地退休，而那些属于社会网络一部分的行为人则会选择在其社会关系网中大部分人退休后才退休。事实是整个群体的行为将会效仿那些对新规定作出理性反应的人的行为。以标准分析假设为基础的模式从这个事实推断出，尽管实际上没有几个人可以对政策的改变作出理性的反应，但整个群体也会对政策的改变作出理性的反应。Axtell 和 Epstein 指出，很多人看似理性的行为并非来自于真正的理性，而是来自于传播为数不多的人的理性行为的社会网络。如果大部分人的行为都是模仿他人的，那么当规定发生改变时人们的行为也随之改变，这并不一定就意味着大多数人的福利得到了提高。Robert Hall 对本章作出了评论。

David Fetherstonhaugh 和 Lee Ross 测试了人们对公共政策的反应是否取决于公共政策，是如何“定格”或提出的，以及退休政策的影响是否取决于“财富幻觉”，并展示了实验结果。“定格”指的是政策比较的参考点。例如，实际退休行为是否存在差异，取决于 65 岁退休是：(1)“晚”退休，因为正常的退休年龄是 62 岁；(2)“正常”退休，因为正常的退休年龄是 65 岁；(3)“提前”退休，因为正常退休的年龄是 68 岁。“财富幻觉”指的是人们倾向于拿一次性支付的养老金，而不愿拿现值相等甚至较高的分期支付的养老金。

对社会保障受益人 65 岁前提前退休或 65 岁后因仍有可观收入而推迟待遇申请的两种情况，都需考虑进行精算调整。对于这两种情况的调整都是通过改变退休者月养老金数额而实现的：提前退休者，降低月养老金；推迟退休者，增加月养老金。Fetherstonhaugh 和 Ross 发现一些证据表明，决策的“定格”不同，人们的行为选择也会不同，也就是说，即使养老金水平不变，在正常退休年龄高于或低于 65 岁的情况下，人们对于退休的行为选择也会不同。而且他们还发现了更有力的证据，该证据表明，如果对推迟退休者提供一次性支付款而不是月养老金的增额，即使一次性支付的金额并不比增加的养老金现值高，人们也还是更愿意推迟退休。在 Fetherstonhaugh 和 Ross 研究结果的这一章后，有 Daniel Kahneman 的评论。

George Loewenstein，Drazen Prelec 和 Roberto Weber 将经济分析的重要假设与心理学每次调查的结果相对比。经济学分析假设，更高的收入能改善人们的福利，人们对于当前决定对未来福利的影响的判断是准确合理而且无偏差的。有调查结果显示，退休后的消费水平急剧下降，与此相联系，假设的情况则表明退休后的福利会下降。假设也暗示那些还没有退休的人，应该正确地预计退休后消费水平的下降并采取措施加以预防，或者至少应当预见到退休后他们的福利将会降低。

不幸的是，对于标准模型，心理学调查的结果与上述所有的暗示相矛盾。Loewenstein，Prelec，Weber 公布的调查结果显示，一个人对福利的感觉并没有在退休时恶化，而且，尚未退休的人并不能准确地预知退休给他们的福利带来怎样的影响，已退休的人也不能准确地回忆起他们当时对退休将给福利带来的影响有怎样的想法。有观点认为，人们能够准确地预测或回忆退休这一人生的重要阶段对自身福利的影响，他们的调查结果对此提出了质疑。调查结果对于退休后收入变化和可以改变这种收入变化的公共政策的主观影响也提出了疑问。Matthew Rabin 对该章进行了评论。

对于已婚职工的退休决定很可能是夫妻双方某种形式相互影响的结果这一事实，Shelly Lundberg 探究了它对于退休行为分析的实用性。夫妻中一人退休，双方的利益都会受到影响，因此双方共同考虑是显而易见的。而大部分经验性的、理论性的退休经济分析则假定，个人作出退休决定依据的是自己的收入、财富、健康等状况，并考虑其他参数，诸如配偶的收入和健康，或者当地的就业形势。Lundberg 指出，应将已十分完善的标准经济分析方法——博弈论应用到退休决定分析中来。夫妻双方一人决定退休会影响到两个人的福利，此时，夫妻二人看起来更像是在博弈。博弈双方采取某种策略将自己的利益最大化或者双方合作将双方共同的利益最大化。博弈论的大量文献为在不同的客观情况下个人的行为将如何表现提供了多种定理。例如，如果博弈者的年龄很大，死亡将会威胁到使博弈终结，则博弈者的行为会改变。由于博弈论尚未被应用到退休决定分析中，Lundberg 的贡献之一是为进一步的研究提供了机会。B. Douglas Bernheim 在对 Lundberg 研究结果的评论中，对他的结论做了一定的修正。

参考文献

Sunstein，Cass R.，Daniel Kahneman，and David Schrade. 1997. “Assessing Punitive Damages (with Notes on Cognition and Valuation in Law).” Law and Economics Working Paper 50. University of Chicago Law School.

Thaler，Richard. 1994 *Quasi-Rational Economics*. Russell Sage.

第一章

退休的经济学观察[①]

退休对于个人、社会、经济都具有深远的影响。所以，经济学者如此关注退休对经济的影响就不足为奇了。当劳动者年长退出劳动力市场后，他们的工作收入终止，必须由其他收入来源取而代之。如今，原雇主提供的养老金和社会保险是人们退休后的两个主要经济来源。但这种情况仅仅是刚过去的半个世纪中才开始的。在此之前，劳动者退休后通常不得不依靠亲属资助、本人存款、公共救助或者慈善援助来维持生计。

经济学者对退休的关注主要集中于相互关联的三个方面：针对预期退休的事先储蓄、退休的时机选择和供养大量退休人员对经济的影响。本章主要讨论退休的时机选择及其与一生消费的关系。

退休趋势

劳动者退休后，会离开其原有工作岗位，减少工作努力或者完全不工作。在刚刚进入 20 世纪时，退休非常少见，但已为人知；在超过 65 岁的男性中，2/3 的人仍在工作，1/3 的人退休。[②] 到 20 世纪中期退休的情况更加普遍了：1950 年，超过 65 岁的男性中，在职人数已不到一半；到 1990 年，超过 65 岁的男性中只有 16%的人在工作或在积极地寻找工作。20 世纪，超过 65 岁的女性中，在职的比例也在降低，但降低的程度远比男性要小，因为老年女性从事有薪工作的比例一直都比较低。

老年男性的劳动力参与率下降这一现象并不只限于美国，这是所有发达工业国家的共同特点。在一些欧洲国家，老年人的就业率远远低于美国。[③] 随着工作日的缩减和女性劳动力参与率的提高，男性劳动者提早退休已成为发达国家经济发展的显著特色。

---

① 感谢 J. J. Prescott 和 Stacy Sneeringer 的帮助。

② 女性的退休模式难于测定，主要由于多数女性一生中大部分时间居家工作（且没有工资收入）。

③ Quinn and Burkhauser（1994，pp. 56－61）.

图 1—1 所示清楚地显示了老年男性退休增长的情况。图中每一条线都描绘出在 20 世纪的不同年代里美国老年男性分年龄劳动力参与率的情况（如果一个人仍在工作或者积极寻找工作，他被认为是劳动力参与者）。最高的一条线表示 1910 年老年男性分年龄劳动力参与率，清晰地显示了当时人们在较高的年龄才退出劳动市场。1910 年，74 岁男性的劳动力参与率才刚刚低于 50%。1940 年、1970 年、1995—1996 年这些年份的图形仍然显示出随着年龄的增长劳动力参与率逐步下降的特征，但显著的下降在更早的年龄开始，并以更快的速度进行。

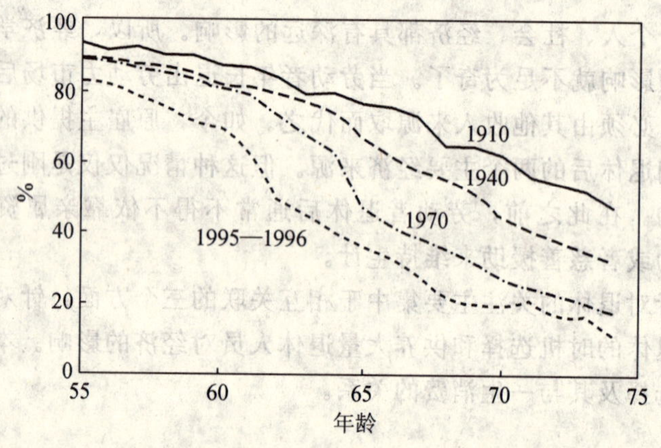

图 1—1　1910—1996 年间部分年份分年龄男性劳动力参与率

资料来源：1910 年、1940 年和 1970 年劳动力参与率数据来源于每 10 年一次的普查中关于就业问题的问卷反馈。1995—1996 年的参与率是 1995 年 3 月和 1996 年 3 月当期人口调查资料中劳动力参与率的算术平均值。

男性劳动力参与率的下降过程既不平稳也不均匀。图 1—2 以 1910 年的劳动力参与率为基数，展示了不同年份各年龄段劳动力参与率下降的情况。近年来，男性劳动力参与率下降最显著的情况出现在 66 岁以后。例如，1996 年 74 岁的劳动力参与率比 1910 年少 80%。更早年龄组的劳动力参与率减小的幅度较小。

图中的阴影部分显示出在不同时期劳动力参与率下降的快慢。总的来看，20 世纪早期，劳动力参与率大幅度地下降出现在年纪最大的一组；近来，大幅度地下降已经在更早的年龄组出现。1910—1940 年间，下降幅度最大的是年龄超过 70 岁的男性。1940—1970 年间，下降最快的是 65～69 岁的男性。直到 1970 年后才出现低于 65 岁的男性劳动力参与率大幅度下降的情况。如下所述，社会保障制度的建立和推广是影响老年人劳动力参与率下降的重要因素，劳动力市场退出情况的模式与此观点恰好吻合。1940 年支付了第一笔社会保障养老金，1961 年养老金政策首次应用于 62～64 岁的老年人。

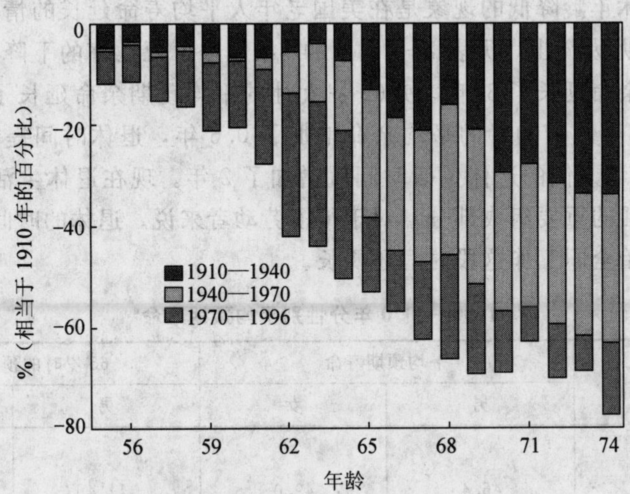

图 1—2 1910—1996 年间部分年份分年龄男性劳动力参与率下降的情况

资料来源：1910 年、1940 年和 1970 年劳动力参与率数据来源于近 10 年间的普查中关于就业问题的问卷反馈。1995—1996 年的参与率是 1995 年 3 月和 1996 年 3 月当期人口调查资料中劳动力参与率的算术平均值。该图资料还来源于作者计算。

图 1—1 和图 1—2 的图形说明了尽管退休在 20 世纪一直存在，但直到今天才更为普遍，并出现在更早的年龄。如果将劳动力参与率小于 50%的最小年龄定义为"平均"退休年龄，则图 1—3 显示了"平均"退休年龄的变化趋势。在这一定义下，男性劳动者平均退休年龄从 1910 年的 74 岁下降到了 1996 年的 62 岁，每 10 年下降约 1.4 岁。

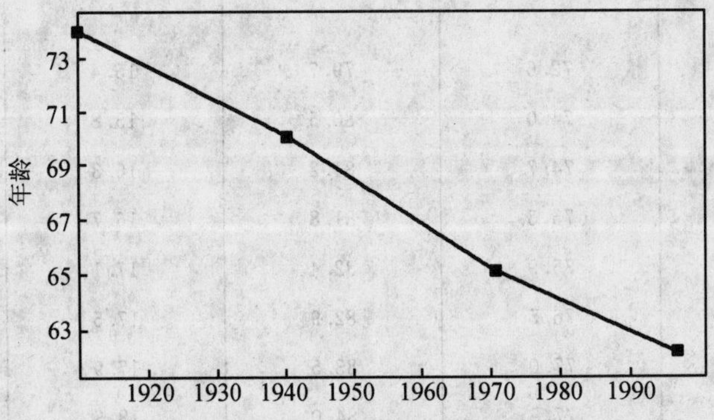

图 1—3 1910—1996 年间男性平均退休年龄[a]

资料来源：1910 年、1940 年和 1970 年劳动力参与率数据来源于近 10 年间的普查中关于就业问题的问卷反馈。1995—1996 年的参与率是 1995 年 3 月和 1996 年 3 月当期人口调查资料中劳动力参与率的算术平均值。该图资料还来源于作者计算。

a. 平均退休年龄是指劳动力参与率降到 50%以下的最早年龄。

平均退休年龄降低的现象是在美国老年人平均寿命延长的情况下出现的，1940 年以后尤为突出（见表 1—1）。1940 年以来，死亡率的下降使 65 岁男性的平均预期余命延长了 3 年，使 65 岁女性的平均预期余命延长了 5.5 年。由于每 10 年中男性劳动者的平均余命增加了 0.6 年，退休时间提早了 1.4 年，因此，每 10 年人们的退休生活时间就增加了 2 年。现在退休生活已经成为一般劳动者生活的重要组成部分。对于很多劳动者来说，退休的时间将会比他们从出生到开始全职工作这段时间还要长。

表 1—1　　1900—2070 年分性别平均预期余命[a]

年份	平均预期寿命		65 岁时的预期余命	
	男	女	男	女
实际值				
1900	46.4	49.0	11.4	11.7
1910	50.1	53.6	11.4	12.1
1920	54.5	56.3	11.8	12.3
1930	58.0	61.3	11.8	12.9
1940	61.4	65.7	11.9	13.4
1950	65.6	71.1	12.8	15.1
1960	66.7	73.2	12.9	15.9
1970	67.1	74.9	13.1	17.1
1980	69.9	77.5	14.0	18.4
1990[b]	71.1	78.8	14.9	18.9
预测值[c]				
2000	72.6	79.7	15.4	19.4
2010	74.0	80.5	15.8	19.7
2020	74.7	81.2	16.3	20.2
2030	75.3	81.8	16.7	20.6
2040	75.9	82.4	17.1	21.1
2050	76.5	82.9	17.5	21.5
2060	77.0	83.5	17.9	22.0
2070	77.5	84.0	18.3	22.4

资料来源：社会保障管理中心精算办公室。

a. 某一年的平均预期余命是指当年存活下来的某一年龄人口剩余的平均生存年限。

b. 估计值。

c. 基于联邦老年遗属和残障保险基金管理委员会 1993 年年度报告中对死亡率假设而进行的预测。

美国早期大部分针对退休趋势的研究工作，是由社会保障管理部门的分析家们通过分析已享受社会保障待遇的退休职工和近期退休职工的调查信息而进行的。Joseph Quinn，Richard Burkhauser 和 Daniel Myers 对 20 世纪 40 年代中期以前的此项研究进行了总结。[①] 最早的调查中，绝大多数的男性调查对象是由于被雇主解雇或者身体的健康状况不能应对或坚持工作而退休的。事实上，20 世纪 40—70 年代早期，上述退休理由在调查结果中一直占绝大多数。只有很小比例的人是出于主观意愿退休。Quinn 引用了早期的分析家的话，“大部分老年人都是工作能干多久就干多久，退休仅仅是因为他们不得不这样做……只有很小一部分人退休是为了更好地享受生活，而不是因为不得不离开。”[②]

最近，针对新的社会保障受益人的调查显示，为了享受更多的乐趣或由于其他纯粹自愿理由而退休的比例明显上升。Quinn 对 65 岁以上男性退休人员进行了“你为什么退休?”这一问题的调查，结果显示如图 1—4 所示。他将结果分为“失业原因”“健康原因”“愿意退休”和“其他”四种。这一分类并不准确，因为调查问卷并不能与问题的定位方式以及退休者的可能答案一直保持一致。

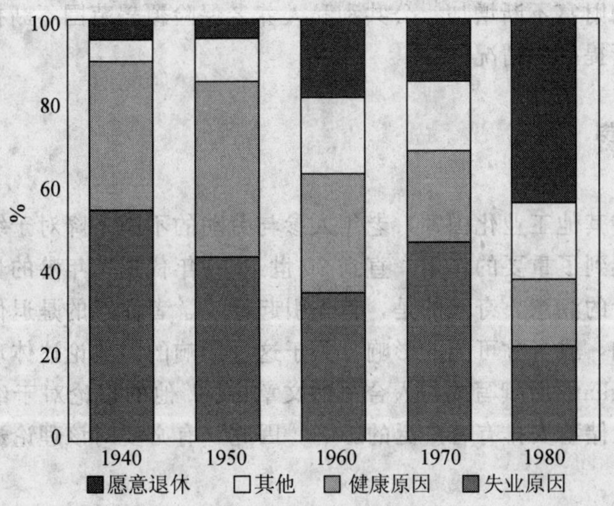

图 1—4　1940—1980 年间部分年限 65 岁以上男性退休的原因

资料来源：Quinn（1991，p. 123）。所列年份与调查年份大致吻合。

图 1—4 中清晰地显示了自愿退休的比例在逐渐提高。在 20 世纪 40 年代

① 见 Quinn，Burkhauser，Myers（1990，pp. 43—45）；Quinn（1991，pp. 119－123）。

② Quinn（1991，p. 120）。

和50年代初期，只有不到5%的人是出于自愿或为享受更多的乐趣而退休。大约90%的人是由于糟糕的身体状况或被解雇而退休。到了20世纪80年代早期，65岁以上的退休人员中，自愿退休的人几乎占了一半，而由于健康不良原因退休的只占20%多一点，非自愿被解雇的占15%。

许多读者可能会完全接受这些调查结果，但经济学者会持怀疑的态度。例如，从1940年到20世纪70年代早期，超过1/3的被调查者解释失业是造成他们退休的原因。尽管这个解释在外行人看起来是合理的，但即使是脑袋死板的初级政治经济学者也会发现每年有上百万的失业人员没有退休。绝大多数将失业作为自己退休解释的人可能一生多次失业，但之前没有一次失业使他们永远告别工作。当他们比较年轻时失业，他们会寻找另一份工作，并最终找到。人们自然会问，为什么只有这次失业导致他们退休而之前却没有。甚至身体健康的解释也引起了经济学者的怀疑。社会保障受益人会以他们的健康状况不好作为决定退休的理由，但许多经济学者怀疑，如果没有社会保障，这些人的决定会不会不同。

不管怎样，经济学者也好，非经济学者也罢，他们都认为导致不断提前退休的重要原因是自愿因素。调查结果明确显示了这一点，而且调查结果也反映了众所周知的财富不断增加、公共和私人养老保险覆盖范围不断扩大以及养老保险待遇不断提高的情况。

退休与消费

在美国和其他工业化国家，老年人参与劳动的不断下降对于缓解劳动力总供给的增长起到了重要的作用。直到20世纪70年代退休年龄的长期趋势才引起了经济学者的注意。奇怪的是，首先引起经济学者注意的是退休对个人和国民储蓄的影响，或者称可能的影响。关于这种影响的经典论述体现在经济学者Franco Modigliani所撰写或与人合写的文章中。① 他的理论对于经济学者思考退休时间以及储蓄安排有着广泛的影响。因此，有必要对该理论进行一些详细的描述。

理论

Modigliani的基本思想是，有远见的劳动者会理性地安排他们一生的花销。在设计终身消费计划时，他们都会考虑年长时可能的收入来源，并将精打

① Modigliani and Brumberg (1954); and Ando and Modigliani (1963).

细算地积攒存款以备退休之用。好的消费计划的目标是，在终身花销不超出终身财产的前提下，将有生之年的福利最大化。终身财产包括劳动者最初的财产，预期劳动所得和诸如公共救助和遗产等不是因最初财产或劳动所得而获得的其他形式收入的折现值。理性的、有远见的劳动者会制订计划以避免出现在预期死亡之前就早早破产的情况。在没有亲属援助、公共救助或私人慈善捐赠的情况下，如出现计划失误将是令人沮丧的。

通过几个简单的假设，我们可以将这个关于消费计划和财产积累的理论含义概括出来。图 1—5 中上面一幅图展现了劳动者一生预期收入的曲线。当 20 岁刚刚参加工作时，他的年收入只有 10 000 美元，但随着工作经验的不断积累，他的收入水平迅速提高。50 岁时他的收入达到顶峰，之后开始逐渐下降。他在 65 岁时退出工作岗位，收入随即终止。假设他完全了解自己未来收入的变化趋势、死亡年龄（85 岁）以及一生中的利率水平（5%），假设他可以以这个利率水平自由贷款而且他用积蓄进行的投资也将获得同样的回报率，假设他的偏好终生不变。

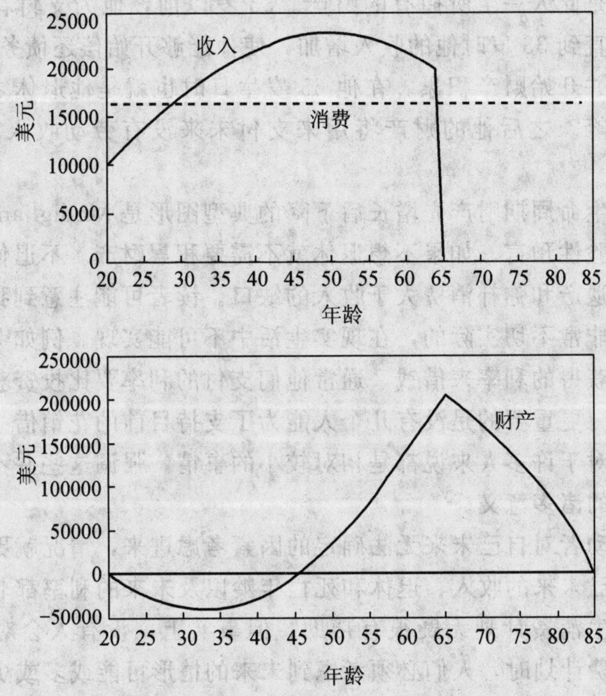

图 1—5　假设的生命周期消费和财富积累模式

在这些假设前提下，劳动者可以成功地解决消费计划难题，进而能够规划自己未来的人生消费计划，并将坚持执行。最好的计划取决于劳动者主观上的对消费的时间偏好率（rate of time preference）和他的积蓄可以获得的利率两者之间的关系。消费时间偏好率主要度量的是劳动者在消费中的耐心程度。坚持今天吃掉一盒巧克力软糖的9/10，只留下1/10到明天的人被称为具有高的消费时间偏好率，这些人在消费中极没有耐心。

如果劳动者的消费时间偏好率与市场利率相同，他的消费曲线将同图上标出的一样，一生保持水平。如果他的消费时间偏好率高于利率，他会将消费调整到早年时进行，年长后消费水平会下降。消费的时间偏好率低的人在消费中非常有耐心，会将消费调整到人生中相对较晚的阶段进行，并计划在年长后增大花销。劳动者可能希望留下遗产给遗属，在这种情况下，除了留给遗属的财产外他们将花掉一生所有的财产。在图1—5中我假设劳动者计划不留任何遗产，因此在有生之年将花掉自己终身的财产。

在上面的图形中，消费结果曲线是一条水平线。因为开始时劳动者的花销高于收入。他年轻时必须借钱才能支付自己的花销。假设在理想的社会里他可以想借多少钱就借多少钱，只要他终身的财产可以偿还债务。[①] 图1—5下面的图中展示的是此人一生所拥有的财产。33岁以前，他为支付花销积累的债务越来越多，直到33岁时他的收入增加，使他能够开始偿还债务。到45岁时他还清了债务并开始财产积累。在他65岁生日时也就是他退休之日，他的财产积累达到顶峰。之后他的财产将用来支付未来没有劳动收入的20年间的花销。

这个表示生命周期财产先增长后下降的典型图形是Modigliani消费理论的一个核心的经验性预言。如果不想退休就不需要积累财产。不退休，存款就将主要用于累积遗产和弥补消费大于收入的缺口。读者可能注意到我之前提到的假设有一些是非常不切实际的，在现实生活中不可能实现。例如劳动者不可能以等同于投资获得的利率来借钱，通常他们支付的利率要比投资获得的较稳定的利率高许多。更重要的是没有几个人能为了支持目前的花销借一大笔钱。尽管如此，这些对于许多人来说都是相对较小的事情，强调这些并不会从根本上改变这个理论的诸多意义。[②]

如果将劳动者对自己未来无法确定的因素考虑进来，情况就更加复杂。如果劳动者对自己未来的收入、退休和死亡年龄以及未来的利率都非常确定，对规划理想的终生消费计划无疑很有帮助。但事实上，没有人会对这些都有把握。在规划消费计划时，人们必须考虑到未来的情形可能或多或少会与预想的

---

① 他所借的钱要超过收入与消费的差额，因为他需要为当期债务支付利息。

② 尽管由于借款的约束使得工作者在工作初期并不能像图1—5所暗示的那样大量借钱，但生命周期模型仍然预计打算退休的工作者到工作后期会积累相当多的财富。因此，退休对一生中资产积累与消费的模式起到决定性作用。

情况有所出入。

从一个方面来讲，生命周期消费理论和与其密切相关的长期消费模型对经济学者了解消费者如何处理预期之外的事件起到了主要的推动作用。[①] 这两个理论将预期之外的可持续的收入改变与短期收入改变做了既明确又看似有道理的区分。根据这两个理论，诸如加薪同时伴随着职位晋升的预期外的长期收入提高对于劳动者的消费影响要比诸如因杰出的工作表现获得嘉奖这样的短期收入提高的影响大得多。根据生命周期模式的逻辑，中了彩票可以在30年内每年获得10 000美元红利的人，计划对短期消费习惯进行的改变，远远大于一次性获得10 000美元奖金的人。同样道理，如果中彩者的彩票现值为10 000美元，每年可得到较少的红利（如700美元），其对消费的改变将与一次性获奖10 000美元的人相同。

消费者仍然需要面对判断收入是长期改变还是短期改变的问题。如果是长期的改变，什么时候会终止？一旦劳动者获得了未来收入改变的新信息，这些判断将对劳动者决定在多大程度上改变消费支出起到非常关键的作用。理论上讲，警觉的消费者一获得未来收入改变的信息就会规划新的消费计划。如果一个公司的季度收入报告出现意外的利润下滑，那么该公司的雇员就会减少花销以防被解雇或未来收入的增长减缓。如果利率上涨，劳动者将会延迟消费转而进行投资，从而获得更高的收益。如果劳动者患了心脏病，他将为准备提前退休和更少的终生收入而大幅度增加存款。

有关未来的新信息从未曾真正清晰过。因为心脏病患者可能被迫提早离开工作岗位，就会持续更长时间的退休生活吗？或者因为劳动者可能更早死亡，退休后的时间就会缩短吗？如果充分考虑到这两个结果，将会对余生的消费率产生相反的作用。但是有远见的劳动者将会在制订消费计划时考虑到这两种可能性。利率的上涨将会是长期的还是暂时的？即使是金融市场的专家也不能掌握足够的信息而确定地回答这个问题。

证据

在不确定的情况下解决消费计划的问题是困难的，但也不是不可能的。为解决这个问题投入足够的智力和精力的人会比那些遇到问题随便解决或干脆忽略的人作出更精明、更满意的消费决定。生命周期长期消费理论深刻洞察了消

① 长期收入模型由 Milton Friedman 提出（1957），几乎与此同时，Modigliani 及其合作者也提出了生命周期消费模型。这两个理论的实证性预测结果几近相同，因此，许多研究消费理论的学者将两者合为生命周期长期收入模型。这里强调生命周期模型，是因为它的早期版本将退休计划作为消费者储蓄的首要动机。

费计划。在经济学者看来，它至今仍然是最有影响力的消费模型。它是否为观察消费行为提供了准确的解释仍旧是一个尚未解答的问题。

一些证据支持了这个理论。大部分经验性的研究表明，这个模型有两个观点是正确的：一是强调家庭在决定当前消费时不考虑短期收入波动，二是退休是存款的重要动机。尽管如此，有说服力的证据表明，消费是易变的且与当前收入变化紧密相关，而不是对一生的资源进行完全均衡的分配。[①] 如同理论所预示，经济学者观察到，许多劳动者在收入高峰的年份和退休前有提高储蓄率的趋势，以逐渐地、稳定地积累财产。生命周期理论指出，消费者随着年龄增长直到退休都有一个目标的财富收入比率。这一理论似乎对许多家庭都很适用。

然而，一些经济学者对这个理论还是持怀疑态度，因为该模型的简易版本在解释影响个人存款的重要因素时并不是很成功。例如，许多美国工人在退休时没有存款。其他有财产的人中有很大比例在退休后显然还会继续积累财产。这些事实都与生命周期模型的简易版本不相符。为解释这些经验性的矛盾，理论家不得不对基本理论进行修改。[②] 为挽救基本模型，不同的理论家提出了不同的修改方式。不管人们怎样批评这个模型，在解释退休行为时没有人背离它。

退休经济学模型

退休经济学理论自然关注的是劳动者决定的财务方面的内容。本部分讲述影响劳动者退休年龄选择的财务方面的考虑。然后介绍经济学者提出的解释退休选择的理论以及检验这些理论的证据。尽管针对退休年龄选择的经济学方面的研究直到20世纪70年代中期才开始进行，但此后研究的数量开始爆炸性地增长。[③] 我不会再去另作调查，而是集中于少数的调查以突出经济学者的劳动者退休决定模式日渐增长的复杂性。

影响退休的财务方面

Modigliani的生命周期消费模型强调了影响退休的财务方面最重要的一

① 见Skinner（1988）；Zeldes（1989）；特别是Carroll和Summers（1991）。

② 例如，Hubbard，Skinner和Zeldes（1994）指出，收入不稳定和财产调查式的转移支付计划挫伤了部分家庭储蓄的积极性，试图借此挽救该模型。

③ 更多数据参看Quinn，Burkhauser和Myers（1990）；Leonesio（1993）；Quinn和Burkhauser（1994）；Lumsdaine（1996）。

点——劳动收入急剧减少或者完全终止。大部分劳动者的家庭主要依靠劳动所得去支付消费费用。退休后劳动收入终止，劳动者必须找到另一收入来源去支付消费费用。Modigliani 强调个人储蓄可作为老年支出的另一经济来源。尽管其他收入来源已变得更加重要（在过去，其他收入来源也许已经是更加重要了），但我们还是有必要对在退休后只能依靠个人存款来支付消费费用的情况下退休年龄的选择问题进行思考。

假设一个劳动者被雇用后，他每年可以挣整整 10 000 美元。如果他 20 岁开始工作，并且被肯定地告知他可以被雇用到 70 岁生日那一天（预期寿命为 70 岁——译者注），他共计可以工作 50 年，那么他一生潜在的收入会达到 500 000 美元。为了计算简便，让我们假设银行利息与劳动者消费时间偏好率相同，均为 0%。在这个假设下，他一生的消费速度是恒定的。在这个案例中，他一生的财产就是他一生的工作收入，即等于他选择工作的年数与每年工资 10 000 美元的乘积。比如，假设他选择工作 40 年，他一生的收入就是 400 000 美元，他的消费速度就是一年 8 000 美元（400 000 美元/50 年）。

在这样高度程式化的情况下，劳动者对退休时间的选择可以被描述为简单的在每年更高的花费和度过更长的退休时间之间的权衡（见图 1—6）。如果劳动者 20 岁退休，那么他将没有收入，没有资产的积累，他的年消费也是零（这可能太简单）。如果他坚持工作到 70 岁，则每年可以花光他当年的工资所得。按合理预期来分析，劳动者应该愿意每年消费更多（假设工作的总量不变），愿意更早地退休（假设消费的总额不变）。学过初级经济学的人都很熟悉图 1—6 这个图形。这个劳动者遇到的问题是按照他的意愿和此图显示的平衡关系选择消费和退休时间最好的可能实现的组合。在这个图中，最理想的组合是劳动者在工作 30 年后，即 50 岁时退休，并且以每年 6 000 美元的速度进行

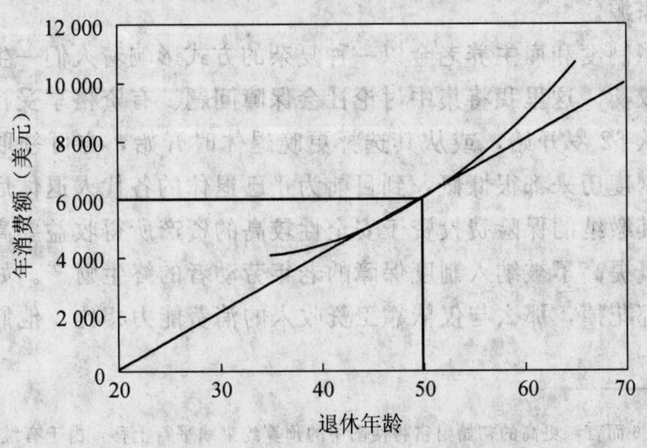

图 1—6　年消费额与退休年龄的权衡

消费。其他劳动者在遇到与此相同的情况时，根据他们希望的消费水平与退休时间权衡，也许选择更早或者更晚退休。

尽管这种分析看起来价值不高，但它可以将先前讨论过的退休趋势清楚地显现出来。在20世纪，退休年龄已经开始下降，这个简单的经济模型给出了3种可能已经出现的理由：一是劳动者可能通过继承遗产使他们刚开始职业生涯便得到更多的财产。这就为人们更早地退休提供了一个直接的解释，因为在劳动者意愿合理的假设前提下，更多的初始财富会导致大部分人愿意在退休生活中度过更多的时间。[①] 二是20世纪90年代，人们的工资水平远远高于1910年或1940年。无论何时退休，更高的工资收入水平都为人们带来了更多的终生财富，这可能使劳动者愿意为退休生活分配更多的时间。[②] 当然，更高的工资也增加了提前退休所带来的经济损失。假设一个劳动者的年收入从10 000美元涨到了20 000美元，如果他选择提前一年退休的话，那么他放弃的财产收入将不是10 000美元而是20 000美元。提前退休所带来的更大损失可能抵消终身财富增长的部分或者全部影响。三是劳动者的意愿可能会发生变化。即使没有最初财富和年收入的改变，现在的劳动者们可能还是更愿意在退休生活中度过更多的时间。

社会保障和养老金

其他环境因素的改变也影响了消费与退休年龄之间的权衡。现在由雇主支付养老金的情况要比50年或100年前普遍得多。被雇主养老金制度覆盖的劳动者，在本人存款之外得到了用以支付退休生活费用的潜在收入。社会保障制度于1935年引入，在1950—1975年间被广泛推广，也为劳动者年老后提供了可靠的收入来源。

社会保障制度和雇主养老金以一种复杂的方式影响着人们一生中对消费和退休情况的权衡。这里我将集中讨论社会保障问题。有资格享受社会保障待遇的劳动者需从62岁开始，或从其选择更晚退休时开始，方可领取养老金。由于社会保障制度历来都很慷慨，到目前为止已退休的各代人退休后得到的养老金都要比将其缴纳的保险费投资于安全性较高的资产所得收益要高得多。实际上，这种慷慨提高了被纳入制度保障的老年劳动者的终生财产。如果他们把领取的福利金都花掉，那么与仅依靠工资收入的消费能力相比，他们将享受更高

---

① 就图1—6而言，更高的初始财富将使图中的预算约束线平行上移，由于有继承的遗产，即使工作者20岁退休，也许每年可以消费4 000美元而不是零。

② 更高的工资收入将使得图1—6中的预算约束线以原点为中心按逆时针方向移动。

的消费水平。[1] 享受到养老金这笔意外之财的一代人是幸运的，如果没有引入社会保障制度，或者制度提供较少的养老金，他们可能会更晚退休。

社会保障对退休的影响取决于社会保险的缴费额以及月养老金与过去缴费收入的关联规则。雇主与劳动者共同向社会保障制度缴费，费率等于工资收入的12.4%。因此可见，与没有此项制度相比，社会保障费使劳动者减少约12%的收入。当然，缴费为劳动者积累了获得社会保障养老金的权利。劳动者缴费工资增加，相应享受养老保险的待遇也随着增加。增加的养老金待遇是否足够补偿消费者额外的缴费只是一个经验性问题。在社保制度下，低工资的劳动者会受到额外关照，其缴费会得到良好的回报，而通常高收入者得到的回报却较低。

选择62岁以后退休的劳动者，至少是放弃了从62岁生日开始就可以享受社会保障待遇的机会。例如，劳动者的养老金为每月500美元，如果他62岁之后没有退休，他就会每月损失掉500美元的退休金。假如他的正常收入是10 000美元，这只是个很小的损失。但如果正常收入是1 000美元，那他就要损失掉工资的一半。社会保障待遇计发办法对在62～64岁之间退休的劳动者每年所放弃的福利金作出了公平的补偿规定。每推迟一年退休，每月的退休金就会提高8.5%。对于能达到平均寿命并具有适当消费时间偏好率的劳动者，这个调整幅度适当，未来几年更高的养老金水平正好补偿失去一年退休金所带来的损失。但是在65岁之后，关于推迟退休规定补偿的福利要少得多。对于65岁之后退休的人员，每月增加的退休金不足以补偿推迟退休的损失。

许多人为了获得社会保障福利而必须退休的原因是，这项制度会采用收入检验（earnings test）来计算每年的退休金。年龄在62～64岁之间，年收入超过8 640美元的劳动者，收入超出8 640美元的部分每2美元每年就会损失1美元的福利金。年龄在65～69岁的劳动者，收入超过13 500美元的超出部分每3美元每年就会损失1美元的福利金（70岁和70岁以上领取养老金的人员不用进行收入检验）。另外，对收入的限定界限较低，并且对超出部分增收的税额过高，阻碍了人们的工作意愿。直到人们确定其收入保持在低水平的时候，人们会选择申请领取养老金。

社会保障制度增加了加入该制度并领取养老金的老年人有生之年的财产。养老金的计发办法促使人们赢得获得福利的权利，但是高工资的劳动者可能会因为他们的边际缴费回报率（marginal contributions）低而不愿多工作。可以

---

[1] 这种慷慨在现收现付的退休制度中是可能的，因为制度建立之初的缴费者要比制度完全成熟时的缴费者少缴许多钱。后代人也不会从社会保障制度中获得如此高额的待遇。现在的年轻人也许实际上得到的待遇比把缴费费用投资于如政府债券一样的安全性投资品上所得的要低。

申请养老金的最低年龄是 62 岁，那些符合条件的人每推后一年退休就等于放弃了一年的养老金收入。对于消费时间偏好率较高和寿命比较短的人来说，这种放弃等于减少了一大笔年收入。然而在 62～64 岁之间的人，养老金制度可以公平地补偿他们的损失。65 岁之后，补偿就少很多，所以将退休推迟到 65 岁之后的人每年就要损失一些福利金。社会保障不会提供简单的年金。大部分劳动者为了得到全额退休金必须较多地削减收入。

图 1—7 所示总结了社会保障对于消费与退休年龄之间权衡的潜在影响。这个图与前面的图 1—6 相似，只不过重点关注的是人们晚年对退休年龄的选择。下面的那条线描述了没有社会保障时劳动者在消费与退休年龄之间的权衡情况。之所以是一条直线，是因为假设劳动者每年的收入是整整 10 000 美元，并且保持不变。上面的虚线表示的是在引入社会保障条件下该劳动者的权衡情况。在社会保障体系下的权衡允许劳动者在任何年龄退休时都可以每年享受更高水平的消费，因为劳动者增加的养老金远远超过了减少的净收入。由于此前提到的一些原因，养老金计发规则也影响了权衡图的斜率，尤其是年龄在 62 岁和 65 岁的人。由于 65 岁后延后退休所放弃的养老金得不到公平的补偿，所以在 65 岁时图形的斜率自然就变小了。在 62 岁时斜率的变化不是很确定。虽然 62～64 岁之间退休的劳动者延迟退休会得到比 65 岁退休时更好的补偿，但是消费时间偏好率较高或寿命比较短的人不会认为这是公平的。在这种情况下，图形斜率的改变可能与 65 岁时一致。消费时间偏好率低并且长寿的劳动者会认为补偿是超公平的。换句话说，他们得到的补偿远远高出因推迟退休而带来的损失。在这种情况下，就会像图 1—7 中所示，62 岁时曲线斜率增大。

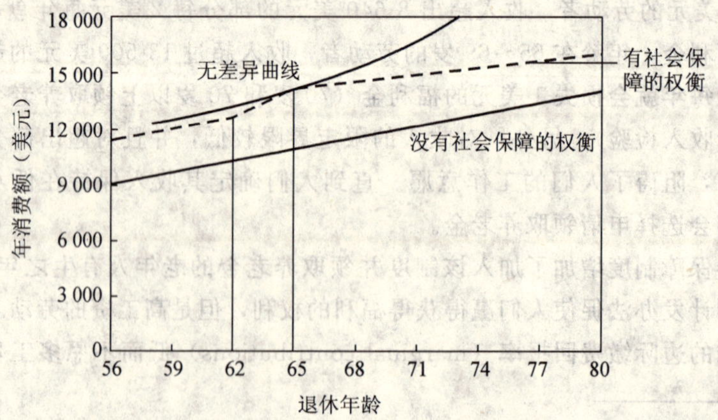

图 1—7　考虑社会保障的情况下消费与退休年龄的权衡

雇主提供的养老金使消费与退休之间的权衡变得更加复杂。这与社会保障带来的复杂性相似。然而，社会保障与雇主提供的退休金有一个重要的区别。社会保障对所有就业者进行收入检验，包括个体劳动者在内。雇主提供的养老金会采用更加严格的检验方式，但只针对从提供养老金的雇主或一部分相关的顾主那里领取的工资进行检验。期望领取养老金的劳动者可能会被迫离开提供养老金的工作岗位，但并不必同时在劳动力市场退休。但是，雇主提供的养老金与社会保障对消费与退休的影响也许一致，因为很多劳动者发现他们从原岗位上退下来之后很难再找到一份好工作。

健康与工作机会

劳动者的健康和工作机会随着时间的变化也会影响退休时间。很多劳动者随着年龄的增加健康状况衰退，身体上更难适应工作，或者更不愿去工作，在一些情况下甚至不能胜任工作。如果劳动者开始工作时就充分预见到了身体健康衰退的情况，这将使推迟到很晚退休的消费计划没有想象中那么可取。这一点会在劳动者根据自己意愿对平均消费和退休年龄作出的各种组合上体现出来。如果他预见到自己在 70 岁时健康状况会很差，他就会避免工作超过 70 岁的一生消费计划，除非这个计划会给他的有生之年提供一笔额外的收入。没有预见到在老年时身体健康条件会改变的劳动者，不得不根据他们获得的关于自己的工作能力方面的新信息重新考虑一生的消费计划。在很多情形下，身体健康的改变将迫使劳动者不得不比原计划提早退休。

很多劳动者年迈时要面对比他们年轻时更差的工作前景。图 1—5 显示的 50 岁之后工资减少的情况反映了这个事实。这个事实在假设劳动者不论工作多久工资都是 10 000 美元的图 1—6 和图 1—7 中并没有反映出来。如果劳动者的潜在收入随着年龄增长而减少，消费和退休年龄的权衡就没有图 1—6 和图 1—7 显示的那么乐观了。在超过关键年龄（如 50 岁）后，每多工作一年，所获得的年消费增量将越来越少。潜在收入下降是老年劳动者被解雇后选择退出劳动市场而不再找工作的一个重要原因。劳动者年轻一些时可能会有比较好的工作机会，但他们被解雇后，他们可能被迫去寻找并接受一份不如意的工作。

证据

在转向讨论经济学者们努力评估的具体模型之前，根据退休动机的讨论重新考虑历史证据问题是有意义的。简单的经济模型是否能解释历史趋势？通过观察社会保障的激励和退休年龄分布的关系，为社会保障对退休可能造成的影响提供了一些粗略的指示。

对于 65 岁或年纪更大的人来说，社会保障是现在家庭主要的现金收入来源。当前人口调查显示了社会保障的福利金占老年人总收入的比例略微高出 40%。在收入较低的约 60%的老年人家庭中，社会保障福利金占现金收入的比例大于 2/3（见图 1—8）。1941 年之前，社会保障还不能为老年人提供收入。现在，一个工资水平相当于社会平均工资的全职单身劳动者，如果选择 65 岁退休，养老金的替代率将为其最终工资的 42%。如果劳动者还有没有工作的配偶，养老金会是其最终工资的 63%。很明显，养老金水平较高，因此足以从经济意义上对退休年龄的选择带来深刻的影响。

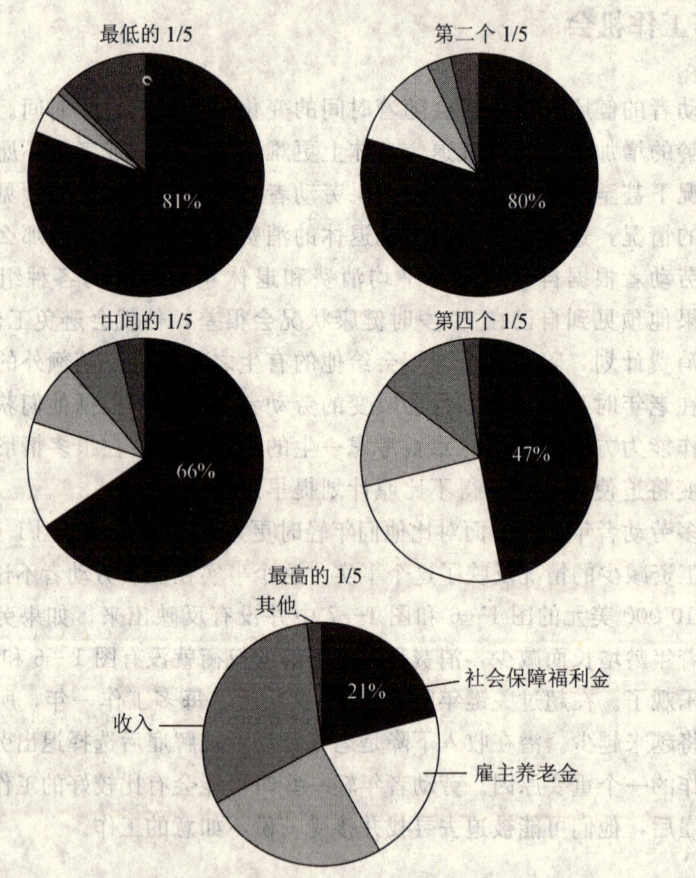

图 1—8　1996 年老年家庭中社会保障福利占总现金收入的比例（按收入五等分法）

资料来源：社会保障管理（1998，pp. 15—16）。

图 1—9 绘制了 1940 年、1970 年、1995—1996 年男性劳动者退休年龄分布情况。图形显示了以 55 岁男性劳动者人数为基数，56～70 岁之间各个年龄

的男性劳动者退出劳动市场的百分比。[①] 计算以图 1—1 的数据为依据。显然，1970 年尤其是 1995—1996 年的退休分布情况显示，劳动者退出劳动力市场的年龄要比 1940 年时早。1970 年和 1995—1996 年的分布情况都显示出退休集中在特殊年龄的情况。1970 年退休率最高的年龄是 65 岁，1995—1996 年退休的高峰则出现在 62 岁。1940 年，退休分布的高峰出现在 65 岁和 70 岁，但都远远低于 1970 年和 1995—1996 年的高峰。

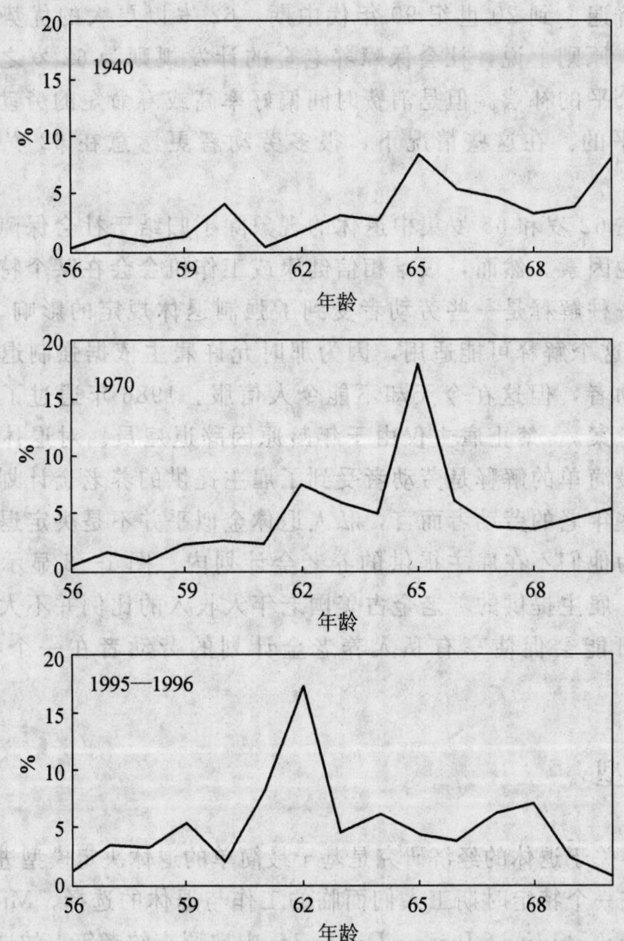

图 1—9　1940 年、1970 年及 1995—1996 年各年龄男性退休率[a]

资料来源：Munnell（1977，p. 70）及作者根据当前人口调查 3 月资料而作的计算。

a. 图中的百分比反映在各年龄段退休的男性总量占 55 岁劳动力人数的比例。

① 如果 63 岁的劳动力参与率用 $LFPR_{63}$ 表示，则 63 岁的退休率为（$LFPR_{63}-LFPR_{62}$）/ $LFPR_{55}$。这种计算方法去除了计算实际年龄群组分布以及死亡率、移民和暂时性离开劳动力市场等复杂因素。这就勾画了在某一特定年份 55～70 岁男性出于对劳动参与的选择而退出劳动力市场的时间图表。

针对社会保障的讨论至少为1940年以后劳动者在62岁和65岁时集中退休的现象作出了解释。超过65岁仍在工作的人将会因为补偿的不公平而放弃社会保障福利。由此我们可以预见，养老金计发规则的特点将促使劳动者65岁退休。在62岁时退休集中的现象也不难解释。从1961年开始，62岁成为可以申请社会保障养老金的最早年龄。在1961年之前没有证据显示退休集中在62岁，但到1970年，除65岁外，62岁退休的情况比任何其他年龄都更为普遍。到20世纪90年代中期，62岁以更大的优势成为退休最普遍的年龄。原则上说，社会保障养老金的计发规则为62岁之后延迟退休的人提供了公平的补偿。但是消费时间偏好率高或寿命短的劳动者可能不认为补偿是公平的。在这些情况下，很多劳动者更愿意在62岁退休而不是更晚。

当然，在62岁和65岁集中退休的现象除了归结于社会保障福利的取得外，还有其他因素。然而，很难相信健康或工作机会会在某个特定的年龄突然下降。另一种解释是一些劳动者受到了强制退休规定的影响。在1940年和1970年，这个解释可能适用，因为那时允许雇主依据强制退休的规定辞退年老的劳动者，但这在今天却不能令人信服。1986年通过了《就业年龄歧视法案修正案》，禁止雇主仅由于年龄原因辞退雇员。对退休年龄集中现象的另一种最简单的解释是劳动者受到了雇主提供的养老金计划的影响。然而，对于一些年老的劳动者而言，私人退休金似乎并不是决定退休年龄的主要方面，因为他们不在雇主提供的养老金计划内。图1—8显示除了比较富裕的家庭外，雇主提供的养老金占美国老年人收入的比例并不大。私人养老金的特点，可能会促使享有私人养老金计划的劳动者在一个特定的年龄退休。

早期经济模型

两个最早关于退休的经济研究是基于最简单的退休决定模型进行的。它们都关注的是在一个特定时期工人们面临的工作与退休的选择。Michael Boskin分析了在*Panel Study of Income Dynamics*中被调查的老年人的选择情况，该调查的样本量不大；而Joseph Quinn研究了1969年在*Retirement History Study*中被调查的老年人的退休选择，该调查的样本量较大。[①] 其实，两项研究的研究者们都认为，劳动者晚年每一年作出的退休决定都是只根据他们当年的经济状况和健康条件确定的，彼此之间互不相关。这样看来，如果在某年能

① Boskin (1977); and Quinn (1977).

够得到一大笔社会保障金或是雇主提供的养老金，工人们可能会选择在当年退休。而有能力挣得高工资的人可能会继续工作。

这个模型也许可以反映出劳动者是怎样决定退休时间的真实情况，但是它是基于人们没有远见的假设条件形成的。例如，Boskin 和 Quinn 的模型中都没有考虑到如果劳动者推迟退休，他们得到的养老金会有所变化的可能性。一个 62 岁的劳动者晚退休一年，每月的社会保障养老金便可以增加 10%。Boskin 和 Quinn 忽略了养老金计发规则的这一方面，他们设想工人决定退休的驱动力是现阶段可得到的养老金，而不是可以通过推迟退休而得到一生财产的增长（包括未来更多的退休金）。

大部分关于老年劳动者的调查都表明，对绝大多数人，退休决定是一生只有一次的大事。考虑到这点，见多识广的劳动者可能会把退休视为一次性的选择而不是每年都要考虑一次的独立事件。他们可能会根据每个可能的退休年龄可获得的养老金情况来选择最有利的退休年龄。然而，研究人员并不知道劳动者是否真的有这样的先见之明。在假设他们不是很有先见之明的情况下，Boskin 和 Quinn 都发现社会保障对他们的行为产生了巨大的影响。

生命周期模型

从 Richard Burkhauser 的一系列的文章开始，经济学者开始从生命周期的角度来分析退休年龄选择。[①] 他们作了一些在特定的雇主养老金计划下劳动者退休行为的研究，但是大多数研究都集中于社会保障制度下劳动者的退休选择。要进行一项合理可信的研究，对信息的要求是相当苛刻的。分析单独某一组劳动者的退休选择需要非常具体的信息，包括劳动者的健康状况、工资情况、家庭情况、雇佣状态以及持续 8 年或 10 年的财产状况。要准确地计算劳动者的养老金权益，并且确定随着工作年限的增加该权益会怎样变化，还需要大量的关于过去的工资和缴费情况的信息（例如，社会保障养老金是以过去 40 年的收入情况计算的）。

随着经济学者把详细的财务数据收集起来，并把它们放进一个框架中来真实地显示工人们一生的退休金资产和财富的变化情况，他们的分析模型就变得越来越复杂。部分的复杂性真实地反映了人类行为的复杂性。尽管很多人一生只从事一份职业，退休后不再工作，还是有另一些人从事低工资、责任小、费时少且经常变换的工作。为了反映出通向完全退休的已知或潜在的广泛路径，

① Burkhauser (1979).

分析者有时要很具体地详述劳动者们可选择的各种可能性。[①] 更广泛的选择通常意味着，无论对劳动者来说，还是对试图分析退休问题的研究者而言，劳动者退休的问题变得更难解决。

Retirement History Survey 提供了关于美国人退休行为的丰富的信息资源。这个跟踪调查从 1969 年开始，持续 10 年，覆盖了 11 000 户家庭，被调查家庭户主的年龄为 58～63 岁。一些研究者应用经济周期框架分析了这 11 000 户家庭的退休行为。调查反映的关于退休与退休后工作的情况，在很多方面有力地证明了社会保障激励与晚年劳动力供给决定之间密切相关。

图 1—10 根据调查中的行为记录，展示了两种劳动力供给分布情况。[②] 图 1—10a 显示了到 1979 年调查结束，身体健康的调查对象的退休年龄分布。此时，调查对象的年龄为 68～73 岁。为了确定退休年龄，分析者们考察了调查对象一生的工作情况，并且选取了每位劳动者工作间断或明显地长期减少劳动的时间点。这个界定排除了失业或无业后劳动者又回到一个全职工作岗位的情况，包括了从稳定的全职工作变为兼职工作的情况。但这个图忽略了在最后一次被采访时还没有完全退休的那些人的情况，这会导致在 67 岁之后退休的人员数量被低估。虽然表格中涉及人数的不同和对退休的定义不同，但图 1—10 与图 1—2 显示的 1970 年的退休情况极为相似。

图 1—10b 显示了退休后仍继续工作的人员的收入情况，这些人在除了第一次被采访时已达到或超过 62 岁并已退休。大约有 1/5 的退休人员在退休后一两年里还会继续工作，他们每周的平均工作时间略高于 16 小时。这幅图显示了他们的收入分布与社会保障养老金计发规定的豁免额的关系。低于豁免额的收入对劳动者的退休金没有影响，超出豁免额的收入的 50%将从养老金中扣除（对年纪较大退休者的超额收入所征收的税率较低）。

图 1—10 的两个图显示，社会保障对退休年龄和退休后的工作情况都产生了有力的影响。退休年龄的分布有两个高峰：较低的一个是在 62 岁，也就是可以申请社会保障养老金的最低年龄；较高的一个是在 65 岁，超过了这个年龄申请养老金，社会保障制度将不再作出慷慨的调整。退休后工作情况的分布显示了社会保障更巨大的影响力。劳动者们对年收入超过豁免额部分缴纳的高额税费非常敏感。退休后仍在工作的人中超过 1/4 的人收入在豁免总额的 10%以内，超过一半的人收入在豁免总额的 30%以内。虽然，退休者可能为避免缴纳高额的税费会向社会保障部门低报自己的收入，但图 1—10 中的收入是根据人口普查中劳动者们的回答而估计的，而不是根据向社会保障管理部门

---

① Gustman and Steinmeier (1986).

② Burtless 和 Moffitt（1985）描述并说明过这样的计算。

报告的数据来评估的。因此，这个分布情况有可能反映出社会保障对退休后工作时间的真实影响。

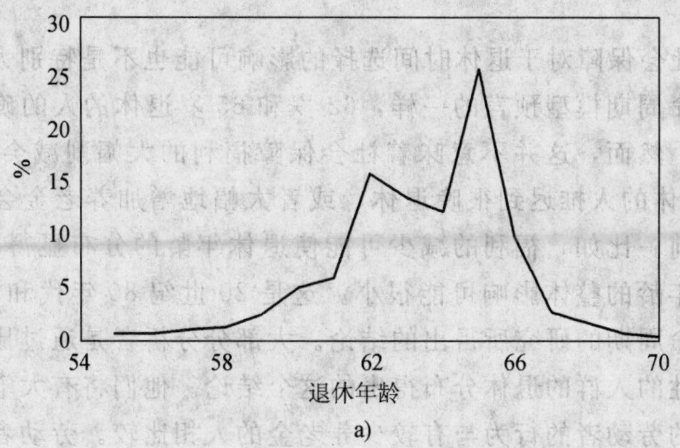

a)

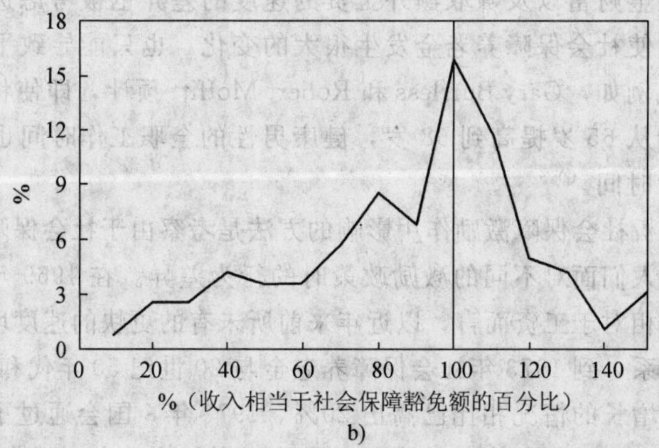

b)

图 1—10 1969—1979 年退休历史调查中反映的退休年龄与退休后收入的分布

a）1906—1912 年出生的健康男性退休年龄分布 b）62 岁以上男性退休后收入的分布

资料来源：Burtless 和 Moffitt（1985，p. 225）。

可见，社会保障对退休时间的选择以及退休后工作时间的巨大影响是显而易见的，但 20 世纪 80 年代关于生命周期的大部分研究发现，尽管社会保障制度有较大的变化，但它对人们一生工作情况的影响却不大，读者可能会对此而感到奇怪。不过，这个图表可能有一点失真。由于只有不到 20％的退休者在领取社会保障养老金后继续工作，而且这些人中只有大约 2/3 的人挣得的工资较高，从而受到收入检验的微小影响，因此，收入检验政策改变的潜在影响是有限的。即使受影响的劳动者的工作时间提高了 1/3，全体退休人员每周平均工作时间也只增长了 1 小时（从 3.25 小时到 4.25 小时）而已。实际的影响甚至比这还要小，因为退休者不会在退休后的工作岗位上做太久。Gustman 和

Steinmeier 指出半退休的状态平均只持续 3 年。[①] 这也含蓄地表明，社会保障收入检验政策从表面上看影响巨大，其实只对劳动者一生劳动力供给产生微小的影响。

甚至连社会保障对于退休时间选择的影响可能也不是特别大。完全像经济学者的生命周期模型预言的一样，62 岁和 65 岁退休的人的确比其他年龄退休的人多。然而，这并不意味着社会保障福利的大幅削减会使得打算 62 岁或 65 岁退休的人推迟到很晚退休，或者大幅地增加养老金会使人们退休时间大大提前。比如，福利的减少可能使退休年龄的分布显得不那么集中，但是对平均年龄的整体影响可能很小。这是 20 世纪 80 年代和 90 年代绝大多数关于生命周期的研究所得出的结论。大部分分析者是通过比较同一年龄组中有代表性的人群的退休分布得出的这个结论。他们将有大笔社会保障或私人养老金的劳动者的行为与有较少养老金的人相比较。劳动者积累社会保障或私人养老金财富以及赚取额外工资的速度的差异也被考虑进来。大部分的研究发现即使社会保障养老金发生很大的变化，也只能导致平均退休年龄很小的改变。例如，Gary Burtless 和 Robert Moffitt 预计，即使将社会保障的正常退休年龄从 65 岁提高到 68 岁，健康男性的全职工作时间也只能增加四个月多一点的时间。[②]

另一种分析社会保障激励作用影响的方法是考察由于社会保障不可预测地发生改变时，人们面对不同的激励政策时的行为差异。在 1969 年和 1972 年，社会保障福利相对于工资而言，以近年来前所未有的更快的速度增长。由于与通货膨胀相联系，到 1973 年社会保障养老金与 20 世纪 50 年代和 60 年代养老金仅随着工资增长的情况相比已高出 20%。1977 年，国会通过了《社会保障法修正案》，与 1917 年之前出生的人享受的福利相比，大幅减少了 1917 年及以后出生的劳动者（the“notch”babies）的福利。利用生命周期框架，我考察了第一阶段的情况，Alan Krueger 和 Jörn Steffan Pischke 考察了第二阶段。[③]在我分析的第一阶段，早些年出生的人是在社会保障福利相对来说不够丰厚时计划退休，晚些年出生的人是在社会保障福利非常丰厚时计划退休。在 Krueger 和 Pischke 分析的时期，较年轻的劳动者获得的养老金丰厚度要明显低于较老的劳动者。两个研究都得出了一致的结论：社会保障养老金的丰厚度对于老年人的退休行为和劳动力参与情况影响很小。比如，据 Burtless 估计，1969—1993 年，社会保障福利增长了 20%，但对于完全享受这种更加慷慨的

① Gustman and Steinmeier (1986).

② Burtless and Moffitt (1985, p. 230).

③ Burtless (1986); Krueger and Pischke (1991).

养老金计发规则的劳动者而言，仅减少了 2 个月的职业生涯。这相当于 62 岁和 65 岁劳动力参与率降低 2 个百分点。Krueger 和 Pischke 发现 1977 年法案修改所产生的影响更小。尽管从表面上看，他们最大程度估计的影响已被接受，但 20 世纪 70 年代劳动力参与率的下降幅度中只有不到 1/6 可解释为受到了社会保障制度变化的影响。①

John Rust 提出了到目前为止最具挑战性的框架模型，以期理解退休选择问题，及其与劳动者关于消费、财富积累以及整个职业生涯中全职、兼职工作等选择之间的关系。② 许多研究生命周期消费行为的学者将退休年龄视为固定的，并试图模拟一生财富积累的情况（见图 1—5)。劳动经济学者将某一特定年龄（如 54 岁）拥有的财产视为固定的，试图模拟退休行为。相比之下，Rust 提出的模型能在单一的综合的框架中，对储蓄和消费率、每年工作时间曲线和退休时间选择作出解释。在他的模型组织中，劳动者必须采用动态的规划方法来解决退休决定问题。在生命中的每一个点上，他们都寻求关于未来工作、消费、财富积累的最优路径，同时考虑到自身的意愿以及目前关于未来工资、利率、养老金福利规则和健康状况的最充足的信息。他们在特定时期的行为方式，受到其解决决策问题的方法的指引。尽管如此，他们未来时期的选择可能与现阶段的预想不同，因为新的信息能够影响工作和退休的最佳路径。

非经济学者可能发现这个框架不具吸引力或者根本不现实，但是一些经验性的证据表明，退休年龄的选择往往受到复杂的决策规则应用的引导。Robin Lumsdaine，James Stock 和 David A. Wise 采用三个决策规则来考察在雇主养老金计划下劳动者退休的选择，其中一个是较简单的规则，另外两个则复杂得多③（一个使用“价值选择”方法评估养老金的价值，另一个采用的是动态重新规划的规则)。他们利用一个阶段获得的信息来评估他们的模型，然后试图利用三个模型来推测下一时期的退休情况。或许很奇怪，他们发现基于更复杂的决策规则建立的模型在预测未来退休情况时更加成功。这个证据表明，至少有一些劳动者利用掌握的信息通过较复杂的方法来决定何时退休。当然，在一个覆盖了许多在同一场所工作的劳动者的完善的雇主养老金计划下，一个人发现了有助于选择最优退休年龄的信息，就能很容易地被工友分享。在共享信息比较困难的地方，劳动者可能依据较简单的决策规则，最终一些劳动者可能选择非最优的年龄退休。而且，作者也没有收集到劳动者采用如同 John Rust 假

① Burtless（1986，p. 24).

② Rust（1989，1990).

③ Lumsdaine，Stock，and Wise（1992).

设的那样复杂的动态规划办法的证据。Lumsdaine和他的同事分析了孤立作出退休决定的情况。他们没有假设劳动者为工作和消费制订有远见的、持续几年仍保持一致的计划。甚至他们考虑的最复杂的决策规则也要比Rust假设的规划方法简单得多。

我们了解到什么?

经济学者和其他人展开的调查使美国的退休情况变得清晰明了。它显示了20世纪男性平均退休年龄下降的情况。经济学者收集了有力的证据证明男性退休年龄的确切分布受到社会保障和私人养老金计划财务激励的影响。然而，他们还没有拿出可信服的证据证明这些激励政策的改变是男性劳动力参与率下降趋势的主要原因。图1—1和图1—3表明在20世纪前10年就已经出现了提早退休的趋势。

更根本的是，经济学者们不能用他们的基本模型对提前退休的趋势提供有说服力的解释。当然，在细枝末节上，经济模型是可以“解释”提前退休的。工资率的变化、继承的财产、标准岗位对身体条件和心理条件的要求和个人意愿的组合，几乎都解释了老年人就业率的降低。然而，这样的解释有一点像把一台电视机的操作原理解释为通过金属、塑料、电和电磁波信号的组合，在一块玻璃上制造出了移动的画面一样。

根据生命周期基本模型，了解下述每一个因素对退休趋势的影响程度都是有用的。这些因素包括：较高的工资、较多的初始财产、私人养老金和社会保障激励、变化的健康状态、工作对身体条件和心理条件要求的不断提高以及对消费和退休时间意愿的改变。

了解公共和私人养老金的影响是尤为重要的。公共退休计划的费用飚升，许多观察者认为有必要降低待遇的丰厚度以保证计划的财务可承受力和政治上的可接受性。了解缩减福利金是否会引起退休情况的改变是非常重要的。其原因有两个：一是政策制定者有非常实际的理由需要知道退休率是否会相应地改变，如果改变，改变的幅度有多大。他们需要知道如果降低福利水平或者提高退休年龄，福利金的总支出会降低多少。这将部分取决于受影响人群的工作反应。如果反映强烈，那么对预算的影响就会很大。二是政策制定者与普通大众都需要了解如果福利金被缩减，老年人的收入和消费水平将会下降多少。在收入较低的约60%的老年人家庭中，社会保障福利金占家庭现金收入的比例超过2/3。如果福利金缩减而退休平均年龄保持不变，那么低收入的退休工人将会面临老年收入和消费的大幅减少。

对于提前退休的解释中，两个最不具说服力的就是健康情况的下降和工作对身体条件要求的改变。尽管几乎所有关于退休问题的优秀的研究中，都显示健康状况对退休时间选择的重要影响，但我没有找到有说服力的证据证明在劳动力参与率下降的时期，劳动者在 62 岁或 65 岁时的健康状况也下降。相反，老年人死亡率的下降以及近期关于老年人身体残疾趋势的证据表明，男性的健康状况至少在老年的早期阶段是不断提高的。此外，关于不同职业类别的增长及其对工作者身体条件要求的分析表明，现在的工作对身体条件的要求要比过去更容易达到。重体力劳动工作所占的比例大大降低，更多的工作仅要求中度或轻微的体力劳动①。

关于其他因素对退休的相关影响的证据更加不确定。尽管从 20 世纪 80 年代早期开始的大部分研究都指出，1970 年之后退休年龄下降的主要原因是其他因素的影响而不是社会保障，但我们并没有了解到其他因素的影响程度。这些因素中最重要的也许是劳动者意愿的改变。现在劳动者也许愿意享受更多的退休时间。如果向今天的老年人提供与前人同样的退休与消费之间的权衡的话，今天的老年人也许愿意选择更少的工作时间和更长的退休生活。为作出这样的决定，劳动者可能愿意接受他们工资能够支付得起的较低的商品和服务消费水平。不幸的是，目前还没有可靠的证据证明这种假设正确与否。

即使假设是正确的，经济学者和非经济学者们都不能令人信服地解释为什么人们的意愿会改变。原则上说，社会保障和私人养老金制度的建立和慷慨实施本身就导致了劳动者意愿的改变。养老金制度通过为劳动者提供除工资和存款以外有保障的收入来源，可以刺激一部分警觉的、有远见的劳动者考虑退休的可能性。一旦这些先觉者决定退休，就为警觉性较差的人提供了效仿的行为典范。一小部分人的经济理性行为可能带动更多人的意愿发生缓慢改变。退休成为典型劳动者一生中可以接受的甚至被珍视的重要部分。如果社会保障和私人养老金对退休的影响真的存在，这一影响是不能用前面部分提到的统计研究方法度量的。那些研究试图寻找劳动者退休年龄的选择与促使他们选择在某一年龄而不是其他年龄退休的财务激励政策之间的相互联系。如果劳动者对退休及消费的意愿随着社会保障激励性政策的转变而改变的话，那么这种意愿的改变在统计研究中会被忽略。

一些证据表明，在面对变化的财务激励时，行为的改变是缓慢的。早期的社会保障养老金制度建立后数年，62 岁退休才普遍起来。从 1961 年早期的养老金制度建立的第一天，大概就已实行了最终促使人们 62 岁退休的财务激励政策。然而，只有到 20 世纪 60 年代后期，62 岁的劳动力参与率才出现急剧下降。直至 20 世纪 70 年代后期，62 岁的劳动力参与率才比 65 岁的下降要

① Manton and Stollard (1994); and Baily (1987).

多。这个证据意味着，要么劳动者对复杂的新制度的财务意义认识缓慢，要么他们意愿的形成部分源于其所面临的财务激励政策的重大改变。

由于对改变劳动者意愿的影响没有一个全面的了解，对劳动者意愿的转变没有一个有说服力的解释，经济学者们对于退休过程的了解仍将是不全面的。如果他们想要提出影响深远的政策改革建议的话，他们这种不全面的认识是相当危险的。

参考文献

Ando, Albert, and Franco Modigliani. 1963. "The 'Life Cycle' Hypothesis of Saving: Aggregate Implications and Tests." *American Economic Review* 53 (March): 55—84.

Baily, Martin N. 1987. "Aging and the Ability to Work: Policy Issues and Recent Trends." In *Work, Health, and Income among the Elderly*, edited by Gary Burtless, 59—96. Brookings.

Boskin, Michael J. 1977. "Social Security and Retirement Decisions." *Economic Inquiry* 15 (January): 1—25.

Bureau of the Census. 1975. *Historical Statistics of the United States: Colonial Times to 1970*. Department of Commerce.

Burkhauser, Richard V. 1979. "The Pension Acceptance Decision of Older Workers." *Journal of Human Resources* 14 (Winter): 63—75.

Burtless, Gary. 1986. "Social Security, Unanticipated Benefit Increases, and the Timing of Retirement." *Review of Economic Studies* 53 (October): 781—805.

Burtless, Gary, and Robert A. Moffitt. 1985. "The Joint Choice of Retirement Age and Postretirement Hours of Work." *Journal of Labor Economics* 3 (April): 209—236.

Caroll, Christopher R., and Lawrence H. Summers. 1991. "Consumption and Growth: Some New Evidence." In *National Saving and Economic Performance*, edited by Douglas B. Bernheim and John B. Shoven, 305—343. University of Chicago Press.

Friedman, Milton. 1957. *A Theory of the Consumption Function*. Princeton University Press.

Gustman, Alan A., and Thomas L. Steinmeier. 1986. "A Structural Retirement Model." *Econometrica* 54 (May): 555—584.

Hubbard, R. Glenn, Jonathan Skinner, and Stephen P. Zeldes. 1994. "Expanding the Life-Cycle Model: Precautionary Saving and Public Policy." *American Economic Review, Papers and Proceedings* 84 (2): 174—179.

Krueger, Alan B., and Jörn-Steffen Pischke. 1991. "The Effect of Social Security on Labor Supply: A Cohort Analysis of the Notch Generation." Working Paper 3699. Cambridge, Mass.: National Bureau of Economic Research.

Leonesio, Michael V. 1993. "Social Security and Older Workers." In *As the Workforce Ages*, edited by Olivia Mitchell, 183—204. Ithaca, N.Y.: ILR Press.

Lumsdaine, Robin L. 1996. "Factors Affecting Labor Supply Decisions and Retirement Income." In *Assessing Knowledge of Retirement Behavior*, edited by Eric A. Hanushek and Nancy L. Maritato, 61—122. Washington: National Academy Press.

Lumsdaine, Robin L., James Stock, and David A. Wise. 1992. "Three Models of Retirement: Computational Complexity versus Predictive Validity." In *Topics in the Economics of Aging*, edited by David A. Wise, 19—57. University of Chicago Press.

Manton, Kenneth G., and Eric Stollard. 1994. "Medical Demography: Interaction of Disability Dynamics and Mortality." In *Demography of Aging*, edited by Linda G. Martin and Samuel H. Preston, 217—279. Washington: National Academy Press.

Modigliani, Franco, and Richard Brumberg. 1954. "Utility Analysis and the Consumption Function: An Interpretation of Cross-Section Data." In *post Keynesian Economics*, edited by Kenneth K. Kurihara, 388—436. Rutgers University Press.

Munnell, Alicia H. 1977. *The Future of Social Security*. Brookings.

Quinn, Joseph F. 1977. "Microeconomic Determinants of Early Retirement: A Crosssectional View of White Married Men." *Journal of Human Resources* 12 (Summer): 329—347.

——. 1991. "The Nature of Retirement: Survey and Econometric Evidence." In *Retirement and Public Policy*, edited by Alicia H. Munnell, 115—138. Dubuque, Iowa: Kendall-Hunt.

Quinn, Joseph F., and Richard V. Burkhauser. 1994. "Retirement and Labor Force Behavior of the Elderly." In *Demography of Aging*, edited by Linda G. Martin and Samuel H. Preston. Washington: National Academy Press.

Quinn, Joseph F., Richard V. Burkhauser, and Daniel A. Myers. 1990. *Passing the Torch: The Influence of Economic Incentives on Work and Retirement*. Kalamazoo: Upjohn.

Ransom, Roger L., Richard Sutch, and Samuel H. Williamson. 1991. "Retirement: Past and Present." In *Retirement and Public Policy*, edited by Alicia H. Munnell, 23—50. Dubuque, Iowa: Kendall-Hunt.

Rust, John. 1989. "A Dynamic Programming Model of Retirement Behavior." In *The Economics of Aging*, edited by David A. Wise, 359—398. University of Chicago Press.

——. 1990. "Behavior of Male Workers at the End of the Life Cycle: An Empirical Analysis of States and Controls." In *Issues in the Economics of Aging*, edited by David A. Wise, 317—379. University of Chicago Press.

Skinner, Jonathan. 1988. "Risky Income, Life Cycle Consumption, and Precautionary Savings." *Journal of Monetary Economics* 22 (2): 237—255.

Social Security Administration. 1998. *Income of the Aged Chartbook, 1996.*

Zeldes, Stephen P. 1989. "Consumption and Liquidity Constraints: An Empirical Investigation." *Journal of Policical Economy* 97 (2): 305—346.

第二章

退休、退休研究和退休政策[①]

20世纪以来平均寿命一直在增长，并且预期会继续增长。然而，退休年龄已经下降，没有观察者预期它会大幅度增长。男性劳动力参与率下降，而女性劳动力参与率却在增长。这些事实暗示男性在有酬劳动外的时间已经并将继续延长。女性面临的劳动参与率变化趋势不清楚，因为她们的劳动参与率已升高了。公共政策应该鼓励人们比现在晚退休吗？

对于许多观察者来说，答案很清楚。他们发现人们一生中的退休期稳定延长是不可想象的——或者至少是不理想的。为了阻止这个趋势，他们信奉应提高人们首次享受社会保障和医疗保险待遇的资格年龄。其他公共政策应鼓励雇主创造就业机会吸引老年工人。

对于其他观察者来说，促使晚退休的愿望并不明显。他们认为，应让人们自由地决定退休时间，因为他们比立法者更清楚自己的理想工作时间，以及休闲或参加非劳动性活动的时间。他们坚持公共政策的目标应该是中性的，如果满足这个条件，就像人们选择用收入是买车还是度假一样，此时，退休时间对于政策制定者来说不重要。

人们是同意“阻止早退休的趋势”还是同意“只要公共政策是中性的，人们自由决定退休是正确的”，取决于他是否相信现行的公共政策对退休决定的影响是中性的，以及他一生中是否有远见地计划退休，并且根据准确的预期退休时间来作出有价值的决定。本章研究这两个问题。第一个问题的试探性的答案是，公共政策和私人政策对退休时间的影响大多不是中性，较中性的政策，它鼓励人们早退休。第二个问题的答案更复杂，人们不具备能力来合理地决定诸如储蓄多少、如何做好退休准备等复杂问题。因为这一原因，如果人们能自由地回应中性政策，退休前人们可能会发现自己在退休的经济准备上和其他准备上都不充分。此外，有证据表明许多人承受着对退休的错误预期的痛苦。虽然如此，人们愿接受退休后消费降低的证据表明人们的退休决定不是封闭的。

---

① 感谢 George Akerlof，Gary Burtless，William Gale 和 Charles Schultze 给出的有帮助的评论。

然而，有理由认为社会相互作用对这个决定的影响与利己主义对其影响一样深。

由于我对第二个问题的回答与许多标准经济分析中的假设相矛盾，所以我先概述经济学家使用的个人退休决定的推论过程，然后讨论为什么需要补充这个推论，并以一个简短并具推测性的总结结束本章。

经济学家如何考虑退休

标准经济学分析所依据的推论如下：人们具有确定自己挣钱能力的天分和本领。他们利用这种能力挣钱，然后再用它来购买各种商品及服务，而不仅是牺牲闲暇时间去工作。一个人工作时间越久，额外增加的每一小时工作就变得越繁重。人们选择达到如下一个平衡点：通过更多工作换取的支付额外消费的价值可以正好抵消放弃更多休闲所遭受的损失。[①] 劳动者决定每个阶段消费额不只是依据目前的收入情况，也依据对一生总收入和遗产的客观预期。

人们知道，他们必须决定一生中每个时期工作多久。相应地，关于工作的决定不只受到目前环境的影响，也受到预期的未来条件的影响。预期未来条件也影响后来工作多久的决定。未来经济条件中存在着广泛的经济变量，比如工资、资产价格、消费品价格和利率。这些经济变量又取决于像生产力增长率、经济衰退的频率和程度、一般经济膨胀率等经济条件。但是对于特殊的劳动者，它们还取决于包括他们个人和家庭成员的健康情况、雇主生意的兴隆情况、人们对其特殊技能的需求在内的条件。像税务条款、最低工资法、养老金规则、货币政策等公共政策，以及影响国际贸易和资本流动的诸多活动也可改变每个劳动者的生活环境。

除了考虑这些客观条件以外，人们的工作和退休决定又取决于他们目前的偏好和他们对这些偏好的未来变化的看法。例如，30 岁的人计划在 50 岁退休，与计划永不退休相比，需要更多的积蓄和更努力地工作。缺乏消费耐心的人——也就是具有高贴现率（discount rate）的人发现，与那些愿意延期享受的人相比，积累足够的、维持退休后生活的财富更困难。那些不能承受风险的人，比那些容易承受风险的人更可能推迟退休，直到他们有了足够的存款来保证将来生活不会透支。

经济学家通常假设人们对于休闲及其他消费品具有稳定的偏好——或者人

① 与某些天真的批评相反，标准经济模型考虑“工作给个人与社会带来较高的满意度”的可能性。标准经济模型要求：工作时间达到一定限度后，人们决定不再延长工作时间，同时放弃额外工作带来的福利。

们可正确地预期这些偏好变化。他们假设人们不能准确地预知未来每一事件，但是假设他们能有效地利用可用信息，不会犯系统的错误预测。

标准的推论仍然期望个人所处环境在人生中会变化。年轻人通常没什么积蓄，甚至可能负债，并期望今后能偿还债务。收入、积蓄和财富通常在中年时增长。人步入老年时，身体虚弱和生产力衰退使工作变得繁重或得不偿失，最终退休。人们必须有足够的财富才会自愿做这些。这些财富以个人存款，如社会保障等私人养老金或公共养老金，或如卫生保健等实物福利等形式存在。总之，当如下两个条件满足时，人们才会退休：目前的劳动补偿不足以弥补继续工作带来的损失；殷实的财富足以维持退休期的计划消费。

如果这两个条件得到了满足，个人在自己技能和包括遗产在内的其他赠与形成的预算约束下，最大化自我福利。如果大多数人认为赠与不公平，政府可能采取税收或转移支付措施重新分配财富或收入。只要满足某些附加条件，集体决定就具有社会效率。狭义地说，个人福利在他人福利不降低时无法得到改善。

本章的其余部分考察如下三个问题：第一，描述狭义上讲的行为最优所要求的某些附加条件。第二，考察可在传统经济模型中分析的退休行为的诱因。第三，解释为什么传统的经济模型大多是对人类行为不完整、不全面的描述。

某些附加条件

社会最优条件是强件。第一，价格必须反映出生产和消费的所有成本，包括消费者或生产者在其他方面所花的成本。违反这个条件，人们可能作出利己且减少他人福利的决定。

第二，重要的市场不能“失效”。如果不存在出售重要商品的私营市场，或者它们运营无效，人们会从他们理想的购物选择中排除它。例如，私营养老金市场运营无效。如果依据平均寿命设定养老金合同价格，长寿者比短寿者更愿意购买养老金。结果，养老金购买者有比平均水平高的预期寿命，迫使保险公司提高养老金购买价格。随着养老金购买价格的上涨，甚至稍稍超出平均寿命的人也会发现购买养老金太贵了。养老金购买价格的上长进一步限制了养老金的吸引力。结果由于养老金的购买价格比人们愿意接受的价格高出10％～20％，所以没有几个人愿意购买。失业保险的问题更突出，因为由于没有精算，也没有哪个私营机构能够提供可信的保障，私人市场根本不能提供足够的保险。政府是失业保险唯一可信的承保人。

第三，政治制度可以反映出大众对收入分配的憎恶：它导致过度的贫穷、艰难，或者导致过度的富有、生产力的集中。在这样的情况下，收入再分配制度必须公正，但是降低不公平的税收和转移支付增加了经济成本，歪曲了工资率和价格，造成了经济无效。[①]

这些限定条件非常重要，政府可能通过提供商品来改善公共福利，但这会导致供给不足。政府可能通过完善金融市场信息，通过税收、补助金或规范私营业务，改善收入分配，使市场高效运营。

当然，由于官员们的简单错误、贪婪或者自私等原因，政府干预可能使事情变得更糟。政府的干预会令事情变得更好或更坏取决于与私营市场相比，公共干预的缺陷和扭曲是更多还是更少。

人们分析有一个起点。多年来，大部分经济学家始于一个错误的位置——法律术语叫“驳论”——最好由家庭和企业作出决定，而求证的担子留给那些使用政府权威推翻这些决定的人。对于一些经济学家来说，“驳论”近几年来变得更有力了。对于自由论者来说推定是不可反驳的。如果私人决定不是最优的，外界的干预也不会改进它，这个观点对于自由论者来说是公理性的。

除了经济学家之外，几乎没有人全信这个行为模式（“驳论”），现在，甚至经济学家也开始萌生疑问。尽管如此，这些原则提供了一个组织框架——经济学家的一类基础手段——从中分辨出偏差和例外情况。这个框架下的假设有时强力地支持了“人们本质上如何回应政策变化”的推论，虽然回应大小一直属于实验性研究范围，甚至本质的反应也存在疑问。[②]

这个家庭决策模型通常很少关注制度规定的约束力、同类群体的压力和影响。在一定程度上，这些因素在退休决定改变中非常重要。它们的影响将通过退休对财富、收入或其他变量的可估计的敏感度来观测。期望逐步发展制度以反映雇主和雇员的偏好。因此，退休很大程度上是个人的决定。它依据以下衡量条件，诸如收入、财产、健康状况，以及一个较近期的新观念——配偶的劳动状况。

退休激励是中性的吗？

中性要求包括工资、劳动力价格在内的价格反映资源的成本，也要求存在所有相关的市场。这两点都未满足。美国过去非中性的政策可能加速了退休，

① Okun（1975）。在一些条件下，尽管税收导致无效，但再分配的确可以提高效率。包括卫生和营养在内的干涉，对于那些过于贫困的人们，当他们的市场收入不足以支付充足的饮食和医疗保健时，这些干涉能够提高他们的劳动生产力。

② 理论上的一些含义包括反应上的限制。比如，工资率的上涨是否会导致人们推迟或加速退休，经济学理论未给出明确的结论。但是，如果它加速退休，则会增加预期储蓄额。

但是现在的情况不清楚。国外退休规定发生了重大改变，随之而来的公共政策的改变，加速了退休养老金的可获得性。[①]

由于多种原因，包括税收和转移支付随着收入增降等，导致工资率通常高于或低于目前的生产力。原则上，税收能以多种方式影响劳动供给：人们参加工作时的年龄、周工作小时数、年工作周数（也就是，职业时间长度），为提高技术进行的教育培训投资，以及退休年龄。实际上，税收效果的经验评估仅依据每年工作小时数。大部分税收对于劳动力供给的理论效果不确定。经验评估表明，税收增长略为减少了成年男性和单身女性的劳动力供给，但显著地降低已婚女性劳动力供给。[②] 关于普通税收如何影响退休年龄的分析很少见。对于老年工人，私人和公共养老金以及健康福利比税收更能影响劳动供给。但是，美国这些非中性的政策是否共同促成退休还不清楚。

为什么有养老金?

如果人们自愿地作出自私的最优决定，为什么还存在养老金？第一，税务法通过延期养老基金纳税直至领取阶段，促进私人养老金计划。[③] 个人自愿行为使养老基金对于家庭存款的影响为中性。想储蓄的人享受税优条件。不想储蓄的人通过其他方式少储蓄或者比其他时候借更多的钱，以补偿养老基金储蓄。[④] 此外，雇主可以利用养老金鼓励老年职工停止工作。例如，警察机关、消防队和部队向服役满 20 年且年龄低于 40 岁的人提供丰厚的养老金。

---

① Gruber and Wise (1998).

② 典型的男性劳动力供给弹性系数大约为 0.2，这意味着税金从 10%增至 12%（税金增长了 20%）时，劳动供给将会每周减少 11 分钟。这种计算假设的前提条件是无其他税收。因为各种税之间相互影响，有些税是累进的，边际税率通常高于平均税率。这些事实趋向于，税收的增加对劳动供给产生重大影响。

③ 第二次世界大战期间对货币工资（非附加福利）的控制，推动养老金（为避免现金补偿限制，企业提供的合法补偿形式）覆盖面的扩大。当前，除私人养老金之外，享受税收优惠的储蓄方式有内部组合寿险、个人房产、社会保障和其他资产收益。然而，过高的管理费用阻碍寿险业的发展；个人房产税收优惠被资本化为土地价值，其主要投资优势在赠与时丧失。类似的资产投资是期望得到资本回报，而不是纳税的利息和红利。因此，以私人养老金来实现尽可能大比例的有意向的储蓄是有益的。近几年，税收优势已经扩展到一些储蓄工具，它们与个人储蓄账户十分相似，但在取款时受到限制。这些规定与传统的待遇确定型养老金下降联系在一起。

④ 然而，这些抵消可能是不完全的，因为养老金和其他形式的储蓄不是完全的替代品；不符合条件时，养老金不能提前领取，也不能用做低息贷款的抵押。此外，除家庭不动产抵押利息外的个人借款利息通常是不可扣除的。

社会保障

社会保障最初建立是为鼓励老年劳动者退休，也确实鼓励了退休。[①] 首先，如果收入超出了“收入检验”的免税上限，社会保障福利将会减少。为了补偿这个损失，福利降低的人获得了未来福利——增加的“推迟退休信贷”。[②] 这个信贷目前在精算上与年龄在 62～65 岁之间的人减少的福利相等，并且在大约 10 年内对于所有的人都是相等的。[③]

尽管精算是相等的（或接近相等），实验研究表明收入检验轻微地阻碍了劳动供给。[④] 大概人们低估了与目前福利损失相关的未来更高福利，尽管标准经济模型指出这个影响应该很小。收入检验减少劳动供给的发现可以通过三种方式来理解：作为劳动者制订未来合理计划的潜在假设的反面证据，作为人们具有比社会保障管理部门用于计算推迟退休信贷的更高的贴现率的证据，或是作为人们不了解推迟退休信贷如何运作的证据。

私人养老金

许多雇主使用待遇确定型私人养老金约束年轻的工人，促使他们在老年辞职。这类养老金通过大幅度地增降工人的净工资产生这些激励作用。当养老金权益关系建立，且工人未取得养老金领取资格前，他们总的补偿包括目前的工资加上未来养老金权益的增长现值。[⑤] 一旦人们可实际领取养老金，特别是如果养老金权益增长缓慢时，他们有动机离开他们的雇主，因为他们的净工资急剧下降，并达到低于同期退休时可领取到的养老金。[⑥] 面对这一局面，许多人选择退休，而不是接受与新工作相关的成本调整与收入降低。这样的养老金规定，即使未明文规定强制退休，也象征着强制退休。

---

① Aaron and Reischauer (1998).

② 社会保障管理（1997）。

③ Diamond 和 Gruber（1997）。70 岁以后，不用收入检验。

④ 见第一章。就 Burtless 所解释的原因，这些结果可能不是长期影响劳动力供给的可信指标。

⑤ 例如，在“悬崖式的保留退休金权利”条件下，工人只有累计工作够一定的年限，例如 5 年，才有资格在未来领取基于所有服务年限的养老金。此方案下，工人的实际收入在“悬崖点上”急剧增加。随着“悬崖点”的临近，工人们不退休的动机越来越强烈。

⑥ 向达到某一年龄工人提供短期慷慨养老金的窗口计划产生了更加强烈的激励作用。面对这一情况，大部分工人会离职。

收入分配：健康福利

雇主出资的医疗保险覆盖了大部分私营企业工人，但不是全部。低收入人群，特别是贫困家庭的孩子，可能被公共医疗保险项目下的公共出资的医疗保险计划所覆盖。大部分的老年人和残疾人被医疗照顾制度覆盖。一些雇主还为退休人员提供医疗保险福利，尽管劳动者退休后大部分福利会终止或大幅下降。①

这些不同的医疗保险资源，对参加工作或不参加工作、退休或不退休产生了许多激励作用。② 在这些激励作用中，以下这些动机已成为学术研究课题，并被认为具有重要意义。第一，团险比个险便宜。与个人购买的医疗保险相比，雇主出资的医疗保险能享受税收优惠。相应地，医疗保险作为与工作相关的额外福利，其有效性鼓励了那些准备参加工作或正在工作且重视医疗保险的人。第二，由于一些雇主没有为职员提供医疗保险作为额外福利，个险比团险成本更高，所以许多人有了维持现有工作、不离开工作岗位或成为自雇者的动机。对于那些年老且未达到申请医疗保险福利的劳动者来说，这种激励作用特别强烈，因为他们支付大额医疗费用的风险相对更大；如果退休者的雇主不为他们提供健康福利，此时激励最强烈。第三，符合申请公共医疗救助条件的潜在劳动者，可能有动机拒绝为不提供医疗保险的雇主工作，因为工作通常便使公共医疗救助资格丧失。第四，医疗费用随着劳动者年龄的增长而增加的事实，意味着自己支付保险（也就是直接向雇员支付医疗费用）的公司具有不雇佣老年或有病史的职工的动机。

很难确定医疗保险对劳动参与的净影响。雇主为退休人员提供的福利，特别是那些更慷慨的福利计划，意味着一笔大额的延期补偿。这些福利的现有价值起初是随着服务年限增加而增加，然后随着服务年限下降而下降。③ 由于习惯的和正式的合同原因，工资和其他额外福利很可能不会随着年龄而变化来抵消额外福利的成本变化。当然，在一定的程度上，退休人员健康福利的存在使其产生强烈的退休动机。原因与私有养老金计划下的情况相似，从精算的角度

---

① 由于联邦立法，工人有权在其持续工作地以高出雇主平均成本3%的价格在该计划下购买短期的保险。

② Gurber（1998）调查了医疗保险对于劳动力供给的影响。

③ 现值增加有两方面原因。退休医疗保险时间常随工作持续时间而增长。而且离享受福利的日期越近，延迟享受的贴现值越小。价值最终下降也有两方面原因：第一，人们从65岁开始享受医疗保险待遇，大部分计划提供人们的65岁前的待遇要比65岁后的待遇更优越。当人们达到65岁时，他们享受丰厚待遇的岁月也随之而去。第二，死亡风险随年龄增长而增加。

看，养老金不随年龄增长而提高，人们不得不“使用它或失去它”。它对于雇主的影响更加复杂。如果职员未使用且丧失退休人员医保福利，雇主总体责任减少。因此，使老年工人留下更具有吸引力的退休人员医疗保险，其保险价值的减少是人事政策决策中应平衡考虑的一个因素。[①]

储蓄和财富分配

关于退休储蓄，公共政策是渗透性的，不是中性的。但是公共政策如何影响储蓄额敏感地依赖于个人的基准线，以及对基准线偏离的反应。相关的财富包括私人存款、私人养老金、社会保障、退休健康福利和医疗救助。[②]

与政府活动消费的减少，而不是社会保障和医疗保险福利的减少，以及相应的低税收情况相比，公共政策阻碍退休。税收很可能通过降低存款收益率阻碍了退休。但是，总而言之，政府规定提高了收益率和各种储蓄工具风险特征信息的可靠性。这些储蓄鼓励可以很好地控制税收和转移支付的直接影响。

尽管经验研究认为税收对存款的影响很小，甚至可以促进储蓄，但是公共政策降低了自愿的私人储蓄这个观点几乎是毫无争议的。[③] 尽管如此，税收政策确实促进了私人养老金和其他形式的强制性储蓄。这些计划可以克服冲动的消费行为，从而增加存款。此外，避税存款通常不能用做贷款抵押。人们在一定年龄之前动用这笔资金，需缴纳罚款。结果，避税存款是其他储蓄的有缺点的替代品，至少对于年纪较轻的人是这样的。而且，达到抵御各种风险的给定保护标准时，比普通存款更多地避税存款是必要的。缺乏远见可能加剧了这些影响。由于收取罚款不适用于老年人，放宽限制自愿退休的约束之一是，他们可以在离开工作岗位时比收取罚款的情况下拥有更多的财富。

标准理论指出，如果人们按某一给定的年龄退休，社会保障将会减少必要

---

① 如果雇员和雇主迅速而准确地认识到退休医疗保险、工资和雇员偏好的其他额外待遇值，退休医疗保险没有任何影响。这种假设是一种空想。我知道没人能够做到这一点。如果对于大部分雇员来说，经济市场以此方式运行，小部分被退休医疗保险覆盖的低收入职工被最低工资法隔离在这一过程之外。

② 我省略了收入和中位数检验待遇，例如补充保障收入、对有子女家庭的补助、医疗救助、食物补贴、住房补助，尽管有相当数量的老年人在离开低收入工作岗位后以上述项目维持生计。如果没有这些支持，这些人将很可能为取得低工资收入而供给劳动。

③ 经验性估计结果各异。最常引以为证的估计是储蓄的收益弹性大约为 0.4，即收益率增加 10%，储蓄额增加 4%。如果假设储蓄率为 5%，税前收益率为 10%，税率为 20%，将税率减半到 10%，将会使净收益率从 8%增加到 9%，与开始比增加了 11.1%～12.5%。这种改变将会使储蓄率增加近 5%，[0.4× (0.125＋0.111) /2＝0.0472]，或者从 5%增加到大约 5.24%。

的私人存款，但是，如果社会保障可以引诱早退休则可以增加存款。William Gale 和 Eric Engen 经过仔细地回顾社会保障对存款影响的文献后，总结出“文献中关于社会保障对国民储蓄的影响不是结论性的，尽管大部分的研究都显示私人存款对它某种替代”。[①] 此外，他们指出，改革是增加还是降低储蓄敏感地取决于计划改变的细节。

总而言之，公共政策是否整体上“歪曲”了私人储蓄计划并且导致存款的变化，简单地说这是一个难以界定的大问题。尽管如此，基于因为新的投资回报率比人们愿意的储蓄利率更高的事实，来判断证券市场资本少是清楚的。由于这个原因，储蓄增加将会提高国民经济福利。

现行政策对退休决定有偏吗?

简单的答案是肯定的，但是程度和方式很难说。社会保障收入检验很可能降低劳动供给，如果 62～65 岁的人们对于精算激励作出回应，社会保障收入检验也不影响他们。许多私人养老金首先激励工人继续为雇主工作，然后在某一年龄离开工作岗位，但不必退休。如 Gary Burtless 在第一章所展示的，大部分工作者在 62 岁（享受社会保障待遇资格年龄）或以后不久申请社会保障待遇。私人和公共的医保福利鼓励一部分人参加劳动，而其他一部分人仍不参与经济活动。也就是说，这些激励措施使得一些人不退休，一些人退休。虽然公共政策对退休储蓄的净影响还不清楚，但非中性的渗透性倾向是毫无争议的。

标准模型应具备的条件

通过私人养老金、公共养老金以及税收规定能促进人们的储蓄动机是因为：否定标准模型中一个或更多个要素，以及由于私营市场不能提供保障，社会保险具有保护人们抵御自我不能处理风险的能力。

目光短浅

社会保险建立的基础是多数人是目光短浅的，至少在认识退休储蓄的问题上是这样的。目光短浅是普遍性的断言遭到了标准模型拥护者的强烈反对。他们倾向于指出，许多人根据充分获悉的未来收入和收益率估计，以及其他相关

① Engen and Gale (1997).

考虑制订出合理的人生计划。[①] 如果人们年轻时未能储蓄够人生计划中最佳储蓄额，那么，在后来的工作时间里，实现足够的资产意味着储蓄率要达到30%～40%，这样的储蓄率实际没有人能承受。社会保险通过强迫年轻时缩减消费和提供晚年养老金，改善了目光短浅的不良后果。

目光短浅使责任加倍。目光短浅导致人们年轻时存款过少，并低估了养老金承诺。养老金承诺不会降低当期消费，也不会弥补当期消费的增长。社会保险和次优的私人存款（由于目光短浅，忽略了遥远的未来）一起偶然近似实现了完全合理的人生计划下的储蓄额。

近些年来，经济学家设法为目光短浅提供系统的解释。一个重要的进步是发现用于近期选择的贴现率远高于用于长远选择的贴现率。一个例子给予了解释。如果每年支付人们100美元，与等待一个月相比，人们在等待一年之后愿承受的支付增额更小。反复的研究证明了人和动物贴现率都随着时间延长而降低。[②] 虽然这个决策模式得到了充分的肯定，但却与标准经济理论的原理相矛盾。根据标准经济理论，无论是现在还是未来，对于给定的期限等待，人们要求的补偿是相同的。

目光短浅证明了社会保险的固有强制性，也解释了美国社会保障制度的一些具体特征——比如只以年金的方式支付待遇、禁止已婚人员选用单身年金，以及完全根据通货膨胀指数进行调整。目光短浅产生了两个对称的问题。这两个问题证明自动调整的年金支付制度比一次性发放好。有些人因严重地低估了未来的需要，可能在死前挥霍完自己的财产。其他一些人杞人忧天地害怕他们的财产不足以维持生计，消费不足。如果人们可以从私人保险公司那里购买到“真正的”（与通货膨胀指数挂钩调整）养老金，标准经济学假设的拥护者可能认为他们仅仅是表达了自己的消费偏好，因为没有私人金融机构提供这样的养老金。而且愿意购买私人保险公司提供的养老金的人发现保险公司收取大额的额外费用。结果，没有人去购买。[③]

---

① 一些经济学家认为，考虑到人们的行动和外部事件既影响他们自身，又影响到其继承人，人们既不能制订合理的终生计划，也不能制订理性的跨期计划。关于这一论证的争议有大量的文献。如后面内容所示，我认为制订终生计划明显地超出了人类的认知能力。制订跨期计划就更为难了。我将忽略这些文献。

② 关于贴现率随着时间下降的研究（所谓的双曲线贴现）见 Ainslie（1998）和 Laibson，Repetto，Tobacman（1998）。当总额一致，但接受它们的概率不同时，在现在或将来的选择中采用同样的方式。见 Lowewenstein 和 Prelec（1992）。

③ 在20世纪80年代早期，65岁以上人员中只有2%的人拥有私人年金，年金中的一部分，也许是大部分，是通过赠与或遗赠而建立的，而不是根据个人主观意愿建立的。Poterba 和 Warshawasky（1999）。

规模经济事件

在标准模型里的个人决策没有明确地考虑与规模经济效应相关的风险，它成为社会保险的额外动机。私人市场不能有效地抵御扩大的失业、比预期低的储蓄收益率或者高的膨胀率。社会保险不能消除这些风险，但可以将它们更广泛地分散到一代人甚至几代人身上，降低仅依赖私人养老金和存款的劳动者个人独自面对的风险。

社会保险的几个方面分散了私人的风险。用收入和平均收入计算待遇。在不足完整工龄的时间内，支付待遇的增长低于收入和平均收入的比例，减少失业对最终待遇的影响。① 社会保险的待遇确定型的特征使人们接受一个平均的经济范围内的收益率，而不是个人选定的特殊投资的收益率。这个平均收益与经济范畴的利率相关，但它只是一个近似数，而且具有较长的滞后期。指数化美元债券的无效意味着，只有政府担保的待遇能可靠地抵挡大范围的通货膨胀的影响。②

外部性

如果价格不能准确地计量个人行为的社会成本，一些集体行动——税收、津贴、规定、禁令或者命令——可能改进社会福利。普通的例子有商品使用高峰期定价和对游客征收拥挤税。③ 但是外部性既可能产生于私人行动中，也可能产生于政府的行动中。

私人和公共医疗保险、养老金政策和劳动补偿办法，使个人何时退休的决定产生额外的成本和收益。在社会保障制度下，即使待遇减少是精算上公平的，62 岁以上、收入足够的人推迟申请待遇时也会产生额外的福利。之所以

---

① 美国当前法规以工人最高的 35 年指数化收入（用工资指数化的收入）为基础计算社会保障待遇。一位有 40 年收入记录的雇员，可因为生育和抚养子女、教育和培训或者其他任何原因离职，不影响退休待遇的年数可多达 5 年。

② 尽管发行了指数化国债券，保险公司和私人养老基金还得提供与通胀指数挂钩的年金，也许是因为由于承诺期限超过了指数债券的最大期限。公司可能断定指数化年金需求较少。

③ 如果所有时段的电费价格相同，最高负荷用户无力承担自己用电的全部成本。这样的用户迫使供电商实施额外的最高负荷供电能力或使用高成本的储电能力。这些成本要加上那些与正常使用相关的成本。因此边际使用者将“外部成本”——简称“外部性”强加给他人。这种外部性通过对最高负荷时段用户的征税或额外的私人收费来调整。这些对于用户来说低于最高负荷的价格，至少与正常价格相当的收费打击了最高负荷需求。因此，这些收费避免了成本转嫁，否则，这些成本将被转嫁到所有用户，包括那些有迫切需求的用户身上。

这样，是因为他们的收入税率与其他人一样。但是这样的缴税似乎不会使福利与他们的所得成比例地增长。如果 62 岁以后的年收入不在年收入最高 35 年之内，就会在福利计算中被忽视。此情况下减少的税收，不得不从较年轻的劳动者身上征收。因此，老年工人通过继续工作创造了金融上的外部福利。这种情况也适用于低收入的配偶（通常是妇女），她们的收入记录维持的福利不足以她们配偶收入为基础维持的福利的一半。在主要赚钱的人退休之前，他们通过工作获得残疾人福利和养老金的权利，但这些福利的价值与工作创造的税收相比要少。但是，待遇在收入检验下的精算调整未考虑到不利选择（那些寿命短的人比寿命长的人可能更频繁地要求成比例地减少待遇）、配偶年龄（配偶越年轻，待遇平均支付的时间越长）或者其他被赡养者的人数。

这些外部性中的每一个以及一些其他的因素，意味着社会总体上关心人们退休时间。尽管发现继续工作可能产生额外的社会成本的例子，我认为大部分的金融外部性是老年工人产生的待遇。这些待遇增加到了年轻和年老的退休人员身上。

如果退休年龄增加，较年轻的工作者可能将要承受大一些的成本，尤其是在向晚退休的过渡中。在这个过渡时期，一些年轻工人等待晋升高职的机会将会减少或消失，尤其依据年龄和任期晋升时。但是，如果晋升完全是依据功绩的话，也会出现这样的结果。可能由于经验，年长的工作者无论何时都比年轻的工作者更有可能获得晋升。这个过渡一旦完成，晋升的机会将会增加。但在工作层次的形成不受工作期延长影响的假设下，晋升机会也会永久性地减少。然而，如果过渡过程缓慢，这个影响可能是潜意识的。

退休决定真的是最优的吗?

在标准经济模型里，个人退休决定在特定意义上是最优的：给定可行的选择和机会，每人都会在其最优时期退休。人们可能犯错，但此理论坚持系统地改进是不可能的。即使我列出的相对少数的条件得到了肯定，这个结论也终止去遵循。如果可以断定人们是目光短浅的，那么人们犯的错误是系统性的而不是随机的。由于市场价格发送了错误的个人行动成本财力信息，人们的决定可能较差。此外，“代理”问题可能出现。对于配偶、子女和其他有经济赡养义务的人，有时不能充分地考虑到这些被赡养人的利益。在这样例子中，原则上说，强加的外部限制通过家庭内的再分配改善了被赡养人的福利。原则上说，集体行动可以填补空缺市场——比如确保抵御通货膨胀。是否个人选择的限制会改善实际结果，取决于政治程序歪曲的程度。

然而，对标准经济模型，即使这些要求可忽略，像考虑退休问题一样复杂的个人决定是否在经济学家的观点（根据有效信息和花费成本小于其价值收集到的信息作出的、不能被系统改进的决定）里是或者能够是最优的问题，大量的心理学和哲学的研究对此提出了疑问。这个定义符合 J. St. B. Evans 所说的合理性，真正的合理性。[①] 这与他所说的合理性——程序合理性形成了对比。程序合理性指的是平衡考虑准确度、认知、精神需求和时间的程序用法。我不会得出标准模型中最优化的主张是错误的结论，但几乎没有理由相信它在个人层面上是正确的。争论包含了几个要素。

复杂性、启发性和标准

关于退休的考虑，如同于其他复杂事件的考虑一样，能够用决策树来模拟。决策树用图解形式描绘人们面临的选择、每个选择的可能性和其结果的价值，通常一个决策树包含许多分支和结点。数学家指出，一旦分支和结点数超出某一适度值，连最快的数字计算机也需要上千年才能找到最理想的结果。即使在合理的时间内发现最优分支，通常很难找到解决方法，没有哪个人能在没有援助的情况下具有这样能力将其找到。许多试验证明了，大部分人解决决策树中的问题甚至推论小问题的原因和影响的能力相当微不足道。

作为这些认知限制的结果，人们依赖各种智力捷径或者启发式的方法解决问题。这些启发式的方法是在各种文化下，从个人长期试图解决各种问题的努力中发展起来的。它们在许多情况下都非常有效。人们使用它们，大概是由于其既能产生满意的结果，又节约时间和精力。但是当它们被应用于与启发式方法发展有实质性差别的情况时，会导致系统性错误。因此，决定的质量变得对一列冗长的、在广泛的社会心理学文献中被非常细致地考察过的环境因素极度敏感。[②]

这些试验记录下，在其他事情中，个人的决定未通过理性选择的标准检验。对于不相关的可选择方法，决定不是不变的。他们违背了“确定事件”原则（如果保证给定的 A 选择和 B 选择结果比 C 选择好，人们应当愿意在 A 与 B 中“博彩”选择）。当面临决策树的时候，他们不断地违背如何作出最优选择的法则（贝叶斯问题）。这种情况可以通过几种方法来考虑。

一种可能性是习惯一种环境的思维，即使它不是最优的，也是足够好的了。另一种可能性是习惯思考在它们出现的环境里是理想的实际解决问题的方法，但在新的环境下却是低级的。像在暴力的环境下会促进其存活的对愤怒的

---

① Evans（1993）.

② 见 Rabin（1998）；Ross 和 Nisbett（1991）；Nisbett 和 Ross（1980）。

快速反应，其作用在耐心与合作至上的环境下会戛然而止。[①] 因此，过去有效的规则在一个新的环境下可能变得低级甚至危险，但可以通过教育和培训得到改善。最后一个可能性是思维习惯虽然随便、自然却真的低级且不能改正，但没有足够的破坏性，无法在达尔文进化过程中被消除。[②]

尽管如此，个人决策中系统性错误的存在并不是故事的尾声。人与人之间相互交流、共同解决问题，并且提出个人孤立工作无法得到的解决方法。这个过程在不同的层面发生，从一小部分人解决一个不熟悉的问题到一个行业间所有同行相互交流意见。在每一种情况下得到的想法都是个人无法想出的。教育和培训不只包含发展个人分析技能和了解世界，也包括学习如何与他人合作，将坏主意转变为好主意，循循善诱地提出自己的想法，了解并应用前人解决问题的方法。所以，对于解决一些问题，“两个臭皮匠可以赛过诸葛亮”。

一些决定的社会特点通过随着时间而发展的标准和行为模式来表达。如果标准具有强制性，是由于它们反映了经验积累且引导人们不按其他的方式行动。标准可用做启发方法。因为启发方法大部分时候都很奏效，可能具有存在价值。但是，在改变的环境里不具有的再存在价值的标准或启发方法，可能会延迟一段时间，而且对于坚持使用它们的人来说其价值的丢失并不明显。[③]

此外，标准很可能导致次优均衡的产生，就像退休决定中高度模仿的“囚徒博奕”中所展示的情况。我最初假设每个人的口味相同，或能很好地界定和理解。人们通过工作取得收入和社会名望。尽管如此，过了一定的年龄，他们变得嫉妒那些享受退休闲暇时光的人们。如果有足够数量的人退休而他们还在继续工作，他们的福利就会因此减少——嫉妒因素。相应地，如果他人继续工作，退休的人比每个人都退休享受稍微多一些——幸灾乐祸因素。实质上，如果每个人，包括他们自己都工作时，人们感觉最快乐。工作中得到的满足超过了幸灾乐祸因素，但被嫉妒湮没了。如果有相当多的人退休，每个人都会愿意退休而不是工作。这个情况可以如下列矩阵中的多人游戏来描述。可以把这个矩阵叫做职业白领支付矩阵。每对数字左边的是个人的福利指数，右边的是他人的福利指数。

---

① Nisbett 和 Cohen（1996）指出，在南方长大的美国男性比其他地区的男性更容易犯罪和使用暴力。

② 即使人们接受达尔文的理性最终胜出的观点，Eldar Shafir（1993，p. 279）认为这一情形总是暂时性的。他指出人类存在不过 250 万年；恐龙统治地球一亿年。“虽然生物学假设最优选择，但大多数生物学家会发现这个假设不可信；如果马能够系统性地作出不适应的决定，但迄今为止马这一族群已经存在超过六千万年”。

③ 确定功能紊乱的标准是极度困难的。看起来无效的标准（例如，印度教惯例中将牛视为神圣的。现代犹太东正教的食物，惯例坚持天主教的修女和神父保持独身）可能加强其他价值，这些价值具有高效能并具有重要的存在价值。或者这些惯例可能真的代价昂贵，但没有昂贵到能威胁整体的存在。

		其他人	
		退休	工作
自己	退休	15/15	16/14
	工作	14/16	20/20

如果人人都工作，福利指数是 20。如果人人都退休，福利指数是 15。如果超过一定数量的人退休而自己还在工作，由于嫉妒因素，这个人的福利指数降至 14。如果一个人退休了而其他人在工作，由于幸灾乐祸因素，他的福利指数是 16。每个人都工作时福利指数达到最大值。只要每个人都工作，这种均势就会持续下去。但是如果一些事使足够数量或者可能少数的人退休，那么退休使人们的福利指数达到最大。这对于每个人都是正确的。所以一个人人退休的新均衡建立了。这种新局势很稳定，但比前一均衡稍差。

福利最大化结果的稳定性取决于倾点（tipping point）。大部分人选择退休使人觉得继续工作像个白痴。如果不同的人具有不同的倾点和不同的支付矩阵——特别是如果继续工作对甚至少数人来说都变得次优，甚至是在人人都工作的时候——几乎人人工作的均衡可能变得脆弱或者可能产生新的均衡，即使继续工作的群体的福利平均高于所有人都退休的情况。

这个例子在所有方面都是矫揉造作的。最不自然的是职业白领支付矩阵的特点，该矩阵中工作是一种积极的经历。对于艰苦的和无聊卑微的工作，支付矩阵看起来会不同。这个例子虽然做作，但分析了一个简单点。社会的相互作用可以制造良好的行为标准和有用的信息，也可以促成变化环境下的次优的、稳定且持续的结果。

人们可以他人的行为为标准。只要标准有效，人人工作且福利最大化。如果由于少数人的背离破坏了标准，退休就成了一个新的标准，稳定但却次于前者。

信息：太多还是太少？

人们显然缺乏关于退休决定的一些关键事件的基本信息，并且对其抱有很多幻想。比如，调查已经证明，普遍的观点认为医疗保险会提供广泛的长期医疗护理的保险，然而直到现在医疗保险几乎什么都没有提供。而且，目前提供了相当大的覆盖面的家庭医疗保险，但几乎没有提供抵御长期医疗费用的保护。作为第二个例子，了解诸如收入检验和推迟退休信贷这样的社会保障规定的影响是非常困难的，关键是要了解通过额外工作得到的净工资。没有几个人能很好地认识到他们期望得到多少社会保险。

更重要的是，退休同婚姻、选择大学或选择职业一样，是属于人生只作一次或仅仅几次的重大决定。人们可以购买专家的建议或从朋友那得到免费的建议，但是我怀疑这样的建议和专家教如何打网球或玩扑克游戏的作用一样。它有帮助，但是没有替代品可用来做大量的练习。网球和扑克游戏可以练习，但退休不能。

偏好：矛盾与定义

我认为，将人们具有明确定义的、一致的、不变的偏好的观点作为对人类行为的描述是无根据的。至少有三种相关的证据。[①]

境遇。心理学家和行为经济学家们的实验结果表明，人们对于表面看起来微小和不相关的境遇因素反应是不同的。决定违背了转移性和一致性偏好的其他必要条件。[②] 这个证据并不意味着人们总是表现界定不明确的、不一致的或不固定的偏好。所以，发现在无数的情况下，人们的行为与以定义明确的、一致的、不变的偏好行动的假设相符只是一个非常小的成绩。但是这样的发现证据不足，就如同看见几只白天鹅后就不赞同天鹅是黑色的一样。或者如 Arthur Okun 经常嘲讽的，即使一个停了的时钟，一天中也有两次是准时的。

自控。第二个证据是关于自控的问题。正如 Thomas Schelling 观察到的，无论何地人们都在挣扎着不过量饮食、不过量饮酒、不熬夜、不堆积家庭作业、不做另一个纵横字谜、不背叛配偶、不闯红灯、不超速驾驶，或者不对他们的孩子大喊大叫。[③] 然而无论如何人们总是食言，食言之后再发誓做得更好，然后又食言，这样往复进行着。George Loewenstein 展示出了本能的因素强烈地影响行为，人们既不能很好地预言自己未来对这些本能因素的反应，也不能很好地回忆自己过去的反应。[④]

通过脑力运用，这些行为可以归结于固定的行为偏好，但前提是这种固定的行为偏好是存在的。比如，有人可能认为本能因素——缺少食物、缺少睡眠、性的觉醒或者更普通的激素和神经传递素——引起看起来似乎不一致的行

---

① Kahneman，Ritov，Schkade（1998）。假设人们具有明确的偏好对于研究目的是否有用是另一个问题，我会在后面谈到。

② Rabin 证明，关于这个主题的心理学文献浩如烟海。一个关于人们对侵权行为反应的研究解释了这个问题。当问及以下两个问题——卖伪劣的儿童防火睡衣导致严重的伤害、财务资产营销诈骗——哪个侵权更严重时，大多数人们认为前者更为严重。然而，当问及如何确定以上两者的补偿额时，大多数人对后者施与更重的罚金。Kahneman，Ritov，Schkade（1998）。

③ Schelling（1995）。

④ Loewenstein（1996）。

为。深入其中，有人可能认为如果这样的本能因素保持不变，偏好就是固定的。或者有人可能认为如果考虑表面看起来不相关而实际有关的额外境遇因素，偏好的确是能明确定义、固定和一致的。

这种解释没有多少实际价值。除非本能和境遇因素可以被精确地测量和模拟出来，否则就算这两者极其重要（看起来确实如此），正确行为中暗含的行为偏好也仅仅是一个信念而已，然而从没有人也不可能测出本能和境遇因素的准确值。[①] 另外，它呈现出被认为产生固定偏好的“思想”状态。这些思想脱离了主体，即我认为近期站不住脚的研究的位置。[②] 这样的辩护能取得形式上的成功，但代价是放弃有明确定义、固定的和一致的偏好的任何现实意义。因为可观察到的行为不一致，仅像不易察觉的祈祷、一种思想燃素，维持着设想中偏好的固定性和一致性。

记忆。当代的关于记忆与认知的研究指出，人们只能够在短期记忆中保存一些零星的信息。认知由长期记忆的一些回忆信息构成。然后大脑用这些回忆信息组建对事件、人物、场景、声音等的回忆，就像一个考古学家从骨头碎片中重组动物。[③]

长期记忆能力很大，但是对于记录每个人都有用的所有信息来说远远不够。一张 74 分钟长的 CD 光盘大约储存 8 亿字节的信息。一张磁盘存储量更大。在清醒的每一时刻人们都被数量远远超过他们可记录的信息轰炸着。各种智力程序对这些信息进行筛选，然后重点关注个人经历中重要的方面。当我写这句话的时候，我能感受到对我各感官的部分刺激。我从眼角看到了绚丽多姿的风景。我从耳机里听到了竖琴演奏的乐曲。我也听到了过往汽车的声音、一架喷气式飞机从头顶飞过的声音和其他背景杂音。我感觉到了身上穿的衣服，眼角长的一个小疥疮，一阵微风吹皱了我的衬衫。我释放出在办公室堆积出的奇臭无比的臭味。在生活中，我只留意了一部分信息，处理了其中很微小的一部分，储存到记忆中的就更少了。

因为人们有不同的需要，不同的人的确经历了不同的现实，并保存了所有现象的不同经历。[④] 人们回忆的事物不只取决于他们所存储的信息，也取决于引起刺激因素的性质和刺激因素对个人的意义。口味和偏好包含在这些回忆之

---

① Damasio (1994); LeDoux (1996); Loewenstein (1996); Nisbett (1991).

② Damasio (1994).

③ Schacter (1996).

④ 这一系列原因遭到了一些人的反驳——要么是作为对客观真理存在的一种打击，要么是试图通过归谬法使这种观点站不住脚——“那么，每一样事物都是相对的，没有客观真理存在。”我认为，不论这种反驳的动机怎样，它都被误解了。物理现象和逻辑真理的存在，并没有由于每个人可能认识或记得从这些现象中产生的片段信息的事实而产生问题。但是，人人“师从一处”的假设是不合理的。科学和劝说的任务往往是在人们之中寻求对于一些相关且重要的零星信息的共识。

中。所以口味和偏好自然将根据引起刺激因素的性质而变化。记忆局限性迫使人们在每种情况下构造偏好，而不是生搬硬套。这种局限性可以解释为什么“定格”影响决定和表现出的偏好，包括比如为什么人们用一系列形容词来描述人和事物，而评估人和事物时会根据这些形容词的排放顺序的变化而不同呢？此外，用理性的观点来看，中等复杂性的问题就会耗尽记忆的空间。如 Mike Oaksford 和 Nick Chater 指出的：“一个内科医生了解的可能只包含两种症状的诊断和一些合理假设下的疾病和症状，要求在记忆中存储的症状数目要达到 10^9。因为通常诊断要依据 30 种症状，即使人类大脑每一个联系都被一个数字编码，它的容量也不能满足。这样复杂的考虑，使人类决策者们极不可能在他们冒险的决策过程中采用贝叶斯的决定理论”。[①] 其他的思维模式——利用参考点而不是用一个对每一种情况完整独立的评估来评价效用，并且强调结果是否合适的决定过程——很可能将它们的产生归于节省认知力上。这样的思维模式有助于解释为什么特权一旦废除，会比从没有给予这个特权激起更强烈的反应。

又怎样呢？

之前关于人们如何作出退休决定的论据，得到了心理学和哲学研究的大力支持，但对于退休政策分析，特别是对于标准化的经济学内容还存在混沌的含义，可能对于民主政治理论也是如此。我认为它对于经济学作为一门积极的社会科学具有更多的限制意义。[②]

就退休研究和政策而言，一个人应当如何使其成为证据呢？显然，个人行为带有政治力量。迫使人们修改计划的规定变化在政治上是困难的。但是除了这些考虑之外，应该给予个人决定多少规范的分量呢？显然不多，如果人们从市场得到错误的信号或者重要的市场在关键的方面运行失效。在这些情况下，政治规定很简单：如果可行，能改正错误信号。

但是，如果市场的信号是正确的怎么办？也就是说，如果价格准确地反映全部资源成本，所有的外在性都被更正，人们交易有关商品的市场都存在并且有效运行，情况又怎样呢？答案看起来依旧是，个人决定所起的规定分量很小。退休对于每个人来说是一种带有背景意义的行为。背景不仅包括他

① Oaksford and Chater（1993，p. 37）.

② 经济学的有效性作为一种预测手段，当然是要依靠其预测能力。Milton Friedman（1953）认为这种预测只是经济学或者其他学科的一种功能。但是这种观点至少在对经济学家如何利用他们的技术的描述上显然是错误的。经济学家们充分地利用着他们的工具来支持标准结论。出于认识论的目的，每一个研究领域都采用其发现作为一个框架，将原本不相干的事实联系在一起。

自身的（经济的、身体的、家庭的）环境，也包括朋友、同等人和社会的行为。也许可以通过相当复杂的决策树来呈现退休决定。人们既没有数据也没有能力来全面地分析它，所以人们求助于各种启发式的决定方法和社会标准来引导他们的决定。这些启发式的方法和标准不符合最优化检验。[①] 几乎每个人都只退休一次，所以个人的退休学习和试验是不可能的。人们能够遵照专家的指导，但这些指导通常将不会产生最优结果。因为专家未系统地认识到的个人情况，对于个人来说却是很重要的。因为人们对于从来没有经历过的状态下他们自己的偏好没有全面的认识，而且也不是总有可能照搬照抄。

集体学习是可能的，而且许多人共同交流得出的结论通常优于个人独自作出的决定。尽管如此，与前面概述的博奕中得出的理由一样，集体行为不必收敛到全局最优点。例如，商业惯例中潜在的变化能够导致人们以他们认为进步的方式改变他们的行为。尽管如此，可能由于行为黏性或者关于人们如何响应改变的信息闭塞，商业惯例可能保持不变。比如，如果雇主作出必要的安排，兼职工作可能变得普遍而且足够频繁而成为新的标准。但是创造足够数量的兼职工作岗位引起了难以应对的协调问题，包括交通运输安排、确定感兴趣的工人以及提供特殊设施。为仅仅几个工人作出这样的安排就可能产生让人望而却步的成本，但是必要的规模可能超出了任何单个雇主的策划能力，或许因为过程像之前描述的博奕那样运转。因此，没有单个的雇主会发现作出这样的改变会有利可图。[②] 结果，个人模仿他人的行为方式似乎会保持下去，除非这些行为对个人产生了确实不好的结果。

此外，许多经济学和心理学的实验性研究表明，人们对于他们实际选择的结果的评估高于通过其他方式获得的同一状态的结果。比如，彩票持有者对自己选择号码的彩票喊价高于代选号码的彩票。如果这个过程在评估诸如何时退休这样的主要个人决定的结果时也同样奏效，这个结果就是一种效用最大化，但不是经济学理论通常设想的那种。由个人选择出现的情况变得完全参照过去的情况，这是因为个人已经作出了选择而不是因为可以作出对未来较高的预测。在这种情况下，倘若行为代表了对被视为合适激励的主动回应，围绕当前

---

① 对于从 Shafir（注释 30）引文中提出的原因，断言存在的价值有风险。因为，标准和启发学存在的最佳状态下的环境，可能以“相关的”方式发生了改变。对在有限的时间内什么是“相关的”，作出一个详尽的权威的断言是不可能的，因为这个问题包括了它们之中所有可能的信息和所有可能的原理。在人工智能构建中，决定什么信息是相关的是问题的关键：一个决策实体应该如何面对一个具体的问题，决定了在无穷的数据中哪些信息与手头的问题相关。这个问题尚未解决。

② 这个观点与前面 Spence（1974）和 Stiglitz（1973）提出的观点相似：为什么劳动力市场中的歧视仍然没有改变，但却对立法禁止歧视欣然回应。

行为可能出现的大范围的变化，不太可能使人们评估自己个人的福利出现很大的差异。[①] 如果一般行为模式以某种方式转换为新的标准，判断个人福利是否增减没有任何依据。

这些都没有否定人们比他人更缜密地了解自己的自身条件（即使他们缺乏一些好的、重要的技术性信息），也没有否定人们会真的认为他们选择的过程会比其他人面临这种情况下作出的选择好。事实上，他们认为他们所选择的是最优的是因为他们已经作出了选择。而且这个事实最终可能是将个人决定视为最优的、最有力的标准化论据。

人们已经将个人条件和社会准则引起的偏好内在化了。但是在广泛多变的条件下，人们获得的福利没有什么重要的可挖掘的差异。对其他结果作出的判断也是类似的。研究没有给出证据来证明个人福利在某些主要特征上与个人条件的大部分测量有系统性的联系。在这些薄弱的关系中，满意的工作与个人福利之间的实际可观察到的正向关系是其中比较强的一种关系。但是我认为这个因果过程并没有被揭开。[②]

结论不是任何退休政策都可行，也不是都无关紧要。当然，对任何特殊行为模式最优化的主张，包括当前退休时机，都是弱的。如果一个人不能将标准的重要性与观察到的行为相联系，经济学分析的一个最重要的贡献（支撑“人们了解各种干涉对福利的影响”的信念）将会丧失。在那样的情况下，人们必须转向决定政策的其他标准。但是是哪个标准呢？这样的标准会包括要求评估替换政策的后果。比如，有人可能支持鼓励晚退休的政策变化，因为维持一个鼓励早退休的政策会造成严重的政治问题：要么大量地增加税收，要么大幅削减政府的其他活动。或者，像先前提到的，延长退休年龄可能使年轻人晋升的希望落空。在这样的情况下，有人可能反对这样的政策。有人可能将政策建立在公平性的外部评价的基础上，但是对公平性的评价是靠不住的。对于初始者，脑子里有经济学家所谓的“横向公平”——同等人同等待遇（如果是这样，依据是什么?）或者“纵向平等”——从穷人到富人的收入分配程度这样的概念吗？无法说明实际行为的依据是福利最优化还是最大化。

---

① 主观福利测量（甚至对客观环境中大多数差异）的不敏感，是心理学的一个重大发现。这个结果也许反映了测量主观福利的手段落后，或者是描述该过程的理论不够充分，以至于统计测试无法揭示其构成。但这个结果也许也反映了一个深刻的真理：如果主观福利就是经济学家意味的效用，这种主观福利，无法由也许是非原则上的外部条件完全确定，也不能由导致结果的过程完全确定，也未通过心理上的动态平衡完全确定。

② Diener and Suh (forthcoming).

研究论点

这些限制对标准模型的影响之一是向全局考虑转变。中性的公共政策没有必要最大化福利，因为福利最大化的概念已经丧失了其准确的含义。但是公共政策仍旧影响着行为，而且每个人仍保持对具有正向影响的问题的兴趣，即使他们不能认同对这样的改变是否会增减福利的标准化评估。这里列出的标准模型的条件公开了在标准模型里同等地判断政策的可能性。也就是说，以某一市场利率贴现的等现值可能对行为产生不同的影响。

退休检验和推迟退休信贷

当1983年颁布的修订法完全生效时，社会保障待遇规定将提供“一般”受益人一份养老金。养老金的数额随着首次领取养老金的年龄而变化。对于符合待遇领取条件、收入高于规定上限的人，收入检验将使他们损失部分或全部当前待遇。当收入下降，或者年龄超过70岁时，待遇支付不受收入水平影响。那样的话，养老金会增长足够——通过推迟退休信贷——提供等值的终身待遇。① 几个其他可选择的政策也会产生同样的长期成本，但可能导致不同的劳动供给情况。

第一，收入检验可以取消，这样从符合待遇领取条件的年龄开始，待遇支付不受收入影响。这个改变将会加快待遇支付的速度，但不会改变一般工作者一生待遇支付总额的现值。这一点，克林顿总统在他的1999年国情咨文中已提出。

第二，收入检验可以逐渐放宽，这样不考虑收入检验的待遇支付比例越来越大。例如，不考虑收入，62岁的人可能允许接受他们养老金的20%，63岁的工作者可以接受养老金的40%。依此类推，直到劳动者达到66岁之后，全额支付待遇。这个过程可以迟些开始——也许在65岁（所谓的正常退休年龄）——可以在不同的阶段。在每一种情况，随着时间推迟，收入在下降，但养老金待遇随延迟而增长一小部分。

第三，由于收入检验损失待遇的人可以在之后几年得到一次性补偿。偿付的贴现值等于现行法律规定增加的养老金。例如，现行法律提供给一位年龄在65岁的劳动者的养老金福利是15 000美元，他的收入多得足够扣光一年的福

① 本章附录对退休检验、推迟退休信贷和相当复杂的规定进行了详细描述。

利金，那么他在66岁时开始领取的待遇将达到15 937.5美元。[①] 在另一种安排下，这个人从66岁开始领取养老金时，数额仍然是15 000美元，但他将会在70岁时得到一次性偿付16 560美元（假设实际贴现率为2%），或付给指定继承人平均大约20 000美元（假设平均寿命为80岁）。如果一个人在70岁时赚了足够多的钱可以放弃一年的待遇额，那么70岁时得到的一次性偿付待遇大约是80 000美元，或者支付给继承人100 000美元。

收入检验的这些调整是否增减劳动力供给呢？

如同Gary Burtless在第一章中列出的证据中指出的，在“劳动供给”被定义为既包括人们真正从全职工作岗位离职的年龄，也包括半工作半退休的年龄，仅仅废除退休测试不会对劳动力供给造成什么影响。如果“劳动供给”仅仅指的是社会保障养老金领取者影响的部分——忽略人们实际申领养老金的年龄——就会发现消除收入检验对劳动供给产生很大的影响。但是Burtless列出了为什么这些估计可能过低的理由。在第六章David Fetherstonhaugh和Lee Ross描述了用一次性支付来取代年金，以补偿收入检验造成的待遇损失的影响的调查证据。问卷调查的回答实际上可能比政策的改变带来的反映更大或更小，或者甚至答非所问。

问题滋生于几个根源：第一，对既定的行为，用简单易懂的语言解释是困难的。人们在现实生活中了解到的东西可能与在实验室里了解到的不同。第二，即使人们正确地认识了问题，在实验室里思考问题的时间也是有限的。第三，没有人在实验室里“实弹射击”。对于简单的问题这个差异可能无关紧要。对于复杂的问题，则可能很关键。对于如此复杂的政策变化，个人不值得花大量的精力去设想如何应对它。然而，对于经济相等且只有形式上不同的政策规定的大量不同的反应，意味着考虑是重要的，而现值不重要，在政策研究和规定中应清楚地考虑这一点。

程序改革

如果关于退休条件的信息不完备，并且人们要经过一段艰难的时期来确定与过去经历不同的情况下自己的偏好，行为可能对既定行为产生的过程敏感。病人对各种治疗方法反应的研究为这个假设提供了强有力的证据。[②]

最引人注目的发现是患前列腺癌的男人们对他们面临的治疗选择的反应。

---

① 这些例子都忽略了通货膨胀调整。

② Flood and others (1996); Barry and others (1995).

要么选择留观——一种医疗上不治疗的委婉的说法，要么选择外科手术。[①] 随机试验显示，小于一定年龄——大约 60 岁——手术后存活率稍高，高于一定年龄手术后存活率稍低，因为前列腺癌生长慢，其他致死因素更容易介入，外科手术会很危险。这个比较结论对于较大的年龄跨度来说是模糊的。除了影响寿命，其他可选择方式承担了不同的风险。留观具有劣等症状的高概率，通常是排尿困难。手术具有出现副作用的较小风险——死亡或者严重的术后并发症——以及较小副作用的稍高风险——失禁和阳痿。Wennberg 和他的同事将病人随机地置于不同的决定背景中。一些人在标准的医患交流下作出决定。其他人被展示关于这个疾病和各种治疗手段的片子，然后加入集体讨论。取决于决定背景的治疗过程有很大差别。在看片子然后集体讨论的群体中，选择留观的比例远远高于医患互动群体的比例。

Wennberg 的试验改变了许多决定因素：治疗医生的有关声望、病人可获的信息、决定中相同症状病人的影响。我不知道对于病人反应的研究是否想要区分这些因素的各自影响。

像这样的试验，以及更普遍的心理学和社会学的研究，都对退休时机是否对 Wennberg 和他的同事使用的同类干预敏感提出了疑问。许多公司提供退休咨询。TIAA-CREF 对其潜在的养老金领取者提供金融咨询服务。这种干预和带有随机分配的新试验的研究结果清楚地显现出这种“定格”变化对退休行为的影响。

标准影响

如果退休决定不只受到个人的标准变量（财富、总收入、净工资率、健康状况或者配偶的退休状况）的影响，而且也受到朋友的行为、同事或者整个社会的影响，退休决定同样也会受到任何政策干预（诸如退休检验的改变）的短期影响。有人会通过实际工资观察直接影响。但是，来自受政策干预而改变行为的人的影响产生的回馈效应，需要假以时日才能揭示。Robert Axtell 和 Joshua Epstein（第五章）展示了如果只有一小部分人对改变的政策作出了直接响应，而大部分人仅仅模仿在其社会网络内人们的行为，一个人将能够复制这个响应政策改变的缓慢模式。

结论

本章开篇把用来分析退休计划的标准模型描述为“驳论”。本章的其余部

① 不同的外科手术过程存在着不同的风险。

分认为驳论的例外情况有很多，而且很重要。例外来自于一部分长期公认的问题，如如果人们想保护自己避免预知的风险时，他们需要的市场不存在或运行无效。我也强调了其他问题，如脆弱的记忆、认知、偏好的形成、目光短浅等。这些问题对于跨越多年、构成要素分散但却关键的决定来说尤其重要，因为这些决定分析起来极其困难，并且需要心理学的分析。退休规划是一个非常经典的决定。分析困难和心理脆弱不只是退休规划独有的，然而其他经济问题表现的特点通常并未如此严峻。

识别这些问题有趣也不困难。更重要、更具挑战性的问题是如何处理它们。在标准模型的价值显著且不可替代时，认为人们应该放弃标准模型作为研究手段是愚蠢的。尽管如此，我回顾的研究削弱了一些经济学分析的正面预测。尤其是预测具有相似的预期现值的政策将会对行为造成相似的影响。这依据的是预期效用理论，该理论与经验的证据不符。预期效用理论导致的正统理论正面预测的失败虽然含混不清，不过被看作是对研究的一个挑战。

本章提出的从标准经济分析中引出的标准论据的观点造成的损失产生了更为严重和具有智力挑战性的困难。通过削弱个人决定是标准地最优的或者接近标准地最优的选择的假设，目前对于记忆、认知和偏好形成的研究，削弱了经济学家在政策修订中的指导作用。

就像一些主张计量社会保障的福利效果的模型所证明的，一些分析家对待这个问题似乎熟视无睹。一个被广泛认可的观点认为，目光短浅和其他精神上的脆弱使人们系统地作出与自身利益无关的退休或残疾储蓄决定。这个观点解释了社会保障制度。虽然没有挑战对强制退休储蓄的某种形式的需要，一些分析家仍然使用一些模型来衡量社会保障的福利损失。这明确地假设了生命周期是完整的，理性预期是无限的，而且需要解决那些至今尚未解决或只有大胆的简化方可解决的惊人困难的动态项目问题。

出自于标准经济模型认为个人决定使个人福利最大化的标准推论给人留下了一个不合心意的选择。有人可能认为个人决定尽管存在缺陷，但应该是至高无上的，因为其他任何选择都会更糟。或者，有人可能采用一种毫不掩饰的家长式的观点：集体干预可以随时干涉个人决定，因为个人决定是有缺陷的。我认为这两个观点都不是明智的，因为前者显然不对，后者过于专制。

我认为，人们停留在理智上危险的中间位置：自主的个人决定应当被普遍接受，但不能过度地推崇。人们应当准备通过民主程序修正个人的决定。但只有好的情况下本章描述的各种脆弱性才是重要的。在作这样的决定时，人们应当谨记政府常常无能。人们也应当谨记这个心理学研究的发现：个人作出决定的行为决定了决定的结果。私人决定的规定和对私人决定的集体干预不只在市场某些方面运行无效时得到保证，也在人类在许许多多情况下失败时得到保证。如果市场发挥其功能，结果就会最优，这个概括性总结的假设是毫无根据的。

附录：退休检验和推迟退休信贷

社会保障提供的退休待遇不是一种无条件限制的养老金。这意味着人们达到待遇申领的资格年龄——62 岁，此时大多数人真正停止工作——开始支取待遇。如果人们 62 岁后仍工作，当他们最终停止工作时，他们每月所享受待遇将随着他未享受全额养老金的月数而增加。

规则

为使这个制度发挥作用，需要一个规则来决定工作实质性终止。需要另一个规则决定，如果人们工作超过了允许的最小值，要缩减多少福利。还需要另一个规则决定，如果人们工作超过 62 岁，福利应当增加多少。

大部分社会保障的讨论都集中在所谓的正常退休年龄是 65 岁。然而，这个强调是含混不清的。因为实际的退休资格年龄是从 62 岁开始，而且有大约 2/3 的受益人是在 65 岁之前申领福利的。

年龄在 62～65 岁之间的人，如果已退休且收入低于 8 640 美元就被认为是完全退休，这个规定被称为收入检验。如果人们的收入超过了这个数额，而且已经开始申领福利，那么他们的收入超出 8 640 美元的每 2 美元，就会使其待遇支付减少 1 美元。① 自 65 岁开始，待遇自动支付。应用于 65～70 岁的人的待遇检验比 62～65 岁间的检验更宽松。在 2000 年，如果人们收入低于 17 000 美元，则被视为完全退休。他们的收入超出这个数额的每 3 美元，就会使其待遇支付减少 1 美元。对于 65～67 岁的人的收入检验数额随着时间增长作如下变化：

年份	允许收入（美元）
1999	15 500
2000	17 000
2001	25 000
2002	30 000

① 福利减少这一种隐含税收不同于对收入和福利所征收的个人所得税。社会保障福利以一种复杂形式包含在收入中。如果家庭收入，包括社会保障和免税红利在内，低于 32 000 美元（个人为25 000 美元）时，社会保障收入免税。如果超过这一限额，相当于限额以上的半数的社会保障收入计入个人收入所得税基数中。家庭收入超过 44 000 美元（单人超过 34 000 美元）时，福利值的 35%额外地包括到税基中。

70 岁之后，待遇支付与收入无关。

为说明这个规则，在 2000 年，一个 62 岁的人可获得 10 000 美元的待遇。他面临着收入超出 9 120～29 120 美元部分的 50%的待遇减少率。65～70 岁之间的人可获得 10 000 美元的待遇，收入超出 17 000～47 000 美元的部分待遇减少率为 33.3%。到 2002 年以后，同一受益人待遇减少的收入范围在 30 000～60 000 美元之间。一旦一个人达到了 70 岁，10 000 美元的待遇支付与他收入多高无关。70 岁以上的人参加工作的比例非常小。

如果待遇由于目前的收入减少或完全损失，未来的待遇就会增加。这个规则是线性的：损失一半的福利将产生一半的可申请推迟退休信贷。如果收入多得足以扣光整一年的待遇，以 62 岁待遇支付的百分比衡量的未来待遇的变化如下：

假设工作者在以下年份为 62 岁	待遇增长（%）
1999	8.12
2000	8.24
2001	9.00
2002	9.13
2003	9.93
2004	10.07
2005	10.91

这个外表奇特的时间表出自于一个事实：62 岁时支付的待遇，相对于随后更高年龄的“推迟退休信贷逐渐增长”的同时支付的“未减少”的待遇，水平降低了。

很明显，这并不是精算上的调整。原则上说，它们应当随着年龄而平稳地增长，而不是跳跃式地增长。对于以个人收入记录作为配偶与自己的待遇计发依据的人，调整应该有所不同。而且这些调整应当因夫妇年龄的不同而异。

管理

这些规则既不透明，也不是自我管理的。还不清楚人们对调整的幅度的理解程度。收入检验允许的收入不断增长，意味着现在与过去相比更少的人减少福利。这个事实与复杂性的结合解释了为什么克林顿总统在1999年提出废除收入检验。

以下关于退休检验的解释依据的是国家社会保险研究会一个研究小组准备的报告：

> 年收入检验管理如下：①正在工作的受益人每年要递交他们上年收入情况报告，估计来年收入情况。估计收入的任何变化，也要立即向社会保障管理部门报告。②根据受益人对该年收入的估计，社会保障管理部门决定每年扣留的待遇金的数额。从1月份核查开始，这些待遇金开始被扣留，直到达到要求扣留的数额。剩余的保险金在本年度剩余的月份中全额支付。全年不存在月待遇金部分扣留（除了情况困难或特殊要求外）。③当受益人递交上一年实际收入情况报告时（与来年收入估计一起），社会保障管理部门根据实际收入情况调节上年待遇金扣留的数额。④当社会保障管理部门收到W-2表并将收入记入个人记录中时，W-2表中的数额将被用来与受益人报告给社会保障管理部门的数额作比较。这个收入强制操作的设立是为了保证待遇的适度支付。如果过去的待遇支付超额或不足，将会进行最终调整。

除了施加给社会保障管理部门的管理重担外，这个过程最显著的特点是减少待遇支付。社会保障管理部门向受益人收回过多支付的待遇既工作繁重又不受欢迎，这个管理的特点能使之出现的可能性降至最小。提前实施的待遇减少相对于其他的体系——比如支付按比例减少，是否会显著地影响受益人的行为还从未检验过。

此外，一位社会保障管理部门前任官员指出，在管理部分待遇减少及随后的推迟退休信贷时，社会保障管理部门被授予一定的优先权。之后的计算似乎是缓慢的。出于这个原因，收入与待遇支付之间的联系事实上要比规则调整暗示的松散得多，而且管理的争论使这个联系变得更加模糊。

公共医疗保险

享受公共医疗保险的资格年龄是65岁。所以人们在65岁之前何时选择退休对医疗保险费用的影响不大。由于公共医疗保险覆盖率仅次于私人医疗保险，被私人医疗保险覆盖的65岁仍在工作的人减少了医疗费用。因为当人们达到65岁时，医疗保险权利会自动、无条件地生效，收入检验没有任何复杂性。

参考文献

Aaron, Henry J., and Robert D. Reischauer. 1998. *Countdown to Reform: The Great Social Security Debate*. New York: Century Foundation.

Ainslie, George. 1992. *Picoeconomics: The Strategic Interaction of Successive Motivational States within the Person*. Studies in Rationality and Social Change. Cambridge University Press.

Barry, M. J., and others. 1995. "Potential Reactions to a Program Designed to Facilitate Patient Participation in Treatment Decisions for Benign Prostatic Hyperplasia." *Medical Affairs* 33 (August): 771—782.

Damasio, Antonio. 1994. *Descarte's Error*. Putnam.

Diamond, Peter, and Jonathan Gruber. 1997. "Social Security and Retirement in the U. S." Working Paper 6097. Cambridge, Mass.: National Bureau of Economic Research.

Diener, Edward, and Eunkook Suh. Forthcoming. "Measuring Quality of Life: Economic, Social, and Subjective Indicators." In *Well-Being: The Foundations of Hedonic Psychology*, edited by Daniel Kahneman, Edward Diener, and Norbert Schwarz. Russell Sage.

Engen, Eric M., and William G. Gale. 1997. "Effects of Social Security Reform on Private and National Saving." In *Social Security Reform: Links to Saving, Investment, and Growth*, edited by Steven A. Sass and Robert K. Triest, 103—142. Federal Rèserve Bank of Boston.

Evans, J. St. B. 1993. "Bias and Rationality." In *Rationality: Psychological and Philosophical Perspectives*, edited by Ken I. Manktelow and David E. Over, 6—30. Routledge.

Flood, A. B., and others. 1996. "The Importance of Patient Preference in the Decision to Screen for Prostate Cancer." *Journal of General Internal Medicine* 11 (6): 342—349.

Friedman, Milton. 1953 "The Methodology of Positive Economics." In *Essays in Positive Economics*, 3—43. University of Chicago Press.

Gruber, Jonathan. 1998. "Health Insurance and the Labor Market." Working Paper 6762. Cambridge, Mass.: National Bureau of Economic Research.

Gruber, Jonathan, and David A. Wise. 1998. "Introduction and Summary." In *Social Security Programs and Retirement around the World*, edited by Jonathan Gruber and David A. Wise. Cambridge, Mass.: National Bureau of Economic Research.

Kahneman, Daniel, Ilana Ritov, and David Schkade. 1998. "Economists Have Preferences, Psychologists Have Attitudes: An Analysis of Dollar Responses to Public Issues." Princeton University, Hebrew University, and University of Texas.

Laibson, David, Andrea Repetto, and Jeremy Tobacman. 1998. "Self-Control and Saving for Retirement." *Brookings Papers on Economic Activity*, 1: 91—172.

LeDoux, Joseph. 1996. *The Emotional Brain: The Mysterious Underpinnings of Emotional Life*. Simon & Schuster.

Loewenstein, George. 1996. "Out of Control: Visceral Influences on Behavior." *Organizational Behavior and Human Decision Processes* 65 (March): 272—296.

Loewenstein, George, and Drazen Prelec. 1992. "Anomalies in Intertemporal Choice: Evidence and Interpretation." In *Choice Over Time*, edited by George Loewenstein and Jon Elster, 119—145. Russell Sage.

Nisbett, Richard, and Dov Cohen. 1996. *Culture of Honor: The Psychology of Violence in the South*. Boulder, Colo.: Westview Press.

Nisbett, Richard, and Lee Ross. 1980. *Human Inference: Strategies and Shortcomings of Social Judgment*. Prentice-Hall.

Oaksford, Mike, and Nick Chater. 1993. "Reasoning Theories and Bounded Rationality." In *Rationality: Psychological and Philosophical Perspectives*, edited by Ken I. Manktelow and David E. Over, 31—60. Routledge.

Okun, Arthur. 1975. *Equality and Efficiency: The Big Tradeoff*. Brookings.

Poterba, James, and Mark J. Warshawsky. 1999. "The Costs of Annuitizing Retirement Payouts from Individual Accounts." Working paper 6918. Cambridge, Mass.: National Bureau of Economic Research.

Rabin, Matthew. 1998. "Psychology and Economics." *Journal of Economic Literature* 36 (March): 11—46.

Ross, Lee, and Richard Nisbett. 1991. *The Person and The Situation: Perspectives of Social Psychology*. McGraw-Hill.

Schacter, Daniel. 1996. *Searching For Memory: The Brain, The Mind, and The Past*. Basic Books.

Schelling, Thomas. 1995. *Choice and Consequence*. Harvard University Press.

Shafir, Eldar. 1993. "Intuitions about Rationality and Cognition." In *Rationality: Psychological and Philosophical Perspectives*, edited by K. I. Manktelow and D. E. Over, 260—83. Routledge.

Social Security Administration. 1997. *Annual Statistical Supplement, 1997, to the Social Security Bulletin*.

Spence, Andrew Michael. 1974. *Market Signaling*. Harvard University Press.

Stiglitz, Joseph. 1973. "Approaches to the Economics of Discrimination," *American Economic Review* 63 (May): 287—295.

第三章

信息、预期和退休储蓄

许多研究表明，如果人们在通常的退休年龄退休的话，他们的储蓄往往不足以维持原有的生活水平。经济研究没能对储蓄不足问题给予适当的解释。一直以来，生命周期模型都是研究储蓄和财富积累的主要框架。许多文章质疑该模型的实际有效性，但却无法真正验证该模型。① 许多数据库中没有关于家庭怎样作出存款决定的充足的信息，因此只能局限于对该理论进行片面的研究。一些关于储蓄低的解释是与生命周期模型或者跨时期最优模型的扩展版相一致。比如，家庭可能经历过许多灾难事件从而耗尽了财富，或者他们可能计划在通常的退休年龄之后继续工作。一些人尤其是身体欠佳的人可能预期退休后生存的时间较短，另一些人可能相信社会保障和养老金会提供充足的保障，还有些人可能期望通过其房产这一主要资产来获得大量的资本收益，或者期望来自家庭或朋友的资助。

我认为，上述这些都是储蓄不足的原因，但更要强调的一个原因是：许多人即使年纪不轻了仍没有考虑过退休。生命周期模型的假设是人们提前计划准备退休。恰恰相反，我发现年龄在 51～61 岁的人当中，有 1/3 的人还没开始考虑退休。缺乏计划性足以解释储蓄低和财富持有不足的现象。这一发现强调了认真研究人们如何看待和计划未来的重要性。一些分析者们强调信息和金融知识的重要性，强调金融知识普及教育的价值，对于他们的这些研究发现，我的结论给予了支持。②

许多模型假定储蓄决定于跨时期最优化。人们通过已知信息预测一生全部收入并相应计划消费和储蓄。这些模型忽视了这样一个事实，那就是退休计划相当复杂。很多人可能计划得并不完善。充分计划需要大量的信息，包括理解规范社会保障和养老金体系的详细条款。此外，退休是一生只有一次的事情，人们不可能从自己的错误中总结经验③，同时也没有纠错机制防止计划失误。

---

① Deaton (1992), and Bernheim (1991).

② Bernheim (1996); Bernheim and Garrett (1995), and Thaler (1994).

③ Bernheim.

除了个人破产的情况之外，贫穷的储蓄者和幼稚的计划者并不被挤出市场之外也不能用任何办法使其规范化。与商业中生存下来的都是赢利者不同，家庭中包括成功的退休计划者也包括不成功的退休计划者。只有退休的时候他们才意识到他们当初计划得是否得当。

我考察退休储蓄问题使用的是来自健康和储蓄研究（HRS）的一组全新的数据，它提供了关于个人偏好和经济环境的详细信息。首先，我概述一下关于储蓄的研究情况，描述关于储蓄与退休计划的根据，之后阐述储蓄的决定因素以及没有考虑退休的后果。

储蓄和退休计划

许多年来，生命周期长期收入模型（life-cycle-permanent-income）一直是储蓄研究的基础。这一模型的基本观点就是家庭的生活消费取决于其一生的财力，并不简单依赖于他们的当前收入。家庭在工作时期储蓄积累财富以备退休后维持生活消费之用，从而使家庭消费在整个生命周期中趋于平稳。这就是这个模型最原始的理论依据。当然，还可以加入其他的理论预测，尤其是那些使用了合理预期假设的理论预测。[①]

理论与现实

这一基本框架一直受到很多质疑。首先，老年人似乎并不像模型预测的那样用尽他们的财富。[②] 他们通常留下遗产这一事实是和生命周期模型相矛盾的。然而，在生命周期模型中加入遗产这一要素是可以通过多种方式实现的。比如，一些人想留下遗产。举典型的例子来说，父母不仅关心自己而且关心他们的后代。此外，遗产可能是在偶然情况下出现的，因为人们可能比他们预期去世得早，或者病了从而消费的比计划的少，再或者是有谋略的一些老人，想通过遗产来控制亲属的行为。[③] 不幸的是，很难区分和评价人们留下遗产的各种原因的相对重要程度。[④]

---

① 详细讨论参见 Browning 和 Lusardi（1996），Deaton（1992）。

② 见 Mirer（1979）早期的著作；以及 Menchick 和 David（1983）。

③ 关于提早去世的问题，参见 Davies（1981）和 Abel（1985）；关于健康状况下降问题，参见 Börsch-Supan 和 Stahl（1991）；关于有谋略的行为问题，参见 Bernheim，Schleifer 和 Summers（1985）。

④ 参见 Altonji，Hayashi 和 Kotlikoff（1992）。最近，Wilhem（1996），Laitner 和 Juster（1996）利用全新的数据分析证明，利他主义的因素有限。Laitner 和 Juster 指出：“数据分析结果有不少令人诧异之处，其中一些说明被调查的人们品味差异相当大，另一些则说明当前流行的关于储蓄行为的理论并不适用”（p. 895）。

另一个关于家庭在生命周期中消费并不平稳的发现甚至颠覆了生命周期理论。Lawrence Summers 和 Christopher Carroll 发现消费并不是平滑的，而是基本上与收入趋势相一致。[①] Angus Deaton 已经在许多国家印证了这一争论性观点。[②]

生命周期模型还暗示了劳动者在主要赚钱时期尤其是在 40～50 岁时存款应该非常高。基于这一假设，许多研究者预测，当"婴儿潮"那一代人达到这个年龄段时美国的储蓄将增加。实际上，就在"婴儿潮"一代人达到被预期的高储蓄年龄段时，储蓄率却从 1980 年的 7.9％急剧降至 1990 年的 4.2％。对于这一现象已经有很多种解释，但是对可以解释这一现象的原因却没能取得一致意见，更多的却是对不能解释这一现象的原因取得了一致。尤其值得一提的是，生命周期模型所强调的人口年龄结构的变化不可能是造成这一现象的原因，因为年龄结构变化是逐渐发生的并且应该刺激储蓄增长。[③]

生命周期模型面临的另一个挑战一直以来没有得到太多的关注。如果这个模型在普遍意义上有效的话，那么所有家庭或者至少大多数家庭应该遵从它的约束。而实际上，少部分家庭积累和持有的财富，比这个简单模型合理预测的要多，同时大部分家庭在退休时持有很少财产甚至分文皆无。[④] 尽管这一发现对于为什么退休后资产下降不多给予了解释，但是对于生命周期长期收入模型是否能够合理解释家庭储蓄行为提出了质疑。

另一种方法

分析家庭储蓄的一种全新方法强调了家庭在获得必要信息、解决生命周期理论所包含的复杂的最大化问题、推迟消费以及实施必要的自我控制而进行储蓄等方面所面临的困难[⑤]。我将这一系列论点归纳为储蓄行为理论，因为这个理论触及人们怎样作出存款决定的核心。同时强调人们在作出长期决定时所面临的信息不足的弱点。

应用行为理论的尝试有时基于小样本。在这里我使用美国家庭代表性样本数据，通过观察退休之前和退休时的储蓄行为来进行分析。如果生命周期模型有效的话，财富持有量应该随着年龄而增加，并在退休时达到最大。大大出乎意料的是，这一基本预测没能得到证实。我用来检验这一理论的数据来源于健

---

① Summers and Carroll (1991).

② Deaton (1992，第 2 章)。

③ Bosworth，Burtless，and Sabellhaus (1991).

④ Diamond and Hausman (1984a)；Venti and Wise (1993)；and Lusardi (1998).

⑤ Thaler and Shefrin (1981，1988)；Thaler (1994).；Laibson (1996)；and Bernheim (1991).

康和退休研究中一组始于 1992 年的纵向数据集。[①]

财富持有量的差异

与生命周期理论相反，在临近退休时，并非所有家庭全部一致地积累财富，而是财富的持有量存在相当大的差异（见表 3—1）。[②] 无论金融净资产还是总净资产均存在巨大差异。由于收入差异大，资产净值存在巨大差异也是可以想象的。可是实际差异如此巨大，资产净值最低的 10%的家庭低于 850 美元，而资产净值最高的 10%的家庭超过 475 000 美元，这远不是收入差异可以解释的了。临近退休的家庭财富之少是相当惊人的。1/4 的人拥有不到 30 000 美元的总资产，其中超过一半的人拥有不到 6 000 美元的金融资产。其他研究也有着相似的发现。[③] 即使有人声称，拥有很少个人财富的家庭都拥有很多社会保障和养老金财富，但是这些资产是不能借贷的。无论怎样，资产净值不足 850 美元的家庭（占 10%）都没有办法应对收入、健康或者家庭出现的突然灾难。

表 3—1 表明房产是一种重要资产而且可能是最主要的积累手段之一。74%的该年龄组的家庭声称有房产，30%的家庭拥有其他不动产。对于许多家庭——尤其是黑人和生活在美国的拉丁美洲人——房产占其财产总额的一半以上。老年人是否使用或应该使用房产来支付他们退休时的花销尚存争议。同时房产是否应该作为净值计算中的一项也一直处于争论中。[④] 一些研究表明，至多到年事已高的时候房产才被使用以融资消费。[⑤] 尽管当前存在反年金抵押（reverse annuity mortgages），但看来没人使用。[⑥] 另一些更近期的研究发现，家庭会随着年龄的增加而减少其所拥有的房产，然而仍有 42%的家庭当最后

---

① Smith 在 1995 年，Juster 和 Smith 在 1997 年对健康和退休研究理论进行了描述，并对这一理论的数据质量给予了很高的评价。

② 表 3—1 源于健康和退休研究第一轮反馈的数据，并剔除了被调查者部分或全部退休以及被调查者年龄低于 50 岁或高于 61 岁的家庭数据。关于财富的问题仅要求家庭中负责财务的人作答。由于健康和退休研究加大了黑人、生活在美国的拉丁美洲人以及佛罗里达州人的取样比重，因此，我采用了权重的办法使数据更具有统计意义上的代表性。

③ 通过分析 1966 年全国成年男性纵向调查的数据，Diamond 和 Hausman（1984a）报告称，已经退休或接近退休年龄的家庭所持有财富的中位数仅为 1 500 美元（按 1992 年不变价约 6 500 美元）。通过分析收入和项目参与调查数据，Venti 和 Wise（1993），Poterba，Venti 和 Wise（1994）也指出，许多家庭在达到退休年龄时持有的财富很少。

④ 对此，Bernheim（1991）与国会预算办公室（1993）的意见相左。

⑤ Merrill（1984）；Venti 和 Wise（1990）。

⑥ Venti and Wise（1991）。

一个成员去世的时候仍留下一幢房子。① 那些家庭尤其是拥有很少金融资产的家庭在退休后将如何支付消费尚不清楚。

表 3—1 **家庭资产分布[a]** 美元（按 1992 年不变价）

百分比（%）	金融净资产	个人退休账户或基奥计划	房产	其他资产	总净资产
5	−6 000	0	0	0	0
10	−2 000	0	0	200	850
25	0	0	0	3 000	27 980
50	6 000	0	42 000	11 000	96 000
75	36 000	15 000	85 000	46 000	222 200
90	110 000	45 000	150 000	197 000	475 000
95	199 500	75 000	200 000	420 000	785 000
均值	46 171	16 492	61 613	103 207	227 483
标准差	178 654	49 754	100 646	400 233	521 467

资料来源：健康与退休研究及作者计算。

a. 样本量为 5 292。表中数值已按调查的权重进行加权。金融资产包括支票和储蓄账户、债券、股票和其他金融资产，减去短期债务。其他资产包括房产以外的其他不动产、商业资产和汽车。

因受教育程度、种族和婚姻状况的不同，财富持有量显著不同（见表 3—2）（这些特征所指的是家庭中具有金融知识成员的特征）。教育程度与长期收入相关，也与金融知识大致相关。对于那些主要成员只有高中以下文化的家庭来说，财富持有量（尤其是金融资产持有量）非常低。② 但是主要成员具有大学文化程度的大多数家庭，则拥有较高的金融资产和总资产。然而即使这样，在主要成员具有大学文化程度的家庭中，仍有一半拥有不到 28 000 美元的金融资产，而这些资产所能购买的年金大约每年只有 2 200 美元甚至更少。

财富持有量由于种族和婚姻状况不同而存在广泛差异。黑人和生活在美国的拉丁美洲人几乎没有金融资产（中位数为零）或总资产。那些家庭主要成员离婚或者分居的家庭也是如此。

① Sheiner and Weil（1992）.

② 这些发现进一步确认了前期研究的结果。例如，Hubbard，Skinner 和 Zeldes（1995）分析动态收入小组研究的数据，结果发现受教育程度低的家庭退休前持有的财富量极低，大大低于按照生命周期模型预测的结果。

表 3—2　与受教育程度、种族和婚姻状况相关的财富状况[a]　美元（按 1992 年不变价）

特征	样本量	金融净资产		总净资产	
		中位数	均值	中位数	均值
教育					
小学文化	329	0	−707	9 000	82 215
高中以下文化	1 042	100	16 429	39 000	110 324
高中文化	1 876	5 500	29 668	90 000	183 678
大专文化	1 041	10 000	47 312	122 700	243 571
大学文化	800	28 000	90 910	186 000	358 848
大学以上文化	204	41 000	175 160	234 000	636 366
种族					
白人	3 645	10 000	55 308	118 500	264 615
黑人	983	0	12 070	26 575	75 044
生活在美国的拉丁美洲人	542	0	5 594	28 150	72 684
其他	122	6 900	30 308	113 000	188 155
婚姻状况					
已婚	3 265	10 600	55 950	133 500	289 113
有伴侣	120	2 000	26 498	60 000	228 928
分居	241	0	21 810	19 500	95 892
离异	895	1 400	28 348	38 000	124 227
寡居	473	3 000	31 553	58 000	126 295
未婚	298	3 000	45 509	41 000	148 107

资料来源：健康与退休研究及作者计算。

a. 表中数值已按调查的权重进行加权。

契约储蓄效应

除了表 3—1 和表 3—2 表明的私人财产外，许多家庭还享有养老金计划。样本中大约 49%的人有养老金，如果不是以个人而是以家庭为考察对象的话，这个比例会更高。然而，由于受教育程度和其他人口学特征不同，养老金计划的覆盖率存在相当大的差异。

依据行为理论，财富的构成影响人们的储蓄行为。家庭很难使用和花费流动性差的资产，比如个人退休账户（IRAs）和房产，因此间接地鼓励了储蓄。①

① Thaler (1994).

公共养老金也是这样，也使得其所有者更多地考虑退休从而意识到存款的必要性。① 在健康和退休研究所调查的家庭中，拥有房产的家庭比租房的家庭平均拥有更多金融资产：分别为 55 200 美元与 16 805 美元（见表 3—3）。但是尚不清楚是有房的人更愿意储蓄还是储蓄更多的人有房。拥有个人退休账户或基奥计划（Keogh）的家庭也拥有更多的金融资产。同样，有公共养老金的家庭比没有养老金的家庭也拥有更多的金融净资产和总净资产。是流动性差的资产促进其他形式的储蓄，还是倾向储蓄的家庭拥有更多形式的资产仍然不清楚。

表 3—3　不同类型金融净资产分布[a]　美元（按 1992 年不变价）

百分比（%）	总量	房产		个人退休账户或基奥计划		养老金	
		有	无	有	无	有	无
5	−6 000	−5 970	−6 566	−2 800	−8 000	−5 900	−6 800
10	−2 000	−1 600	−3 000	200	−3 500	−1 800	−2 400
25	0	700	0	6 000	0	1 000	0
50	6 000	10 177	0	25 000	1 000	10 200	2 500
75	36 000	48 000	6 900	88 000	11 500	43 600	27 000
90	110 000	129 000	36 000	182 000	45 000	113 000	110 000
95	199 500	220 000	83 400	320 000	87 800	200 500	185 000
均值	46 171	55 200	16 805	85 911	18 179	53 752	38 815
标准差	178 654	196 046	98 022	252 651	86 925	217 020	130 723
样本量	5 292	3 965	1 327	1 948	3 344	2 504	2 788

资料来源：健康与退休研究及作者计算。

a. 表中数值已按调查的权重进行加权。

未来储蓄

令人惊奇的是，健康和退休研究表明，家庭在其主要成员距退休 5～10 年时并没有计划存太多的钱，尤其是那些几乎没有财产的家庭。当被问到除了个人退休账户、基奥计划和公共养老金之外，他们在退休时打算积累多少财富时，3/4 的人计划存款额为 100 000 美元甚至更少，有相当一部分人不打算存任何钱（见表 3—4）。尽管这一问题明确说明，大部分的财富都是除个人退休账户、基奥计划、养老金以外的其他形式存在的。目前没有个人退休账户和基奥计划的家庭声称到退休之前只打算积累很少的财产。同样，没有个人退休账户和基奥计划的家

① Katona (1965); and Cagan (1965).

庭比有个人退休账户和基奥计划的家庭在退休时将拥有更少的其他种类的资产。公共养老金的情况也一样：那些家庭主要成员有养老金的比那些没有的计划积累更多的非养老金资产。

表 3—4 **退休时预期积累的净资产**[a] 美元（按 1992 年不变价）

百分比（%）	总量	房产		个人退休账户或基奥计划		养老金	
		有	无	有	无	有	无
5	0	0	0	0	0	0	0
10	0	0	0	5 000	0	1 000	0
25	5 000	10 000	0	20 000	0	10 000	0
50	30 000	40 000	10 000	60 000	10 000	40 000	20 000
75	100 000	100 000	50 000	200 000	50 000	100 000	100 000
90	250 000	300 000	100 000	375 000	100 000	250 000	250 000
95	405 000	500 000	200 000	500 000	250 000	400 000	500 000
均值	107 514	122 916	56 860	164 858	65 579	121 714	91 736
标准差	360 779	381 501	276 248	411 287	312 312	445 098	232 896

a. 样本量为 4 536。表中数值已按调查的权重进行加权。

在回答未来储蓄的问题上，许多人看起来并没有将家庭房产考虑在内，因为一些房产拥有者所期望拥有的财产额远远低于他们目前的房产值（见表 3—5）。尽管房产拥有者不太可能像租房者那样预期零积累，但是仍有许多人表示没有预期的未来财富。这又一次支持了如下观点：人们不得不谨慎地估计退休后能够用于确保消费的资源总量。

表 3—5 **金融净资产**[a] 美元（按 1992 年不变价）

金融净资产	拥有房产的家庭	房产		净资产		预期积累	
		中位数	均值	中位数	均值	中位数	均值
≤0	0.57	6 500	27 503	14 950	53 591	3 000	36 311
			(45 262)		(189 414)		(125 370)
0～6 000	0.75	30 000	44 300	50 100	98 711	10 000	56 120
			(62 417)		(245 834)		(273 565)
6 000～35 000	0.86	55 000	67 345	106 700	163 303	45 000	81 619
			(67 267)		(295 376)		(132 690)
超过 35 000	0.90	82 000	109 070	275 000	530 758	100 000	257 820
			(161 924)		(834 151)		(621 848)

资料来源：健康与退休研究及作者计算。

a. 括号内数值为标准差。净资产不包括个人退休账户和基奥计划。表中数值已按调查的权重进行加权。

当前积累和预期积累比较表明，低储蓄的情况将持续。那些报告当前金融资产为负值或零的家庭，几乎有一半声称未来计划积累为零。而当前金融资产为0～6 000美元的家庭中，约1/3声称计划积累少于10 000美元；只有其中17%的家庭声称到退休时会有超过50 000美元的积累。

为什么储蓄如此之低?

人们可能不重视将来，但是依据生命周期模型的基本假设他们仍然有前瞻性并且提前计划。表3—6显示的数据质疑了该假设的一般有效性。尽管被调查者是那些距退休只有5～10年的人，但1/3的人几乎没有考虑过退休，只有不到1/3的人已经考虑过很多。这些发现对于财富积累有着深刻含义。没有考虑过退休的人中的大部分在退休时不会有任何资产，从而总的未来积累额就很低。

表3—6　对退休的考虑与预期积累[a]　美元（按1992年不变价）

预期积累的百分比（%）	对退休你考虑多少?			
	很多	一些	很少	根本没有
5	0	0	0	0
10	0	0	0	0
25	10 000	10 000	7 000	0
50	30 000	50 000	25 000	15 000
75	100 000	100 000	100 000	50 000
90	200 000	300 000	300 000	200 000
95	400 000	500 000	500 000	375 000
均值	106 395	123 489	131 978	82 505
标准差	362 143	303 526	438 348	361 798
数值为零的百分比例	15	11	15	30
样本量	1 331	1 039	681	1 438

资料来源：健康与退休研究及作者计算。

a. 表中数值已按调查的权重进行加权。

大多数没有考虑退休的被调查者是年龄较轻的人，但还是有相当一部分人是年纪较大的人。同时这些被调查者往往是受教育程度低、收入低以及未婚的人。他们拥有养老金计划的可能性也较小。他们通常表现为对退休过程不甚了解。他们参加过退休研讨会以及向社保管理机构咨询养老金的计算方法的可能性不大，他们拥有已经退休的年长亲属的可能性也较小（见表3—7）。

表 3—7　对退休的考虑（按家庭主要成员个人特征分布）[a]　%

特征	对退休你考虑多少？				与总样本的比例
	很多	一些	很少	根本没有	
年龄在 50～53 岁之间	0.32	0.38	0.40	0.39	0.37
年龄在 54～57 岁之间	0.36	0.36	0.33	0.37	0.36
年龄在 58～61 岁之间	0.32	0.26	0.27	0.24	0.27
已婚	0.64	0.68	0.61	0.53	0.61
高中以下文化	0.20	0.13	0.22	0.32	0.22
高中文化	0.38	0.35	0.37	0.37	0.37
高中以上文化	0.42	0.52	0.40	0.31	0.41
总收入超过 25 000 美元	0.51	0.53	0.41	0.28	0.43
有养老金	0.63	0.64	0.53	0.34	0.53
参加过退休研讨会	0.26	0.20	0.11	0.07	0.16
由雇主组织的退休研讨会	0.18	0.14	0.07	0.05	0.10
社会保障制度设计的退休金	0.31	0.26	0.19	0.12	0.22
62 岁以上子样本	0.23	0.28	0.22	0.19	0.23
样本量	1 331	1 039	681	1 438	4 489

资料来源：健康与退休研究及作者计算。

a. 样本总量为 4 489。

没有退休计划的人不可能积累足够的储蓄。取而代之的是，当他们快退休时，会对自己极少的积累感到惊讶，并突然意识到必须接受生活水平大幅下降或比计划工作更长的时间。事实上，在退休时消费表现出急剧下降的幅度远远超过传统的储蓄模型或与工作相关的消费下降估计模型所作出的合理预计。研究表明，年龄在 62～69 岁之间的白人夫妇消费量超出他们的金融资产、养老金和社会保障性资产所能支持的花费的 14%。① 因此，不得不在退休时降低消费，并且随着年龄增长降低更多。② 毋庸置疑，高储蓄家庭的消费降低较少。③

① Hamermesh（1984）.

② Mariger（1987）报告了相近的结果。Hausman 和 Paquette（1987）也报告称退休后消费下降，他们认为这是由于身体状况问题而导致预料之外、非意愿失业而造成的。

③ 参见 Bernheim，Skinner 和 Weinberg（1997）。这些作者还考察了消费的结构，发现对休闲和家庭产品的相对偏好以及与收入相关的支出差异并不能作为解释消费不均衡的证据。他们得出结论：研究结果表明，“临近退休时拥有财富很少的人大多经历了一份‘惊诧’——他们拿着手中的钱，忽然发现这些钱根本无法维持早已习惯了的生活水准（比如，因为养老金比预想的低，或者因为他们发现原有的储蓄用得比预想的快）”（p. 4—5）。

影响家庭储蓄的因素

生命周期模型的所有版本对储蓄行为的解释都没能做到充分合理。行为的差异性表明，好的替代理论需要大量信息。例如，个人偏好及资源，过去和现在的经济环境以及家庭对未来的预期。与其他数据来源不同，健康和退休研究（HRS）提供了上述各个方面的信息。

预期

人们的预期影响他们的储蓄决定。从某种程度上来讲，这些解释与许多调查所提供的普通变量有关，如收入、健康状况。但是，对同样的客观环境，人们的反应却有所不同。

健康和退休研究提出了许多与储蓄行为有关的预期的问题。[①] 分析这些变量是非常重要的，因为其中包括了人们怎样感知未来的信息，这会对储蓄产生影响。许多研究者考察这些主观数据，发现这些问题的回答十分敏感。然而很少有人考察预期怎样影响行为，而这正是本章的中心所在。这些变量是积累的重要决定因素，并且可以解释为什么很多家庭持有低水平的财富。

生存。当被调查者被问到活到75～85岁的可能性的时候，超过一半的人声称活到75岁的概率大于0.5。对于这一问题的回答随着自我感觉的已知风险因素的不同而有所不同。比如说，女人比男人期望活得更长，吸烟和饮酒过量的人所声称的概率就比较低。而那些父母寿命长的则声称活到高龄的概率相对较高。[②]

退休。当劳动者被问到62岁之后是否将全职工作的时候[③]，相当一部分人表示计划全职工作至62岁之后，不过大多数人预计在65岁前退休。[④] 然而

---

① 一些研究考察了主观数据，并检验其是否与认知相符。如 Bernheim（1988），Hurd 和 McGarry（1995a，b），Honing（1995）。

② Hurd 和 McGarry（1995b）还分析了健康与退休研究中连续多期的反馈数据，发现生存概率因出现新的信息而表现出系统而敏感的变化，从而准确地预测出多期的综合死亡率。

③ 65岁以上人员中全职工作的概率也有问题。但是，到目前为止的大量经验分析集中在62岁以上人员工作的概率。

④ Hurd 与 McGarry（1994）. 证明这些人员的主观概率与总体概率非常相近，且随着与退休相关的风险因素，如待遇确定型养老金的资格而改变。Moning（1997）证明已婚女性在62岁以后的工作主观预期受她们预期的工资补偿、非工资补偿与社会保障资格影响。Hurd（1995）与 Honing（1995）用最早的二次高峰数据验证她们的预期；发现他们随年龄、性别、种族而改变，且对实际退休情况有很强的预测能力。

仍有一些人表示他们不打算完全退休，其中主要是个体经营者。也许有的人会认为那些打算早退休的人比打算晚退休的人存的钱要多。事实并非如此。比如，那些没有受过良好教育的人、那些身体状况不佳的人以及前一年的工作时间少于30个星期的人，既没有多少财富又期望早一点退休。

经济状况。健康和退休研究让被调查者判断在未来10年，国会将削减社会保障福利以及其居所的邻近地区房价上涨超过通货膨胀的可能性。房产和社会保障是家庭资源的重要组成部分，因而考虑对它们的预期也是符合情理的。健康和退休研究还问到一些宏观的问题，比如在未来10年，两位数通胀率的可能性以及经济遭遇大萧条的可能性。我不想在这里的实证分析中考虑这些，因为即使是专家也很难预测这两个变量，并且它们对储蓄行为的影响并不明确。

收入和失业。被调查者被问到的另一个问题是在未来的几年中预计他们的实际收入上升、下降还是保持不变。理论上讲，预期收入增加的家庭比预期收入下降或保持不变的家庭存钱要少，原因在于消费要比收入更平稳。被调查者还被问到来年失去工作的可能性。尽管对于这一年龄段群体来说失去工作的可能性非常小，但是一旦发生其损失很大。待遇确定型养老金很大程度上是依据最后几年工作的收入计算的。此外，失去工作往往导致退休。①

其他因素。还有很多原因使得人们的储蓄可能比理论预测的要少。比如，亲属或者慈善机构可能会确保基本收入。这些保障（以及相关的税收激励政策）的存在使得消费者选择持有很少的财富或一无所有是理性的。② 尽管很难去验证这些保障对储蓄的影响，健康和退休研究仍然询问被调查者是否有这样的亲戚或者朋友，是否在他们遭遇严重财务困境之时愿意并且能够在很长的一段时间里帮助他们渡过难关。然而，有没有这些亲属对储蓄没有太大影响。

过去的经济环境

运气不好是许多家庭财富很少的主要原因。许多被调查人声称经历过没能预料到的开销和事件，如长期失业、身体不好、离婚或者分居，使其很难达到预定的财务目标。像继承大笔遗产这样的好运则起到了相反的效果。并没有多少人能够从亲戚或者保险公司那儿获得遗产或钱财，但是一旦获得，往往数额巨大。简言之，单单是运气好或坏就能很好地解释年龄和收入相近的人财富持有量的巨大差异。

---

① Diamond and Hausman (1994b); and Hausman and Paquette (1987).

② Hubbard, Skinner, and Zeldes (1995).

个人偏好

健康和退休研究是个非同寻常的经济调查，因为从它报告的被调查者的特征可能获得衡量个人偏好的信息。其中最重要的是那些提供了被调查者对待风险的态度的信息的问题。[①] 被调查者对于风险行为的选择，如吸烟和酗酒、买保险、移民、创业以及持有股票，都与他们对这些问题的回答有关。[②]

人们对将来考虑多远与他们财务方面的决定息息相关。由于缺乏耐心阻碍了人们执行长期储蓄计划，人们可能不会看得很远。[③] 此外，储蓄除了是为退休作准备外，还有其他动机：留下遗产或者应对失业或疾病等突发事件。许多研究者已经研究了遗产动机的重要性。健康和退休研究询问被调查者是否预计给他们的继承人留下可观遗产。留下大笔遗产的愿望能够帮助解释持有大笔财富的原因。[④] 此外，如果人们有着预警的储蓄动机，风险增加将会使人们减少消费并且增加财富积累。在这种情况下他们关心收入的变化，通过利用健康和退休研究的数据可以计算被调查者预期收入变化的程度。

家庭存款释义：实证分析

前述每个变量都与持有的财富正相关或负相关。但是，在同时考虑这些变量及其影响的回归分析中，评估它们的作用是非常重要的。在后面叙述的经验研究中，列出了基于大量变量对财富进行回归分析的结果。这些结果用来检验运用健康和退休研究中所包含的家庭信息对家庭财富的解释程度。[⑤] 此外，最重要的是这些回归分析使我可以确定缺少计划性对解释低储蓄的原因是否有重要的作用。

我使用了财富三种不同的定义：金融净资产（通过支票和储蓄账户、债券、

---

① 问卷的问题是："假设你是家庭唯一一位有收入的人，拥有一份很好的工作，可以按你目前（家庭）年收入额保证支付一生。现在你有机会选择一份同样好的新工作，有50%的可能性你的收入会增加一倍，有50%的可能性你的收入会减少1/3。你会选择这份新工作吗？"如果答案为"是"，则继续回答下一问题："假使有50%的可能性你的收入会增加一倍，有50%的可能性你的收入会减少一半。你会选择这份新工作吗？"如果第一个问题的答案为"否"，则继续回答另一问题："假使有50%的可能性你的收入会增加一倍，有50%的可能性你的收入会减少20%。你会选择这份新工作吗？"

② 参见Barsky及其他人（1997）。作者们已经注意到问卷的措辞可能会带来一些问题，进而使得最终无法分辨出人们对风险喜好程度的分类。但这一变量仍然可以作为大致的替代。

③ 在以前的研究中（Alessie，Lusardi和Kapteyn，1995），我发现对未来考虑的长远程度与财富息息相关。现在的研究进一步证明了这一点。

④ 预警的储蓄动机是显示非上升的绝对风险厌恶型效用函数的特性。参见Kimball（1990），Browning和Lusardi（1996）。

⑤ 每一个公式都可被看作是生命周期模型的缩略版。

股票、个人退休账户或基奥计划及其他金融资产之和，减去短期债务来衡量)、总净资产（金融净资产加上房产净值，其他房地产、商业资产净值，汽车，减去其他债务）和退休时的预期积累。我同时考虑金融净资产和总净资产，是因为退休收入来源的正确定义是什么，以及房产是否应当包括其中都尚未确定。金融净资产包括个人退休账户或基奥计划，因为它们是许多家庭的重要投资，并且区别于不包含此类资产的退休时的预期积累。我用长期收入去除上述每种办法计量出的财富值，以考虑富裕家庭持有更多财富的趋势。① 为了构建最终的样本，我删除了没有提供债权变量，特别是没有提供期望变量的被调查者的记录。由于长期收入的财富比率分布范围很广，我去掉了最高和最低的1%数值。附录中提供了经验性评估中使用的变量的描述性数据。表3A—1、表3A—2、表3A—3提供了基于大量的解释性变量对财富进行回归分析的结果。

除这些变量之外，家庭积累的财富少还有另外一种原因：个人没有事前计划也没有考虑退休问题。样本显示，很多人甚至在年长的时候也从没考虑过退休。在对众多关于低积累的其他解释性变量进行控制之后，证明这个变量对财富是否具有预测的作用是十分重要的。

两个重要发现是很突出的：第一，尽管有很多解释性变量，但是仍有超过4/5的财富持有量的变化和超过9/10的预期财富积累的变化无法解释。这个结果对于大部分个体行为研究来讲很普遍。第二，尽管有很多解释性变量，但存款的多少取决于人们声称的对退休问题考虑的多少。从没考虑过退休的被调查者的财产远远低于那些对于退休深思熟虑过或者略微考虑过的被调查者（见表3—8）。②

一个人是否考虑退休问题的经济意义并不小。对于一般家庭而言，家庭成员没有考虑过退休的与考虑过的相比，金融净资产少12%～19%，总净资产少9%～15%，预期积累少7%～11%。这一影响即使在控制了计划的时间长短和受教育程度这两个解释积累的主要变量之后，仍会持续存在。

表3—9显示了更多变量对金融净资产、总净资产和预期积累持有量的影响。该表显示的影响甚至在考虑了更多能够影响储蓄的因素后再次得到证实。例如，不同种族与教育背景的家庭财富持有量的巨大差异，即使在考虑了收入、过去的经济境况以及对未来的预期之后仍然存在。持有财富的巨大差异还

① 我构建了长期收入的衡量方法，通过用年龄、性别、婚姻状况等家庭人口和社会特征，加上与年龄相关的受教育程度、职业等虚拟变量来回归家庭收入。还运用了问卷反馈者是否在小公司（少于20个雇员）工作，是否加入工会以及是否全职工作等变量。因为在健康和退休研究的第一年，所有反馈者的年龄都在50～61岁之间，因此并未考虑年龄群组的影响。回归的预测结果作为长期收入的近似值。

② 那些声称没有考虑退休的人可能具有较高的时间偏好率。尽管直接测量时间偏好很难，我可以在回归中引入“对未来考虑的长远程度”（见表3A—1，表3A—2和表3A—3第二栏）来控制它。这些变量对财富有较强的影响，值得关注的是财富随着对未来考虑时间的长远而单调增加。但是，尽管作了这些控制，未考虑退休这一虚拟变量仍然与财富负相关，并且在统计意义上具有显著性。

取决于健康状况。过去经历的突然变化，如被解雇或者继承遗产，同样导致了持有财富的明显差异。

表 3—8　考虑退休对资产持有量和预期积累的影响（基于各解释变量等于平均数和中位数的家庭）[a]　%

被解释变量	对退休的考虑多少							
	最小二乘法[b]				中位数回归[c]			
	很多	一些	很少	根本没有	很多	一些	很少	根本没有
金融净资产	0.745	0.740	0.677	0.591	0.208	0.216	0.196	0.134
总净资产	2.578	2.550	2.428	2.151	1.417	1.437	1.497	1.139
预期积累	1.237	1.264	1.217	1.103	0.633	0.681	0.594	0.507

a. 资产持有量与长期收入的比值。

b. 最小二乘法估计应用于各解释变量等于平均值的家庭（见表 3A—4）。

c. 中位数估计是基于中位数回归而作出的，应用于各解释变量等于中位数值的家庭（见表 3A—4）。

表 3—9　部分变量对实际和预期资产积累的影响[a]

变量	金融净资产	总净资产	预期积累
1. 男	0.701	2.347	1.366
女	0.695	2.566	1.018
2. 白人	0.802	2.715	1.273
黑人	0.390	1.595	0.969
生活在美国的拉丁美洲人	0.516	2.120	1.119
3. 大学文化	0.963	2.994	1.297
高中文化	0.624	2.257	1.177
4. 健康状况良好	0.706	2.373	1.157
健康状况不好	0.625	2.147	1.125
5. 曾失业	0.669	2.259	1.105
不曾失业	0.715	2.562	1.257
6. 得到遗产等	0.904	2.958	1.338
没有遗产等	0.654	2.341	1.172
7. 不喜欢冒险	0.691	2.444	1.182
较喜欢冒险	0.761	2.440	1.279
8. 留下遗产	0.897	3.063	1.494
不留遗产	0.549	1.989	0.981
9. 有养老金	0.688	2.503	1.189
没有养老金	0.720	2.334	1.230

续表

变量	金融净资产	总净资产	预期积累
10. 计划时限：来年	0.652	2.351	1.102
计划时限：超过 10 年	0.946	2.832	1.366
11. 能依靠亲友援助	0.724	2.457	1.207
没有援助	0.679	2.446	1.197
12. 预期收入隐定	0.677	2.430	1.061
预期收入下降	0.691	2.646	0.983

a. 资产持有量与长期收入的比值。除栏中所列变量外，其他变量均取平均值，用以计算表中各数值。

表 3—9 显示的一些变量可能揭示了人们的思维习惯，这些习惯导致人们是否计划退休。例如，那些只有短期计划的被调查者积累的财富远小于有长期计划的被调查者。考虑到偏好和对未来的预期，预计收入降低的家庭拥有更多的资产。①

人们不作退休考虑的一个原因可能是期望从社会保障或者私人养老金获得足够的收入。可是，有私人养老金的人实际上比那些没有的人拥有更多的净资产。② 此外，人们可能由于希望一直工作到很老或预计年纪很轻时就会死而没有考虑退休问题。果真如此的话，如果将这一计划或预期因素考虑进来，那么不考虑退休对财富的影响作用就会变小。事实上，对这些变量进行控制缩小了考虑退休很多的人和根本没有考虑退休问题的人的财产差异，但是这种差异在数量上仍然很显著（见表 3A—1 至表 3A—3）。

即使在考虑到人们会留有遗产、从朋友或亲戚那里得到帮助以及预期收入会变化等影响储蓄动机的因素后，不考虑退休还是会减少财富的积累。③ 从一定程度上说，人们储蓄的原因除退休外，就是未来的不确定性和对未来事件的

① 中位数回归和强回归在这里没有阐述，如需要可提供。这两项回归表明，更不愿冒险的家庭积累更多的总资产净值。预计未来房产价格上升的家庭也倾向于较少积累。

② Gustman 和 Steinmeier（1997）报告了相似的结果。他们用的是企业调查的有关养老金的数据，这些数据可与健康和退休研究的数据匹配。在我的研究中，我用了反馈者是否享有养老金这一虚拟变量，还有通过健康和退休研究的第一期自我报告的数据计算出的养老金数额。关于养老金数据设计的详细解释，参见 Venti 和 Wise（1997）。

③ 对留有遗产动机的解释可能有缺陷。问卷中关于遗产的问题只是对留有遗产动机的大致估计。问题是这样表述的："你打算给子女留下可观的遗产吗?" 答案有：当然是；是，很可能；是，有可能；可能不；当然不。反馈者对问题的理解可能不尽相同。从亲朋那里得到帮助会不会导致家庭的内生（或策略性）行为也是不确定的。但是，这些变量被用来作为家庭为何要储蓄或者为何不储蓄这些动机的替代性变量，并用于检验对于不同的财富标准其结果是否有说服力。

预期。出于预防性的储蓄动机是很重要的，而且可以解释长期计划的缺乏和未来近似高折现率为何存在。然而，出于此种目的的财富累积只占到健康和退休研究中所涉及年龄人群总财富的 2%～4.5%。[①] 很难证明这一年龄阶段的家庭会面对更多的不确定因素，从而妨碍他们为将来制订计划。

结论

绝大部分的美国家庭在接近退休年龄时只有很少的财产，或者根本没有财产。虽然有很多原因，但人们常常不去考虑退休问题，为退休作很少的计划或根本不作计划是很重要的原因。缺乏计划与财富积累不足是相关联的，这里所说的财富积累通过金融净资产、总净资产或预期积累来衡量。这一发现对诸多跨时期最优模型中关于人们具有前瞻性并且为未来制订计划的假设提出了质疑。

附录

表 3A—1、表 3A—2、表 3A—3 列出了表 3—8 和表 3—9 所依据的全部回归信息。我还使用了中位数与强估计的方法，从而能够更好地考虑极端情况。为了简明扼要，评估结果没有在本书中列出，如需要的话可从我这里获得。

在表 3A—1 至表 3A—3 的第一栏中，我列出了文章中描述的所有变量。这一列表不是单单包括了年龄与年龄的平方变量，以获得持有财富的“隆形”图，而且还包括了简单的人口学特征变量，例如儿童总数、仍然在家生活的儿童数、性别、种族、婚姻状况、受教育程度，从而可以解释偏好的差异性。也包括一些关于健康状况的虚拟变量。[②] 长期收入也被包括在回归变量中，用于解释非相似性偏好。我还对厌恶风险参数进行了控制。为了说明过去的经济状况，我还引入了虚拟变量来描述被调查者以前是否失业，是否继承了遗产，是否从亲属那里得到资助，是否从保险结算中得到钱。为了说明未来的经济状况，我引入了被调查者关于未来事件的期望，例如预期寿命达到 75 岁，预计社会保障金会减少、房价会上涨以及他们会失去工作，还有被调查者预计来年的工资会增加还是减少。

表 3A—4 列出了本章用到的所有变量值和标准差。

---

① Lusardi (1998).

② 参考人群主要代表者为：生活在美国的拉丁美洲人、希伯来人；棕色人种，黑人与印第安人的混血等；未婚者；低于高中文化者；健康状况不佳者。

表 3A—1　　金融资产净值（最小二乘法）[a]

变量	1		2		3		4		5	
常数	2.978 3	(6.77 3)	3.618 7	(6.769)	6.057 1	(6.743)	6.093 4	(6.745)	5.413 7	(6.674)
未考虑退休	−0.139 2	(0.050 5)	−0.134 2	(0.050 5)	−0.090 5	(0.050 7)	−0.091 4	(0.050 8)	−0.086 5	(0.050 3)
年龄	−0.121 3	(0.245 0)	−0.150 3	(0.244 9)	−0.242 6	(0.244 0)	−0.243 8	(0.244 1)	−0.222 7	(0.241 5)
年龄的平方	0.001 4	(0.002 2)	0.001 6	(0.002 2)	0.002 5	(0.002 2)	0.002 5	(0.002 2)	0.002 3	(0.002 1)
子女数	−0.047 1	(0.012 1)	−0.044 8	(0.012 1)	−0.044 2	(0.012 0)	−0.044 3	(0.012 0)	−0.038 7	(0.011 9)
居家的子女数	−0.058 3	(0.023 1)	−0.055 5	(0.023 0)	−0.048 6	(0.022 9)	−0.048 5	(0.022 9)	−0.049 9	(0.022 7)
男性	0.037 5	(0.049 9)	0.030 6	(0.049 7)	0.043 8	(0.049 5)	0.044 1	(0.049 5)	0.006 1	(0.049 2)
白人	0.237 9	(0.081 2)	0.216 3	(0.081 2)	0.225 5	(0.080 8)	0.225 3	(0.080 8)	0.285 8	(0.080 3)
黑人	−0.106 6	(0.087 6)	−0.106 6	(0.087 3)	−0.138 1	(0.087 0)	−0.137 3	(0.087 1)	−0.126 2	(0.086 1)
已婚	0.143 5	(0.128 3)	0.127 5	(0.128 0)	0.123 3	(0.127 2)	0.119 9	(0.127 8)	0.123 0	(0.126 6)
同居	−0.062 2	(0.188 1)	−0.088 0	(0.187 6)	−0.090 1	(0.186 6)	−0.091 4	(0.186 7)	−0.050 4	(0.184 7)
离异	0.030 4	(0.106 1)	0.023 4	(0.105 9)	0.044 6	(0.105 4)	0.044 8	(0.105 4)	0.020 5	(0.104 3)
寡居	0.035 2	(0.124 5)	0.024 4	(0.124 2)	0.028 7	(0.123 5)	0.027 9	(0.123 5)	0.004 1	(0.122 2)
分居	−0.035 6	(0.144 0)	−0.037 2	(0.143 6)	−0.027 4	(0.142 8)	−0.028 6	(0.142 8)	−0.065 3	(0.141 4)
东北部地区	0.106 7	(0.064 5)	0.098 2	(0.064 3)	0.087 4	(0.064 0)	0.086 8	(0.064 0)	0.084 1	(0.063 3)
中西部地区	0.235 2	(0.054 0)	0.234 2	(0.053 8)	0.217 0	(0.053 6)	0.217 8	(0.053 7)	0.219 9	(0.053 1)
西部地区	0.090 6	(0.066 6)	0.099 9	(0.066 5)	0.097 3	(0.066 1)	0.097 1	(0.066 1)	0.116 8	(0.065 4)
高中文化	0.132 6	(0.067 1)	0.128 4	(0.066 9)	0.130 3	(0.066 5)	0.129 8	(0.066 6)	0.120 6	(0.065 9)
大专文化	0.252 7	(0.093 0)	0.243 0	(0.092 7)	0.259 6	(0.092 3)	0.258 3	(0.092 4)	0.251 0	(0.091 4)
大学文化	0.450 8	(0.129 9)	0.432 1	(0.129 6)	0.457 5	(0.129 0)	0.454 5	(0.129 4)	0.459 8	(0.128 1)

续表

变量	1		2		3		4		5	
大学以上	0.375 7	(0.200 4)	0.356 0	(0.200 0)	0.412 9	(0.199 1)	0.407 3	(0.200 1)	0.415 4	(0.198 0)
身体非常好	0.132 2	(0.076 5)	0.115 5	(0.076 3)	0.132 2	(0.076 0)	0.132 2	(0.076 0)	0.125 5	(0.075 2)
身体很好	0.077 7	(0.071 7)	0.066 4	(0.071 5)	0.087 4	(0.071 2)	0.087 7	(0.071 2)	0.081 1	(0.070 5)
身体好	0.047 0	(0.069 7)	0.038 9	(0.069 5)	0.048 6	(0.069 1)	0.049 2	(0.069 1)	0.053 1	(0.068 4)
曾失业	−0.072 4	(0.046 3)	−0.071 0	(0.046 2)	−0.061 2	(0.046 0)	−0.062 1	(0.046 1)	−0.046 4	(0.045 7)
曾经历突变	−0.307 9	(0.045 9)	−0.302 7	(0.045 8)	−0.287 3	(0.045 6)	−0.287 3	(0.045 6)	−0.273 8	(0.045 1)
继承遗产	0.295 0	(0.056 4)	0.297 3	(0.056 3)	0.294 8	(0.056 0)	0.295 2	(0.056 0)	0.250 1	(0.055 7)
亲戚资助	0.297 8	(0.081 6)	0.306 5	(0.081 4)	0.303 0	(0.080 9)	0.302 9	(0.080 9)	0.254 7	(0.080 3)
保险赔偿	0.541 6	(0.102 5)	0.543 9	(0.102 2)	0.533 9	(0.101 6)	0.533 6	(0.101 7)	0.492 7	(0.100 7)
很不喜欢冒险	−0.050 7	(0.067 5)	−0.051 8	(0.067 3)	−0.072 2	(0.067 0)	−0.070 2	(0.067 4)	−0.069 9	(0.066 7)
不喜欢冒险	−0.038 9	(0.086 1)	−0.042 4	(0.085 9)	−0.057 2	(0.085 5)	−0.056 0	(0.085 6)	−0.062 3	(0.084 7)
不大喜欢冒险	−0.095 8	(0.089 1)	−0.095 2	(0.088 8)	−0.107 2	(0.088 4)	−0.105 4	(0.088 6)	−0.085 0	(0.087 7)
长期收入/1 000	−0.004 4	(0.002 9)	−0.004 6	(0.002 9)	−0.004 8	(0.002 9)	−0.004 7	(0.003 0)	−0.005 6	(0.002 9)
预期收入下降	0.068 4	(0.081 8)	0.067 9	(0.081 6)	0.032 0	(0.081 4)	0.032 2	(0.081 4)	0.014 0	(0.080 6)
预期收入增加	0.023 0	(0.045 9)	0.025 3	(0.045 8)	0.054 7	(0.045 8)	0.055 0	(0.045 8)	0.035 1	(0.045 4)
可能活到 75 岁	0.058 2	(0.079 5)	0.037 4	(0.079 5)	0.063 0	(0.079 2)	0.063 5	(0.079 2)	0.035 4	(0.078 5)
社会保障可能下降	−0.000 4	(0.071 0)	−0.013 8	(0.070 9)	0.004 2	(0.070 5)	0.005 0	(0.070 6)	0.024 1	(0.069 9)
房价可能上涨	−0.120 3	(0.073 3)	−0.125 1	(0.073 1)	−0.102 0	(0.072 8)	−0.103 0	(0.072 9)	−0.128 1	(0.072 2)
可能失业	0.011 7	(0.083 2)	0.030 1	(0.083 1)	0.027 8	(0.082 6)	0.027 2	(0.082 7)	0.015 2	(0.083 7)
计划时限：来年			0.155 6	(0.086 0)	0.140 5	(0.085 5)	0.140 4	(0.085 5)	0.139 7	(0.084 6)

续表

变量	1		2		3		4		5	
计划时限：未来几年			0.186 3	(0.062 6)	0.177 5	(0.062 2)	0.178 4	(0.062 3)	0.185 8	(0.061 7)
计划时限：5～10 年			0.230 6	(0.064 8)	0.231 0	(0.064 4)	0.232 3	(0.064 6)	0.236 5	(0.064 0)
计划时限：超过 10 年			0.427 9	(0.092 2)	0.430 6	(0.091 7)	0.431 5	(0.091 8)	0.433 5	(0.090 8)
62 岁以后仍可能工作					−0.335 9	(0.056 1)	−0.336 9	(0.056 3)	−0.303 7	(0.055 8)
有养老金							−0.013 8	(0.048 6)	−0.032 3	(0.048 1)
留下遗产									0.347 9	(0.042 8)
收入变动									0.004 3	(0.002 9)
亲戚帮助									0.044 5	(0.042 3)
调整后的 R^2	0.113		0.118		0.128		0.128		0.147	

a. 被解释变量的均值为 0.698。样本总量为 3 094。括号中所列数值为标准差。

表 3A—2　　总净资产（最小二乘法）[a]

变量	1		2		3		4		5	
常数	−4.339	(14.231)	−3.114 2	(14.236)	3.372 6	(14.131)	2.775 5	(14.124)	1.147 4	(13.800)
未考虑退休	−0.389 2	(0.106 2)	−0.373 9	(0.106 2)	−0.257 7	(0.106 3)	−0.243 1	(0.106 5)	−0.233 0	(0.104 1)
年龄	0.217 6	(0.514 8)	0.161 5	(0.515 0)	−0.083 8	(0.511 3)	−0.063 9	(0.511 1)	−0.014 5	(0.499 3)
年龄的平方	−0.001 5	(0.004 6)	−0.001 0	(0.004 6)	0.001 3	(0.004 6)	0.001 1	(0.004 6)	0.000 6	(0.004 5)
子女数	−0.081 7	(0.025 5)	−0.077 7	(0.025 5)	−0.075 9	(0.025 2)	−0.074 2	(0.025 2)	−0.056 4	(0.024 7)
居家的子女数	−0.063 5	(0.048 6)	−0.057 9	(0.048 5)	−0.039 8	(0.048 1)	−0.041 5	(0.048 1)	−0.045 6	(0.047 0)
男性	−0.126 3	(0.104 8)	−0.136 7	(0.104 6)	−0.101 8	(0.103 8)	−0.107 5	(0.103 7)	−0.219 5	(0.101 8)
白人	−0.411 5	(0.170 8)	0.375 1	(0.170 9)	0.399 7	(0.169 4)	0.403 5	(0.169 3)	0.595 0	(0.166 1)

续表

变量	1		2		3		4		5	
黑人	−0.463 3	(0.184 1)	−0.461 0	(0.183 7)	−0.544 6	(0.182 4)	−0.557 4	(0.182 3)	−0.524 7	(0.178 1)
已婚	0.817 3	(0.269 6)	0.794 0	(0.269 2)	0.783 0	(0.266 7)	0.839 4	(0.267 7)	0.832 0	(0.261 7)
同居	0.417 7	(0.395 3)	0.379 6	(0.394 7)	0.373 8	(0.391 0)	0.394 7	(0.390 9)	0.504 0	(0.382 0)
离异	−0.105 7	(0.223 1)	−0.109 7	(0.222 8)	−0.053 3	(0.220 9)	−0.057 6	(0.220 7)	−0.125 4	(0.215 7)
寡居	0.271 8	(0.261 6)	0.261 3	(0.261 2)	0.272 5	(0.258 8)	0.285 2	(0.258 7)	0.214 4	(0.252 7)
分居	−0.084 9	(0.302 6)	−0.081 3	(0.302 0)	−0.055 3	(0.299 2)	−0.036 2	(0.299 1)	−0.142 8	(0.292 4)
东北部地区	0.324 3	(0.135 5)	0.308 9	(0.135 3)	0.280 2	(0.134 1)	0.290 5	(0.134 1)	0.285 3	(0.131 0)
中西部地区	0.339 2	(0.113 5)	0.335 6	(0.113 3)	0.289 9	(0.112 4)	0.276 5	(0.112 5)	0.277 4	(0.109 9)
西部地区	0.519 6	(0.140 1)	0.537 4	(0.139 8)	0.530 5	(0.138 5)	0.534 4	(0.138 5)	0.588 7	(0.135 3)
高中文化	0.247 8	(0.141 0)	0.237 5	(0.140 8)	0.242 5	(0.139 5)	0.251 4	(0.139 4)	0.229 4	(0.136 3)
大专文化	0.490 9	(0.195 4)	0.475 1	(0.195 1)	0.519 5	(0.193 4)	0.540 9	(0.193 5)	0.529 0	(0.189 1)
大学文化	0.847 6	(0.273 1)	0.818 7	(0.272 7)	0.886 2	(0.270 3)	0.936 1	(0.271 1)	0.966 7	(0.264 9)
大学以上	1.233 5	(0.421 1)	1.197 6	(0.420 7)	1.349 2	(0.417 4)	1.441 4	(0.419 1)	1.481 8	(0.409 5)
身体非常好	0.703 0	(0.160 7)	0.674 9	(0.160 6)	0.719 4	(0.159 2)	0.719 7	(0.159 1)	0.700 7	(0.155 5)
身体很好	0.213 7	(0.150 8)	0.193 7	(0.150 5)	0.249 6	(0.149 3)	0.245 2	(0.149 2)	0.225 7	(0.145 8)
身体好	0.175 6	(0.146 4)	0.161 9	(0.146 1)	0.187 9	(0.144 8)	0.178 2	(0.144 8)	0.188 4	(0.141 5)
曾失业	−0.393 8	(0.097 4)	−0.389 3	(0.097 2)	−0.363 3	(0.096 4)	−0.348 6	(0.096 5)	−0.303 7	(0.094 4)
曾经历突变	−0.555 6	(0.096 5)	−0.543 3	(0.096 3)	−0.502 3	(0.095 6)	−0.501 6	(0.095 5)	−0.465 3	(0.93 4)
继承遗产	0.756 1	(0.118 6)	0.760 8	(0.118 5)	0.754 2	(0.117 4)	0.748 5	(0.117 3)	0.617 0	(0.115 3)
亲戚资助	0.878 0	(0.171 5)	0.890 3	(0.171 2)	0.880 9	(0.169 6)	0.882 7	(0.169 5)	0.743 7	(0.166 1)

续表

变量[a]	1		2		3		4		5	
保险赔偿	0.956 6	(0.215 3)	0.961 1	(0.215 0)	0.934 5	(0.213 0)	0.939 1	(0.212 9)	0.816 7	(0.208 2)
很不喜欢冒险	0.093 1	(0.141 9)	0.086 8	(0.141 6)	0.032 7	(0.140 5)	0.000 7	(0.141 2)	0.003 4	(0.137 9)
不喜欢危险	0.148 5	(0.181 0)	0.141 8	(0.180 7)	0.101 7	(0.179 1)	0.078 1	(0.179 3)	0.054 1	(0.175 2)
不大喜欢冒险	0.014 4	(0.187 3)	0.013 6	(0.186 9)	−0.018 1	(0.185 2)	−0.046 9	(0.185 6)	0.014 5	(0.181 3)
长期收入/1 000	−0.029 3	(0.006 2)	−0.030 0	(0.006 2)	−0.030 4	(0.006 2)	−0.033 1	(0.006 3)	−0.036 1	(0.006 1)
预期收入下降	0.366 8	(0.171 9)	0.364 9	(0.171 8)	0.269 3	(0.170 6)	0.266 5	(0.170 5)	0.216 3	(0.166 7)
预期收入增加	−0.019 3	(0.096 6)	−0.013 7	(0.096 4)	0.064 2	(0.096 1)	0.059 3	(0.096 0)	0.005 8	(0.094 0)
可能活到 75 岁	0.221 2	(0.167 2)	0.188 4	(0.167 3)	0.256 5	(0.166 0)	0.247 8	(0.165 9)	0.173 5	(0.162 3)
社会保障可能下降	−0.212 6	(0.149 2)	−0.235 7	(0.149 1)	−0.187 5	(0.147 9)	−0.201 2	(0.147 9)	−0.147 6	(0.144 6)
房价可能上涨	−0.152 2	(0.154 1)	−0.160 1	(0.153 8)	−0.098 7	(0.152 6)	−0.081 9	(0.152 7)	−0.157 9	(0.149 2)
可能失业	−0.132 9	(0.174 9)	−0.099 4	(0.174 8)	−0.105 5	(0.173 2)	−0.095 4	(0.173 1)	−0.122 0	(0.173 0)
计划时限：来年			0.302 4	(0.180 8)	0.262 4	(0.179 3)	0.264 7	(0.179 1)	0.270 1	(0.175 0)
计划时限：未来几年			0.438 5	(0.131 6)	0.415 2	(0.130 4)	0.399 9	(0.130 5)	0.427 6	(0.127 6)
计划时限：5～10 年			0.440 6	(0.136 2)	0.441 6	(0.135 0)	0.420 3	(0.135 2)	0.440 0	(0.132 3)
计划时限：超过 10 年			0.751 7	(0.194 0)	0.759 0	(0.192 2)	0.744 2	(0.192 2)	0.751 4	(0.187 8)
62 岁以后仍可能工作					−0.893 6	(0.117 7)	−0.876 2	(0.117 8)	−0.773 7	(0.115 4)
有养老金							0.227 4	(0.101 8)	0.168 9	(0.099 5)
留下遗产									1.074 9	(0.088 5)
收入变动									0.009 3	(0.006 2)
亲戚帮助									0.010 2	(0.087 5)
调整后的 R^2	0.109		0.113		0.129		0.130		0.170	

a. 被解释变量的均值为 2.451。样本总量为 3 094。括号中所列数值为标准差。

表 3A—3 预期积累（最小二乘法）[a]

变量	1		2		3		4		5	
常数	4.643 5	(10.50 9)	6.802 6	(10.519)	8.389 9	(10.526)	8.408 8	(10.528)	7.164 1	(10.413)
未考虑退休	−0.138 0	(0.075 9)	−0.130 4	(0.076 1)	−0.093 2	(0.077 4)	−0.095 1	(0.077 9)	−0.086 9	(0.077 1)
年龄	−0.129 7	(0.380 2)	−0.215 4	(0.380 7)	−0.276 1	(0.381 0)	−0.276 6	(0.381 1)	−0.236 8	(0.376 9)
年龄的平方	0.001 0	(0.003 4)	0.001 8	(0.003 4)	0.002 4	(0.003 4)	0.002 4	(0.003 4)	0.002 0	(0.003 4)
子女数	−0.027 2	(0.019 0)	−0.024 8	(0.019 0)	−0.024 6	(0.019 0)	−0.024 7	(0.019 0)	−0.016 5	(0.018 8)
居家的子女数	−0.075 2	(0.035 8)	−0.072 1	(0.035 7)	−0.067 5	(0.035 7)	−0.067 4	(0.035 7)	−0.069 1	(0.035 3)
男性	0.406 6	(0.076 9)	0.397 9	(0.076 8)	0.406 6	(0.076 8)	0.406 9	(0.076 8)	0.347 8	(0.076 3)
白人	0.103 8	(0.127 1)	0.071 2	(0.127 2)	0.076 8	(0.127 1)	0.076 6	(0.127 1)	0.162 6	(0.126 3)
黑人	−0.140 5	(0.136 2)	−0.141 8	(0.135 9)	−0.159 7	(0.136 0)	−0.158 9	(0.136 0)	−0.141 7	(0.134 5)
已婚	−0.063 6	(0.197 7)	−0.075 8	(0.197 5)	−0.078 0	(0.197 3)	−0.082 3	(0.198 3)	−0.066 2	(0.196 2)
同居	−0.155 3	(0.292 9)	−0.198 1	(0.292 5)	−0.190 3	(0.292 3)	−0.192 0	(0.292 5)	−0.109 5	(0.289 4)
离异	0.121 4	(0.163 3)	0.101 8	(0.163 2)	0.113 0	(0.163 1)	0.113 2	(0.163 2)	0.092 1	(0.161 4)
寡居	0.111 1	(0.192 9)	0.092 7	(0.192 7)	0.095 9	(0.192 5)	0.094 5	(0.192 6)	0.066 4	(0.190 5)
分居	0.068 2	(0.221 0)	0.060 0	(0.220 7)	0.065 8	(0.220 5)	0.064 1	(0.220 6)	0.031 5	(0.218 2)
东北部地区	−0.002 3	(0.099 5)	−0.002 4	(0.099 4)	−0.008 0	(0.099 3)	−0.008 9	(0.099 4)	−0.003 5	(0.098 3)
中西部地区	0.057 6	(0.083 8)	0.056 3	(0.083 6)	0.046 4	(0.083 6)	0.047 1	(0.083 7)	0.051 4	(0.082 8)
西部地区	0.110 8	(0.103 6)	0.123 4	(0.103 5)	0.126 8	(0.103 4)	0.126 2	(0.103 5)	0.154 1	(0.102 4)

续表

变量	1		2		3		4		5	
高中文化	0.083 8	(0.103 8)	0.081 6	(0.103 6)	0.080 8	(0.103 5)	0.080 3	(0.103 6)	0.074 3	(0.102 4)
大专文化	0.114 2	(0.145 7)	0.116 7	(0.145 5)	0.123 9	(0.145 3)	0.122 4	(0.145 5)	0.118 1	(0.144 0)
大学文化	0.171 8	(0.202 7)	0.167 7	(0.202 5)	0.183 0	(0.202 4)	0.179 5	(0.203 0)	0.194 6	(0.200 9)
大学以上	0.244 7	(0.312 2)	0.262 8	(0.312 2)	0.296 4	(0.312 1)	0.289 9	(0.313 7)	0.319 0	(0.310 3)
身体非常好	0.240 4	(0.119 6)	0.221 4	(0.119 5)	0.230 9	(0.119 5)	0.230 9	(0.119 5)	0.231 9	(0.118 2)
身体很好	0.031 7	(0.111 2)	0.016 0	(0.111 0)	0.030 2	(0.111 1)	0.030 5	(0.111 1)	0.031 5	(0.109 9)
身体好	0.010 4	(0.108 1)	0.004 3	(0.107 9)	0.011 5	(0.107 9)	0.012 2	(0.107 9)	0.027 6	(0.106 8)
曾失业	−0.187 0	(0.072 3)	−0.187 9	(0.072 2)	−0.182 1	(0.072 2)	−0.183 2	(0.072 4)	−0.152 2	(0.071 7)
曾经历突变	−0.199 7	(0.071 2)	−0.194 0	(0.071 1)	−0.184 0	(0.071 1)	−0.184 1	(0.071 1)	−0.170 3	(0.070 4)
继承遗产	0.221 4	(0.087 4)	0.230 7	(0.087 3)	0.230 7	(0.087 2)	0.230 9	(0.087 3)	0.166 2	(0.086 8)
亲戚资助	0.071 1	(0.126 7)	0.089 0	(0.126 6)	0.086 3	(0.126 5)	0.086 1	(0.126 5)	0.028 0	(0.125 3)
保险赔偿	0.272 9	(0.162 3)	0.269 6	(0.162 1)	0.259 1	(0.161 9)	0.258 9	(0.162 0)	0.194 6	(0.160 4)
很不喜欢危险	−0.093 6	(0.108 2)	−0.091 4	(0.108 0)	−0.102 4	(0.108 0)	−0.100 4	(0.108 5)	−0.097 4	(0.107 3)
不喜欢冒险	−0.100 9	(0.136 2)	−0.111 2	(0.136 0)	−0.117 8	(0.135 9)	−0.116 7	(0.136 0)	−0.129 9	(0.134 5)
不大喜欢冒险	−0.015 4	(0.140 0)	−0.007 7	(0.139 8)	−0.010 1	(0.139 6)	−0.008 3	(0.139 9)	0.021 2	(0.138 4)
长期收入/1 000	−0.002 0	(0.004 6)	−0.003 0	(0.004 6)	−0.003 1	(0.004 6)	−0.002 9	(0.004 7)	−0.004 5	(0.004 7)
预期收入下降	−0.042 3	(0.126 9)	−0.029 6	(0.126 9)	−0.048 2	(0.127 0)	−0.047 8	(0.127 1)	−0.077 7	(0.125 7)

续表

变量	1		2		3		4		5	
预期收入增加	0.261 7	(0.071 1)	0.260 3	(0.071 0)	0.281 2	(0.071 4)	0.281 6	(0.071 4)	0.256 8	(0.070 8)
可能活到75岁	0.462 5	(0.124 3)	0.452 0	(0.124 4)	0.467 5	(0.124 4)	0.468 0	(0.124 4)	0.419 0	(0.123 3)
社会保障可能下降	0.171 9	(0.110 6)	0.155 4	(0.110 5)	0.165 9	(0.110 5)	0.166 7	(0.110 5)	0.196 6	(0.109 4)
房价可能上涨	−0.029 0	(0.113 3)	−0.034 6	(0.113 1)	−0.019 8	(0.113 1)	−0.020 7	(0.113 2)	−0.057 7	(0.112 0)
可能失业	−0.045 5	(0.129 0)	−0.020 6	(0.129 0)	−0.024 2	(0.128 8)	−0.025 1	(0.128 9)	−0.083 8	(0.130 4)
计划时限：来年			0.118 0	(0.135 0)	0.113 3	(0.134 9)	0.113 1	(0.134 9)	0.111 5	(0.133 4)
计划时限：未来几年			0.161 5	(0.099 1)	0.162 1	(0.099 0)	0.162 9	(0.099 1)	0.173 3	(0.098 0)
计划时限：5～10年			0.347 8	(0.102 8)	0.354 7	(0.102 7)	0.355 9	(0.102 9)	0.353 3	(0.101 8)
计划时限：超过10年			0.386 4	(0.147 2)	0.387 4	(0.147 1)	0.388 2	(0.147 1)	0.375 4	(0.145 5)
62岁以后仍可能工作					−0.227 3	(0.088 4)	−0.228 0	(0.088 5)	−0.180 0	(0.087 7)
有养老金							−0.016 6	(0.077 7)	−0.040 7	(0.076 9)
留下遗产									0.512 2	(0.066 5)
收入变动									0.011 7	(0.004 5)
亲戚帮助									0.010 1	(0.066 0)
调整后的 R^2	0.045		0.049		0.051		0.051		0.072	

a. 被解释变量的均值为1.204。样本总量为2 784。括号中所列数值为标准差。

表 3A—4 统计描述[a]

变量	均值	标准差
金融净资产/长期收入	0.698 2	1.224 4
总净资产/长期收入	2.450 7	2.566 9
预期积累/长期收入	1.204 0	1.734 0
未考虑退休	0.233 3	0.423 0
年龄	55.052 6	3.177 2
年龄的平方	3 040.89	352.073 7
子女数	3.091 1	2.026 5
居家的子女数	0.817 3	1.035 7
男性	0.528 1	0.499 2
白人	0.717 5	0.450 2
黑人	0.183 5	0.387 2
已婚	0.610 2	0.487 7
同居	0.019 0	0.136 7
离异	0.189 0	0.391 6
寡居	0.090 1	0.286 4
分居	0.038 7	0.193 1
东北部地区	0.192 9	0.394 6
中西部地区	0.248 8	0.432 4
西部地区	0.152 2	0.359 3
高中文化	0.379 1	0.485 2
大专文化	0.204 2	0.403 2
大学文化	0.180 3	0.384 5
大学以上	0.036 5	0.187 6
身体非常好	0.252 1	0.434 2
身体很好	0.316 4	0.465 1
身体好	0.294 1	0.455 7
曾失业	0.367 4	0.482 1
曾经历突变	0.319 6	0.466 4
继承遗产	0.178 0	0.382 6
亲戚资助	0.072 3	0.259 1
保险赔偿	0.054 2	0.226 6
很不喜欢冒险	0.659 9	0.473 7

续表

变量	均值	标准差
不喜欢冒险	0.119 9	0.324 9
不大喜欢冒险	0.104 3	0.305 8
长期收入/1 000	49.321 8	21.872 3
预期收入下降	0.081 1	0.273 0
预期收入增加	0.573 0	0.494 7
可能活到 75 岁	0.659 7	0.280 2
社会保障可能下降	0.594 5	0.299 0
房价可能上涨	0.488 2	0.294 2
可能失业	0.178 1	0.259 4
计划时限：来年	0.090 1	0.286 4
计划时限：未来几年	0.349 3	0.476 8
计划时限：5～10 年	0.315 4	0.464 7
计划时限：超过 10 年	0.076 5	0.265 9
62 岁以后仍可能工作	0.496 7	0.390 5
有养老金	0.689 0	0.462 9
留下遗产	0.429 8	0.495 1
收入变动	1.821 9	7.008 3
亲戚帮助	0.421 4	0.493 8

a. 仅描述实证估计中应用列的变量。

参考文献

Abel, Andrew. 1985. "Precautionary Saving and Accidental Bequests." *American Economic Review* 75: 777—791.

Alessie, Rob, Annamaria Lusardi, and Arie Kapteyn. 1995. "Saving and Wealth Holdings of the Elderly." *Ricerche Economiche* 49 (September): 293—315.

Altonji, Joseph, Fumio Hayashi, and Laurence Kotlikoff. 1992. "Is the Extended Family Altruistically Linked? New Tests Based on Micro Data." *American Economic Review* 82 (December): 1177—1198

Barsky, Robert, and others. 1997. "Preference Parameters and Behavioral Heterogeneity: An Experimental Approach in the Health and Retirement Survey." *Quarterly Journal of Economics* 62 (May): 537—579.

Bernheim, B. Douglas. 1988. "Social Security Benefits: An Empirical Study of Expectations and Realizations." In *Issues in Contemporary Retirement*, edited by E. Lazear and R. Ricardo Campbell. Palo Alto, Calif.: Hoover Institution, 312—345.

——. 1991. *The Vanishing Nest Egg: Reflections on Saving in America*. Priority Press.

——. 1993. *Is the Baby Boom Generation Preparing Adequately for Retirement? Summary Report*. New York: Merrill Lynch.

——. 1996. "Personal Saving, Information and Economic Literacy: New Direcnons for Public Policy." In *Tax Policy for Economic Growth in the 1990s*, 53—78. Washington: American Council for Capital Formation.

Bernheim, B. Douglas, and Daniel Garrett. 1995. "The Determinants and Consequences of Financial Education in the Workplace: Evidence from a Survey of Households." Stanford University.

Bernheim, B. Douglas, Andrei Schleifer, and Laurence Summers. 1985. "The Strategic Bequest Motive." *Journal of Political Economy* 93 (December): 1045—1075.

Bernheim, B. Douglas, Jonathan Skinner, and Steven Weinberg. 1997. "What Accounts for the Variation in Retirement Wealth among U.S. Households?" Working Paper 6227. Cambridge, Mass.: National Bureau of Economic Research.

Börsch-Supan, Axel, and Konrad Stahl. 1991. "Life-Cycle Savings and Consumption Constraints." *Journal of Population Economics* 4 (August): 233—255.

Bosworth, Barry, Gary Burtless, and John Sabelhaus, 1991. "The Decline in Saving: Evidence from Household Surveys." *Brooking Papers on Economic Activity*, 1: 183—256.

Browning, Martin, and Annamaria Lusardi. 1996. "Household Saving: Micro Theories and Micro Facts." *Journal of Economic Literature* 34 (December): 1797—1855.

Cagan, Phillip. 1965. "The Effect of Pension Plans on Aggregate Saving: Evidence from a Sample Survey." Occasional Paper 95. Cambridge, Mass.: National Bureau of Economic Research.

Congressional Budget Office. 1993. *Baby Boomers in Retirement: An Early Perspective*.

Davies, James. 1981. "Uncertain Lifetimes, Consumption and Dissaving in Retirement." *Journal of Political Economy* 89: 561—578.

Deaton, Angus. 1992. *Understanding Consumption*. Oxford University Press.

Diamond, Peter, and Jerry Hausman. 1984a. "Individual Retirement and Saving Behavior." *Journal of Public Economics* 23 (February-March): 81—114.

——. 1984b. "The Retirement and Unemployment Behavior of Older Men." In *Retirement and Economic Behavior*, edited by Henry Aaron and Gary Burtless, 97—132. Brookings.

Gustman, Alan, and Thomas Steinmeier. 1997. "Effects of Pensions on Saving: Analysis with Data from the Health and Retirement Study," report to the U.S. Department of Labor, Pension and Welfare Benefits Administration.

Hamermesh, Daniel. 1984. "Consumption During Retirement: The Missing Link in the Life Cycle." *Review of Economics and Statistics* 66 (February): 1—7.

Hausman, Jerry, and Lynn Paquette. 1987. "Involuntary Early Retirement and Consumption." In *Work, Health and Income among the Elderly*, edited by Gary Burtless, 151—181. Brookings.

Honing, Marjorie. 1995. "Retirement Expectations over Time: Differences by Gender, Race and Ethnicity." Hunter College.

——. 1997. "Married Women's Retirement Expectations: Do Pension and Social Security Matter?" Hunter College.

Hubbard, Glenn, jonathan Skinner, and Stephen Zeldes. 1995. "Precautionary Saving and Social Insurance." *Journal of Political Economy* 103 (April): 360—399.

Hurd, Michael. 1990. "Research on the Elderly: Economic Status, Retirement, and Consumption and Saving." *Journal of Economic Literature* 28 (June): 565—637.

——. 1996. "Labor Market Transitions in the HRS: Effects of the Subjective Probability of Retirement and of Pension Eligibility." RAND.

Hurd, Michael, and Kathleen McGarry. 1994. "Evaluation of the Subjective Probability Distributions in the HRS." Health and Retirement Working Paper 94—104. Institute for Social Research, University of Michigan.

——. 1995a. "Evaluation of the Subjective Probabilities of Survival in the Health and Retirement Study." *Journal of Human Resources* 30 (supplement): S268—S292.

——. 1995b. "The Predictive Validity of the Subjective Probabilities of Survival in the Health and Retirement Study." RAND.

Juster, Thomas, and James Smith. 1994. "Improving the Quality of Economic Data: Lessons from the HRS and AHEAD." *Journal of the American Statistical Association* 92 (December): 1268—1278.

Katona, George. 1965. *Private Pensions and Individual Saving*. University of Michigan Press.

Kimball, Miles. 1990. "Precautionary Saving in the Small and in the Large." *Econometrica* 58 (January): 53—73.

Laibson, David. 1996. "Hyperbolic Discount Functions, Undersaving, and Saving Policy." Working Paper 5635. Cambridge, Mass.: National Bureau of Economic Research.

Laitner, John, and Thomas Juster. 1996. "New Evidence on Altruism: A Study of TIAA-CREF Retirees." *American Economic Review* 86 (September): 893—908.

Lusardi, Annamaria. 1998. "On the Importance of the Precautionary Saving Motive." *American Economic Review, Papers and Proceedings* 88 (May): 449—453.

Mariger, Randall. 1987. "A Life-Cycle Consumption Model with Liquidity Constraints: Theory and Empirical Results." *Econometrica* 55 (May): 533—557.

Menchik, Paul, and Martin David. 1983. "Income Distribution, Lifetime Saving and Bequests." *American Economic Review* 73 (September): 672—690.

Merrill, Sally. 1984. "Home Equity and the Elderly." In *Retirement and Economic Behavior*, edited by Henry Aaron and Gary Burtless, 197—225. Brookings.

Mirer, Thad. 1979. "The Wealth-Age Relation among the Aged." *American Economic Review* 69 (June): 435—443.

Poterba, James, Steven Venti, and David Wise. 1994. "Targeted Retirement Saving and the Net Worth of Elderly Americans." *American Economic Review*, *Papers and Proceedings* 84 (May): 180—185.

Shefrin, Hersh, and Richard Thaler. 1988. "The Behavioural Life Cycle Hypothesis." *Economic Enquiry* 26: 609—643.

Sheiner, Louise, and David Weil. 1992. "The Housing Wealth of the Aged." Working Paper 4115. Cambridge, Mass.: National Bureau of Economic Research.

Smith, James. 1995. "Racial and Ethnic Differences in Wealth in the Health and Retirement Study." *Journal of Human Resources* 30 (supplement): S159—S183.

Summers, Lawrence, and Christopher Carroll. 1991. "Consumption Growth Parallels Income Growth: Some New Evidence." In *National Saving and Economic Performance*, edited by B. Douglas Bernheim and John Shoven, 305—343. University of Chicago Press.

Thaler, Richard. 1994. "Psychology and Savings Policies." *American Economic Review*, *Papers and Proceedings* 84 (May): 186—192.

Thaler, Richard, and Hersch Shefrin. 1981. "An Economic Theory of Self-Control." *Journal of Political Economy* 89: 392—406.

Venti, Steven, and David Wise, 1989, "Aging, Moving and Housing Wealth." In *The Economics of Aging*, edited by David Wise, 9—48. University of Chicago Press.

——. 1990. "But They Don't Want to Reduce Housing Equity." In *Issues in the Economics of Aging*, edited by David Wise, 13—29. University of Chicago Press.

——. 1991. "Aging and the Income Value of Housing Wealth." *Journal of Public Economics* 44 (April): 371—395.

——. 1993. "The Wealth of Cohorts: Retirement Saving and the Changing Assets of Older Americans." Working Paper 4600. Cambridge, Mass.: National Bureau of Economic Research.

——. 1997. "Choice, Chance, and Wealth Dispersion at Retirement." Dartmouth College.

Wilhelm, Mark. 1996. "Bequest Behavior and the Effect of Heirs' Earnings: Testing the Altruistic Model of Bequests." *American Economic Review* 86: 874—892.

评 论

◎ **William G. Gale**

标准的经济模型中最基本的假设是：个人是理性的决策者，能够很好地利用获得的信息。这个假设意味着：个人和家庭都是有远见的，也就是说他们对未来都有着预期设想（这个设想有可能是错误的），并按照预想去实施。这个基本框架是相当灵活的。它能够兼容关于借贷约束、不确定性、储蓄动机、公共政策、劳动力供给、家庭组成结构和其他因素等多种假设，甚至可以兼容关于人们对未来预期的长远程度的不同观点。例如，在生命周期模型中，人们会追求一生中效用最大化。在代际模型中，人们会追求几代人的效用最大化。然而，在所有的情况下，分析人类行为的经济学方法的关键是人们是有远见的、是理性的。

行为方法是分析人类行为的一个可选择框架，这个框架是建立在心理学原理和观点基础之上的。在储蓄分析中，用作者的话来说，行为方法“强调了家庭在获得必要信息、解决复杂的最大化问题……推迟消费以及实施必要的自我控制而进行储蓄等方面所面临的困难”。

Lusardi 的论文对于研究这两种方法的区别是值得赞赏的，也是充满挑战性的。[①] 因为这两个框架性研究都很广泛灵活，而且通过引进一些额外的假设条件可以兼容广泛的观测行为，所以对这两种方法进行区分是非常困难的。为了找到解决难题的捷径，论文主要集中在人们具有前瞻性的程度，以及通过考察人们自我报告的对“退休的考虑”程度来研究预见性的经济影响。这篇文章有两个新发现：第一，家庭成员年龄在 50～61 岁的家庭中，大约有 1/3 没有考虑过退休问题。第二，甚至在其他变量的变动被控制之后，被调查者对退休问题考虑的程度与财富积累的程度之间仍然存在着一种统计意义上的重要的相关性。Lusardi 对这两个发现进行解释，作为赞同行为模型、反对生命周期模型的证据。

我的意见可以简单地总结为以下几点：第一，从可信度而言，论文考察了假设人们是理性的、有远见的行为模型和强调人们是不完全理性的、目光短浅的模型之间的重要区别。对于生命周期模型的很多批评性文章——其中一些在作者论文的文献综述中已提及——都把重点放在了无关紧要的方面。第二，我认为文章对实证性研究的发现提供的解释是矛盾的。尤其是调查设计的关键性问题的含义多少有些模棱两可，而且文章中列举的其他证据表明作者对这一问题的解释也许不恰当。此外，Lusardi 提出“考虑退休问题”在经济上的影响是很重要的，而我从所读到的证据中感到，“考虑退休问题”对经济的影响很小，而且似乎有失偏颇。因此，我认为，Lusardi 对于结果的解释过度地苛责生命周期方法尤其是前瞻性模型，总之是过度地支持了行为模型。

---

① 对这两种方法的区分并不是非此即彼的。极有可能的情况是，有远见的模型和行为模型的相对重要性因时间不同而变化，对于不同家庭甚至于同一个家庭的不同时期也有所不同。

检验生命周期模型

文章确实把注意力放在对适当的储蓄行为模型——主要是人们对未来的前瞻性程度这个基本问题的讨论上了。不幸的是，Lusardi 的论文并没有区分出生命周期方法和其他前瞻性模型的差别。所以把一些对简单生命周期模型的拒绝错误地解释成对前瞻性行为的拒绝。例如：生命周期模型形成初期忽略了遗产因素，其假设都集中在动态的个人一生储蓄上。但是有远见的人们能够计划遗产，一些“扩展”的生命周期模型，与其他假设人们不但为自己也为后人作出计划安排的模型一样，也包含了“遗产动机”。因此，不能因为人们留有遗产就将这样“扩展”的生命周期模型也排除在外。

同样，Lusardi 注意到“一些家庭拥有比简单生命周期模型预测的更多的财富”。这一事实尚需进一步解释，但它不是拒绝前瞻性模型转而支持行为方法的理由。前瞻性模型强调预见性和计划，而行为理论认为，人们的行为大大地偏离了有预见的、理性的储蓄决定。

另一个实证性发现是消费与收入几乎同趋势波动，这也许可以说明人们没有作出有预见性的决定，但这也和人们具有前瞻性但又受到借贷约束的假设是一致的。

Lusardi 认为，近几年总储蓄没有增长是反对生命周期模型的证据。“婴儿潮”时期出生的人目前已达到收入顶峰时期，根据生命周期理论，他们的储蓄应该增加。微观经济的数据的确清楚地表明，如同生命周期预言的一样，储蓄率随着年龄的增长而增长直到收入顶峰期。[①] 总储蓄下降可能是其他原因造成的——比如飙升的股票价格吸引了客户——而且，总储蓄的标准统计范围中不包括资本利得，这与生命周期模型中的储蓄概念不相符。[②] 因此，近几年总储蓄的情况不能作为人们没有远见的证据。

Lusardi 批判生命周期理论最重要的论点是，“人们在退休的时候只有很少的财产，甚至完全没有财产”。然而，说大多数家庭在退休前夕没有财产，其实是基于对财产的非常狭义的统计。例如，Lusardi 的数据忽略了社会保障和养老金待遇。而 Gustman 和 Steinmeier 使用了和作者相同的数据，但包含了社会保障和养老金，则发现了数目可观的财产，并且得出结论：把社会保障和养老金包括在内的财产概念对于理解财富积累至关重要。[③] Lusardi 宣称，由

① Attanasio (1994).

② Gale and Sabellhaus (1999).

③ Gustman and Steinmeier (1998).

Poterba，Venti 和 Wise 进行的研究支持财富积累低是普遍的现象这一发现[①]。然而，这三位作者发现：1991 年，60～64 岁的家庭金融资产中位数为 14 000 美元，总资产（包括住房、养老金和社会保障）的中位数达到 28 000 美元，比 Lusardi 的发现多 20 倍。

其他声称大多数家庭储蓄过少的研究在 Engen，Gale 和 Nccello 的文章中被指出了一系列的缺陷。[②] Gale 指出，在所有家庭中，大约 1/3 有数目非常可观的存款，足以维持退休后的生活水平[③]，大约 1/3 存款很少，而另 1/3 存款刚刚好。因此可见，大多数的家庭储蓄合理，与财富积累模式有极大的差异。这个发现与生命周期理论完全一致。一种尚未被普遍接受的观点认为，即使家庭完全遵循生命周期模型，人们可以预想，在某一个时间截面上，他们中的一些人在某一特定时点上可能来不及积累相当数量的财富，用以维持当前的收入或退休后的生活标准。这是有可能发生的，比如，他们最近的收入或支出发生急剧变化或者因为他们的预期与实际情况有较大出入。确如 Lusardi 指出的那样，"单单是运气好或坏就能很好地解释年龄和收入相近的人财富持有量的巨大差异"。如果是这样，那么低财富积累就其自身而言就不是反对生命周期模型或前瞻性行为的证据。

与此相关的是，仅凭考察原始数据就得出家庭储蓄过少与生命周期模型不相符的结论虽说并不困难，但是不可能的。如 Lusardi 所指出，拥有金融资产数量最低的 10%的家庭，平均只有 850 美元的金融资产。而事实是，在 1992 年，大约有 7%的家庭在他们 50 多岁的时候就陷入贫困。因此，第 10 个百分点的家庭就非常接近贫困了。即使在生命周期模型中，人们也不会期望陷于生活贫困或非常接近贫困的家庭为退休积累很多的金融财富。因为他们很可能在退休时得到社会保障、医疗保险和可能的补充性收入保障以及政府的"须经家庭经济调查的保障制定"（Meanstested Programs）（如公共医疗救助制度），对退休前不存钱起到了很强的引导性作用。[④] 生命周期模型并没有说每个人在退休之前都有高的财富收入比率，而是认为在整个时期，家庭会尽量保持消费的平滑。因此，工作时期就很贫穷的家庭在退休后可能仍会很贫穷。

最后，Lusardi 写到，"与生命周期理论相反，在临近退休时，并非所有家庭全部一致地积累财富，而是财富的持有量存在相当大的差异性。"这个批判有几个问题：第一，因为文章采用了健康和退休研究提供的截面数据，它不能提供关于一个家庭是否不断地积累财富的信息。第二，财富持有量的差异不是

① Poterba，Venti，and Wise (1994).

② Engen，Gale，and Uccello (1999).

③ Gale (1997).

④ Hubbard，Skinner，and Zeldes (1995).

驳斥生命周期模型的证据，也不是说明家庭没有持续积累财富的证据。

由于以上的原因，论文在文献综述中列举的所谓驳斥生命周期模型的证据是没有说服力的。我认为应该提供更好的证据。尽管如此，幸运的是，文章中进行的验证主要集中在前瞻性经济模型和行为模型的重要差异之上。

关于“考虑退休”问题的解释

健康和退休研究提问被调查者“你对退休问题考虑多少?”，这个问题或许看上去很直接，但它的真正含义却十分模糊。Lucardi 看起来是将这个问题作为人们的经济行为具有前瞻性的广义命题和人们对退休制订财务计划的狭义命题的直接验证方法。但这一问题的含义更可能会是“你有没有考虑过退休后每天的生活问题?”或是“你有没有想过将来参加什么活动?”被调查者如何看待这个问题可能取决于健康和退休研究中设计的其他相关问题。深入分析被调查者对该问题的认识会很有帮助。

健康和退休研究和其他数据源表明人们确实对未来有所考虑。在评价“考虑退休”问题的意义时，注意到这些是很重要的。比如说，根据 Lusardi 和她所引用的文献，健康和退休研究的被调查者似乎能够准确客观地预测未来时间点的死亡概率，以及死亡概率随时间、环境（包括年龄）的改变而变化的情况，并且对于将来是否会在特定的年龄继续工作也有一个很好的认识。黑人家庭和受教育程度低的家庭的收入水平均低于平均收入水平。他们不大可能期望社会保障福利大幅削减，这与社会保障提供一种安全网的认识是相符的。Douglas Bernheim 展示了在退休历史调查中的家庭能够准确地预测社会保障福利。[①]

还有证据表明家庭基于上述信息而行动。在回归分析中，作者展示了身体健康的人储蓄多（可能因为长寿）；更不喜欢冒险的人积累更多财富（可能作为预防手段）；认为 62 岁时仍在工作的人储蓄较少（可能是由于预计退休期短）；认为将来工资会降低的人积累更多财富（可能作为预防手段）；工资变动较大者储蓄更多（同样，可能作为预防手段）。上面所有这些都说明了对于未来预测事件的理性的、有远见的反应。

总之，作者的文章及其他文献都认为，人们可以理性地预测自己的寿命、寿命的变化、社会保障福利、62 岁后仍在工作的可能性，都认为长寿的人、退休期长的人、更不喜欢冒险的人以及作为预防手段而存钱的人会储蓄更多。因此，人们是有许多相似之处的，而仅仅从对如何看待退休这个模棱两可的问

① Bernheim (1988).

题的答案出发，就下结论说人们没有前瞻性未免过于牵强。人们的回答也可能恰好与实际情况大体一致，因为大多数人的回答都是随机的，只有极少数人作了理性预期。即使有足够多的人有远见，从而使得显著性回归参数的符号与理论预测的一致，但很多人甚至大多数人没有远见仍可能是事实。因此，这里的主要观点很简单，就是说调查提出的问题是模棱两可的，而且作者可能对被调查者的回答考虑得过于深入。

关于“考虑退休”的系数的解释

如果把系数解释为“考虑退休使人们大量增加储蓄”，则存在两个问题：第一，尚不清楚预计的影响到底有多大，因为主要结果以一种掩盖了它们的经济相关性的方式显示出来（见表 3—8）。Lusardi 主张这个影响在经济意义上很重要，并且认为，“对于一般家庭而言，家庭成员没有考虑过退休的与考虑过的相比，金融净资产少 12%～19%，总净资产少 9%～15%，预期积累少 7%～11%”。

然而，这种报告结果的方法在三个方面高估了考虑退休的重要性。第一，它测算的结果不是来自中位数回归方法，而是来自普通最小二乘法，前者可以很好地描述典型家庭的情况，而后者会受到极端样本的极大影响。第二，它基于百分量的变化而不是绝对量的变化。由于典型的金融资产持有数量很小，即使百分量变化很大，绝对量也可能变化不大。第三，由于忽略了社会保障和养老金，其结果考察的仅仅是退休财富的一部分，因而高估了考虑退休对退休消费的影响。

其他考察结果的方法指出，“考虑退休”变量对储蓄的预计影响很小。例如，假设对于典型的家庭，社会保障和待遇确定型养老金将提供约 3/4 的退休收入，私人财产将提供余下的 1/4。[①] 如果是这样的话，由于根本不考虑退休问题而造成金融资产 12%～19%的减少，将仅导致退休消费减少 3%～5%。如果有人认为退休储蓄不足是系统性的、广泛的，那么退休消费减少的 3%～5%将不会产生根本性影响。换言之，如果将退休消费提高 3%～5%就解决了“适当储蓄”的问题，那么首先这个问题肯定不会很大，从而生命周期模型也不会被如此否定。

第二个例子指出，表 3—8 中显示的中位数估计法显示，对退休考虑“很多”的人和“完全没有”的人在金融资产上大约相差 0.074 个长期收入。表

① 大约 1/6 的老年家庭全部收入完全来自于社会保障，约 2/3 的家庭一半以上的收入来自于社会保障（社会保障管理，1997，p.20）。

3A—4 显示，平均长期收入约为 49 000 美元。这就意味着考虑退休“很多”的人比“完全没有”的人的金融资产要多 3 600 美元（49 000 美元×0.074）。如果按年折算 10%，那么将使得退休消费每天多 1 美元。如果用长期收入中位数来估计，结果无疑会小一些，但是文章中并未列出长期收入中位数的值。

表 3—8 中采用普通最小二乘法估算显示，由于对退休考虑“很多”而使得退休消费大约每天多 2 美元。如果那些对退休“完全没有”考虑的人拥有的长期收入比平均数少（这也是合理的），那么影响甚至会比这更小。因此，“考虑退休”的预计经济影响似乎很小。

然而，这个结果也许可以由第二个问题部分解释：也许“考虑退休”并不能影响财富积累，而相反是财富积累影响对退休的考虑；或者在“考虑退休”影响财富积累的同时，财富积累反过来也影响对退休的考虑。当财富是从相对较低的水平开始积累时，家庭可能会更多地考虑退休。例如，如果一个家庭得到一笔遗产，他们就不得不决定如何分配这笔资金。另外，高额财富可能会使得这个家庭不去考虑退休问题，因为已有充足的退休收入保障。因此，回归系数可能在两个方向上都出现偏差。对于财富水平相对较低的人来说，更多的财富可能导致他们更多地考虑退休；而那些财富水平相对较高的人，却不必为退休担忧。因此，如果是财富水平相对较低的人支配着结果，则参数可能高估了“考虑退休”对储蓄的影响；如果是财富水平相对较高的人支配着结果，则可能低估了影响。

参考文献

Attanasio, Orazio. 1994. “Personal Saving in the United States.” In *International Comparisons of Household Saving*, edited by James M. Poterba, 57—123. University of Chicago Press.

Bernheim; B. Douglas. 1988. “Social Security Benefits: An Empirical Study of Expectations and Realizations.” In *Issues in Contemporary Retirement*, edited by E. Lazear and R. Ricardo Campbell, 312—345. Palo Alto, Calif.: Hoover Institution.

Engen, Eric, William G. Gale, and Cori Uccello. 1999. “The Adequacy of Saving.” *Brookings Papers on Economic Activity*, 2 (forthcoming).

Gale, William G. 1997. “Will the Baby Boomers Be Ready for Retirement?” *Brookings Review* (Summer): 5—9.

Gale, William G., and John Sabelhaus. 1999. “Perspectives on the Household Saving Rate.” *Brookings Papers on Economic Activity*, 1: 181—224.

Gustman, Alan, and Thomas Steinmeier. 1998. “Effects of Pensions on Saving: Analysis with Data from the Health and Retirement Survey.” Working paper 6681. Cambridge, Mass.: National Bureau of Economic Research (August).

Hubbard, R. Glenn, Jonathan Skinner, and Stephen P. Zeldes. 1995. "Precautionary Saving and Social Insurance." *Journal of Political Economy* 103 (April): 360—399.

Poterba, James M., Steven Venti, and David Wise. 1994. "Targeted Retirement Saving and the Net Worth of Elderly Americans." *American Economic Review, Papers and Proceedings* 84 (May): 180—185.

Social Security Administration. 1997. *Social Security Bulletin, Annual Statistical Supplement*.

第四章

退休准备中的延迟行为[1]

多年来经济学家一直假设人们因为缺乏“自我控制”（self-control）而导致储蓄过少。[2] 研究证实，寻求即时满足的人们为了当前的消费而牺牲未来更多的消费，导致退休时储蓄较少。我们从另一角度探讨“自我控制”减少退休储蓄的现象：即使人们认识到寻找有利润的投资策略并进行投资非常重要，但是由于“自我控制”及其对策略重视不够而延迟了投资。[3] 一系列论证显示，人们投资决定上的延迟行为可能严重地有害于自己。[4]

为退休而投资是人们一生中应该出色完成的最重要的经济任务。人们退休计划的制订在一定程度上受到了人们延迟行为的影响。考虑到它的极大重要性，人们是否真正有害地延迟退休准备工作？恐怕是这样。例如，我们中的一员，在未来的10年中，一直持有一个超过20 000美元的经常账户，虽然经常账户的平均收益低于1%、流动性强且能方便地转移到高收益的投资上。经济上重要的延迟行为似乎较普遍存在。当我向同事们阐述我的这一发现时，他们极为赞同，并举出了很多实例。人们虽然认识到自己应该重新选择投资，也知道应该考虑重新投资，但他们一直进行着低收益的投资。令人吃惊的是，实际作出延迟行为的人竟是比一般人更精明、更不会有“延迟”行为的经济学

① 参加国家经济研究局于1998年5月1—2日在加利弗尼亚州斯坦福大学举办的退休大会的Peter Diamond及其他与会者对本文提出了许多有价值的意见，在此表示感谢。感谢Kitt Carpenter与Erik Eyster在项目研究中提供的帮助。感谢国家科学基金会提供的经济资助（项目批号9709485），Matthew Rabin同时感谢罗素圣者（Russell Sage）基金会、约翰和凯瑟琳·麦克阿瑟（John D. and Catherine T. MacArthur）基金会与斯隆（Sloan）基金会提供的经济资助。这项研究开始时，恰逢于与Rabin共事于中心，开展行为科学的高级研究项目，当时由国家科学基金会（项目批号SBR-960123）支持。同时，要特别感谢中心的好客与国家科学基金会的支持。

② 这项研究工作追溯到Strotz（1956）；最近进一步的研究可查阅Laibson（1994，1995，1997）。

③ 虽然我们相信人们为退休的其他方面准备时同样存在延迟行为，但我们这一章集中讨论“较明智投资的延迟行为”这一点。

④ O'Donoghue和Rabin（1999b）证明，甚至自我控制上小的困难怎样引起严重的延迟行为，O'Donoghue和Rabin（1999a）在一个抽象的模型中显示，延迟行为非常严重，其程度有可能类似个人投资决定中的其他情况。

家们。

人们几乎不花任何时间去考虑有成果的退休问题，这一点已经得到了系统的证明。[①] 有些研究能识别可观察到的投资行为中的大多数问题。[②] 明确地定义他们决定的数学含意，能使人们在假设的投资决定中更明智。[③] 但是，这些结果表明人们对退休投资缺乏关注，否则所有 30 岁以上的人应该已经熟悉了投资决定的数学含意。

我们怀疑，是否延迟如我们所概括的那样，已经引起所有或大多数较差的投资。事实上，人们在充分地作出这一极其重要的决定时怕麻烦，因为它需要调查理性选择模型中似是而非的选择。我们调查延迟假设时，的确发现“当期偏好”（Presentbiased preferences）是引起延迟行为的最终原因，“当期偏好”即短期推迟所引起的对满足的贴现比长期推迟所引起的更严重。[④] 偏好导致“时间不一致”，系统地希望与早期相反的决定。数以百计的实验和人类几千年的智慧证明，“时间不一致”是有记录的人性中的最强健的、最广泛的事。因为合并时间不一致的理论，与理性选择模型相比，更常产生现实的投资决定和其他决定，因而调查这些理论很有意义。

我们下面从一个简单的、正式的“当期偏好”模型开始论述。这一个模型的主要特点是，人们时时追求即时满足；即使在过去某时问到时，他们同样偏好即时而非将来的满足。这样就产生了“自我控制”问题。我们也检验人们“自我控制”问题中的一件重要事情：他们是精明的还是“天真”的？即他们是否能预见他们未来有“自我控制”问题？如果人们完全精明，适度的“自我控制”不可能引起严重的延迟行为，我们聚焦在假设人是“天真”的“校准”上。即使这样，我们证明我们延迟举例真的只依赖有点“天真”的人们。[⑤]

我们使用一套实验“校准”探究以下问题：一位退休者，将其储蓄置于账户 A 上，也知道置于账户 B 上更有益，他是否会转移到账户 B？如果退休储蓄账户转移的增加额能弥补转移的即时成本，人们应该转移。例如，假设他账户上有 10 000 美元，计划 30 年后退休。进一步假设，这个账户没有利息，如经常账户，他有机会把本金转移到年利率为 5%的账户上。与不转移相比，立

---

① 参阅，如 Benartzi 和 Thaler（即将提及）；Laibson，Repetto 和 Tobacman（1998）；Lusardi（1998）；Loewenstein，Prelec 和 Weber，本书第七章。

② Benartzi and Thaler (1995).

③ Gneezy 和 Potters (1997)；Thaler 与其他作者 (1997)。

④ 夸大的贴现是这些当期偏好的一个例子；如参阅 Ainslie (1992)。

⑤ O'Donoghue 和 Rabin (1999a) 证明任一程度的“天真”可能导致严重而又昂贵的延迟行为。就我们所知，本文和这一章是唯一一份分析部分“天真”的正式材料。

刻转移将会增加大约35 000美元的退休储蓄金。这样，如果在此后30年内能有35 000美元的退休储蓄金增额，那即时转移账户所付出的努力就是有价值的，他就应该转移账户。

贴现和转移成本有点似是而非，完全理性的人会立即作出转移。但是退休利益是以后的事情，而转移成本是即时的。由于“自我控制”问题，人们可能更想在未来，而不是今天，蒙受转移成本损失。即使这样，除非即时满足是巨大的，否则完全精明且能正确地预测未来的人们不能容忍账户转移工作耽搁得过久。

如果人们在“自我控制”问题上是“天真”的，他们感觉会完全不同。在给定的某一天，他们认为如果他们今天不转移账户，明天也会移换账户。因为延迟一天转移所产生的退休储蓄损失微不足道，甚至较小的即时满足也能激起延迟的希望，将转移账户所要求的不愉快的努力延迟到明天。然而，他们每一天都作出同样的决定，这样明天永远也不会到来。[①] 我们检验证明：除非转移成本是巨大的，否则，对于那些似是而非的投资决定，他们应该转移资金；然而，即使转移成本非常小，“天真”的人可能从不会移换投资。前面所说将10 000美元从0收益率的账户转移到5%的账户的事，对于“天真”的人来说，即使转移账户的即时成本小到7美元，他们也从不会转移投资。

我们第二套“校准”练习表达如下思想，即人们能通过更多的努力获得更好的投资，并且必须计算付出努力的大小。我们证明：即使开始一个好的选择，不需要努力或成本——因此不会产生延迟的诱因——应该可以作一些努力来寻找较好的投资时，人们仍然可能有延迟行为。例如，即使将10 000美元从0回报率的账户转移到5%回报率的账户不需要成本，如果最好的选择是作一些努力寻找6%的回报时，人仍可能严重地延迟这一工作。在这一情况下，人们认为他们只要决定何时将基金转移到回报率为6%的账户，他们就会把其他的选择看作是不相干的。[②]

我们也发现矛盾的说法：当退休计划变得更重要时，人更有可能产生延迟行为。例如，对于10 000美元的投资，人们可能认为努力寻求回报率超过6%的投资不值得，因而立即将基金转移到回报率为5%的账户。对于20 000美元的投资，值得努力寻求回报率超过6%的投资——例如，回报率为6.5%——

① 以前探讨这一主题的论文见 Akerlof（1991）；O'Donoghue 和 Rabin（即将提及材料 a 与 b，1999a，1999b）。讨论与当期偏好相关的延迟行为的其他论文，参见 Prelec（1989），他在一次上下文（“天真”是无关）中讨论了不愉快工作的延迟行为，也可参阅 Fischer（1997），他在假设完全“精明”的大项目上，拓展了一个正式的延迟行为模型。

② 当然，这一结论要求，将基金从5%收益的账户转到6%收益的账户有一些成本。

而且将寻找这一好的投资的努力推迟到“明天”。同样道理，人们对退休消费评价越高，他们决定寻找较好的投资越努力，越可能产生延迟行为。与许多其他次优行为类型相比，与对不重要的决定相比，延迟对重要决定的坏处更多。[①] 返回到人们是否真的可能延迟生活中最重要的决定这一问题，我们的答案是，人们完全可能延迟为退休而进行的投资，是因为它是最重要的决定之一。

在结论一节，我们提出的政策建议，可能帮助人们改正退休准备工作中产生的大多数错误。这些政策本质上是温情主义的。然而，我们将强调政策处理满足“谨慎的家长式的作风”，即如果人们正在犯错误，政策可能极端有价值，但是，如果人是完全理性的，他们的成本则相对较小。我们的政策处理考虑两项原则，它来自于我们分析，人们不倾向从他们不负责的投资计划中转移出储蓄，人们对短期的激励高度敏感。特定的政策包括处理不负责的选择，使用401k 计划、IRAs 或其他的税激励计划进行储蓄，提供退休计划会议，使用截止期限。

当期偏好和延迟

标准的经济学模型假设跨期（intertemporal）偏好在时间上是一致的。即偏好将来选 A 而不选 B 的人，不会因为时间的推移而改变这一偏好顺序。但是证据证明偏好在时间上是不一致的。人们常以不感激“长期自我满足”的方式来追求即时满足。[②] 举例说明，假设一个人必须在 4 月 1 日完成 7 小时不愉快的工作与在 4 月 15 日完成 8 小时同样的不愉快的工作之间作出选择。如果没有可用的新的信息，在 2 月 1 日与 4 月 1 日面对这问题时，时间一致性要求人们作出相同的选择。然而我们认为，如果在 2 月 1 日面对此问题，大多数的人会偏好工作 7 小时 4 月 1 日完成（下个月少工作）；如果在 4 月 1 日面对此问题，大多数的人会偏好工作 8 小时 4 月 15 日完成（今天不工作）。

上面例子反映的是“当期偏好”，它是时间上不一致性偏好的一种特定形式，当人们考虑在未来两件事情中进行选择时，随着时间临近，人们给予时间较早的财富相对强的权重。这时人们有“自我控制”问题，因为他们寻求即时满足，但它无法在更早的时候获得。我们使用下列简单公式来表示，它是正式

---

① O'Donoghue 和 Rabin（1999a）详细地论述了这一主题。

② 参阅，如 Ainslie（1975，1991，1992）；Ainslie 和 Haslam（1992a，1992b）；Loewenstein 和 Prelec（1992）；Thaler（1991）。

的当期偏好模型。[①] u_t 代表人们在时期 t 时的当期效用。时期 t 的跨期偏好 U^t 用下式的效用函数形式来表示：

$$U^t\ (u_t,\ u_{t+1},\ \cdots,\ u_T)\ =u_t+\beta\sum_{\tau=t+1}^{T}\delta^{\tau-t}u_\tau$$

参数 $\delta\leqslant1$ 表示无法忍耐的时间上一致性，参数 $\beta\leqslant1$ 表示当期偏好。当 $\beta=1$ 时，这些偏好是简单指数型贴现的离散形式，它是时间一致的。我们用 TCs 代表一致偏好的人们。但是对于 $\beta<1$ 的偏好，它们在时间上是不一致的，更吝啬即时满足。

为了讨论上的方便，考虑上面例子的简化形式。假设：即时工作的负效用为工作小时数，这样，在任一时刻 t，u_t（7）＝－7 和 u_t（8）＝－8；无时间一致性贴现时，$\delta=1$。同时假设 $\beta=0.8$。在 2 月 1 日，两者均为日期 β 贴现，因而，人们选择 4 月 1 日完成工作 7 小时，而不愿选择 4 月 15 日完成工作 8 小时。然而，在 4 月 1 日，人们当天的工作效用为－7，两周以后的工作效用为 0.8（－0.8）＝－6.4，因此延迟到两个星期后工作。

多数经济学者已经正式地建立了给定时间上不一致的偏好情况下的跨时选择模型。[②] 标准的方法是，将人们在每一时点下的状态看作是时间上不同的代理人（agent），他以当前的偏好和对未来行为的预测结果为基础，选择当前的行为。对于人的未来行为想法，这些研究考虑它的两种极端假设。精明的人完全意识到未来的“自我控制”问题，并且能正确地预测未来行为。也就是，精明的人能理性地预期自己的未来行为。“天真”的人完全意识不到未来的“自我控制”问题，相信他们将来的行动与自己当前习惯的行为完全一致。与上文已描述这一简单的偏好一样，“天真”的人相信他们像 TCs 一样采取未来行动。[③]

严重的延迟行为，不只是产生于当期偏好，还产生于与“天真”相结合的当期偏好。因为精明的人能正确地预测未来行为，即使他们现在未完成工作，他们总是准确地知道自己将会延迟工作多久。相反，如果自己现在不能完成工作，“天真”的人不断错误地认为他们明天会完成它。下两节中的投资行为例子，是有关“天真”者的，检验 TCs 与精明者的行为，且不只局限于这一点。

---

① Phelps 和 Pollak（1968）最先建议用这一模型模拟跨代的利他主义，Laibson（1994）稍后用它研究自我控制问题。此后，它被 Laibson（1995，1997）；Laibson，Repetto 和 Tobacman（1998）；O'Donoghue 和 Rabin（即将提及材料 a 与 b，1999a，1999b，1997）；Fischer（1997）与其他人采用。

② 特别参阅，Strotz（1956）；Pollak（1968）；Phelps 和 Pollak（1968）；Peleg 和 Yaari（1973）；Goldman（1979，1980）；Laibson（1994）；O'Donoghue 和 Rabin（1999b）。

③ Strotz（1956）和 Pollak（1968）详细地拓展两项极端假设。时间不一致性的偏好研究大多假设了“精明”（例如，Peleg 和 Yaari，1973；Goldman，1979，1980；Laibson，1994，1995，1997；Fischer，1997）。O'Donoghue 和 Rabin（即将提及材料 a 与 b，1999a，1999b，1997）既考虑了精明，也考虑了天真。Akerlof（1991）的延迟模型不是时间不一致性偏好的构架明确的模型，但是它与“天真”相结合的时间上不一致性偏好模型在形式上相同（Akerlof 的确强调延迟在错误预测未来行为中的角色）。

但是，我们也将举例说明，我们模拟与分析的例子，并不完全依赖“天真”行为，还有不那么精明的。

作出明确投资的延迟行为

我们现在探讨一个简单的投资决定，人们能将当前账户中的退休储蓄转移到另一个能产生较高利息的账户，但是因为这一转移需要一些努力而延迟。①

假设一个人有 P 美元的退休储蓄，他在 T 天后退休（常假设 $T=10\ 950$ 天，即 30 年）。退休储蓄现在存在账户 A，年回报率为 r_A 个百分点，而且可以将它转移到年回报率为 r_B 个百分点的账户 B 上，转移成本为 0。C 由转移成本与为转移所作出的努力的机会成本组成。我们假设 C 包括的所有成本是即时的，即 C 不包括其他仅在长期内产生利益的投资的机会成本。我们进一步假设利率由日利率组成，日利率是年利率的 1/365。在这些假设下，资金迟 τ 天转移导致的退休储蓄损失 $L(\tau)$ 如下：

$$L(\tau)=P\left[(1+r_B/365)^T-(1+r_A/365)^\tau(1+r_B/365)^{T-\tau}\right]$$

表 4—1 表示延迟一天与从不转移投资的成本。从不转移资金的成本很大。相反，延迟一天转移投资的成本非常小。这是能产生昂贵的延迟的严格条件。

表 4—1　延迟转移 10 000 美元的投资 1 天与 30 年所产生的退休储蓄损失

r_A（%）	r_B（%）	延迟投资转移 1 天产生的退休储蓄损失（美元）	延迟投资转移 30 年产生的退休储蓄损失（美元）
0	1	0.37	3 499
0	5	6.14	34 812
0	10	54.99	190 773
5	6	1.66	15 675
5	10	27.50	155 961
5	15	246.29	854 527
10	11	7.42	70 219
10	15	123.15	698 567
10	20	1 102.87	3 826 891

① 这个例子与 Akerlof（1991），O'Donoghue 和 Rabin（即将提及材料 b，1999b）的延迟例子类似，人们延迟了他们应该立即完成的不愉快工作。虽然这些文章和这一个章节假设可立即干手边的工作，Fischer（1997）考虑人们在截止期限前固定数小时工作时产生的延迟行为。

我们假设退休储蓄的效用与在退休时的资产成正比。[①] 假设转移成本 C 可用效用相等的退休储蓄额表示，且在当期产生。最后，我们假设投资者有我们已经描述的当期偏好。这样如果有储蓄额 S 的人希望在 τ 时发生成本 C，并且在时期 $T+1$ 退休，那么他在时期 t 的跨期效用 U^t 定义如下：

$$\tau=t \text{ 时}，U^t=-C+\beta\delta^{T+1-t}S$$

$$\tau>t \text{ 时}，U^t=-\beta\delta^{\tau-t}C+\beta\delta^{T+1-t}S$$

使用上式，t 天时人们计算 B 账户中一美元投资的长期价值为 $[\delta(1+r_B/365)]^{T+1-t}$。如果 $[\delta(1+r_B/365)]<1$，计划 B 对一个更接近退休的人更有吸引力。在这情况下，TCs 和“天真”者最初会延迟转移资金，但是当计划 B 有充分吸引力的时候，他们最后会转移资金。如果 $[\delta(1+r_B/365)]>1$，意味着回报率 r_B 高于他的贴现率 $(1-\delta)$，计划 B 对一个离退休越远的人更有吸引力。在这种情况下，TCs 和“天真”者或者立即转移资金，或者从不转移资金（然而，对于“天真”者，他们当然也会计划在未来某一天计划转移资金）。我们限制 $[\delta(1+r_B/365)]>1$，因为我们认为这一项假设更现实，并且能简化分析。

我们现在分析“假设人们能在任一给定的日子转移资金”的行为。时间一致性的人们选择在当天（也是最好的一天）转移资金（坚持该计划）。当 $[\delta(1+r_B/365)]>1$ 时，最好一天或者是第一天不存在。因为不转移资金导致的退休储蓄损失是 $L(T)$，转移成本是 C，当且仅当 $C\leqslant\delta^T L(T)$ 时，TCs 立即转移资金；当且仅当 $C>\delta^T L(T)$ 时，TCs 从不转移资金。也就是说，当且仅当 T 年投资的额外收益的当前贴现值 $\delta^T L(T)$ 大于当期转移成本 C 时，TCs 才会转移资金。

“天真”者与 TCs 不一样，他不会直接地将立刻转移资金与从不转移资金进行比较。尽管，如果 TCs 立刻转移资金，但是“天真”者坚信“如果他们今天不转移资金，他们明天会转移资金”。结果，当且仅当立即转移资金比延迟一天转移好时，“天真”者立即转移资金；否则，他们永远推迟转移资金，坚持计划在明天转移资金。因为延迟一天转移导致的退休储蓄损失是 $L(1)$、转移成本是 C，如果 $C>\beta\delta C+\beta\delta^T L(1)$，“天真”者偏好延迟一天转移资金。当且仅当 $C\leqslant[\beta/(1-\beta\delta)]\delta^T L(1)$，“天真”者立即转移资金；当且仅当 C

① 我们的模型也假设人们贴现退休储蓄，好像他们在退休的第一天消费所有的钱。这一项假设是有害的。首先，因为退休期要继续消费，有固定钱的退休值取决于贴现因素和利率，两者是我们可改变的参数。其次，当人必须选择退休期的消费分配时，他们感觉到的退休期的储蓄值可能取决于他们的精明程度，下面我们在精明与潜在导致错误的“天真”间作出比较。然而，我们相信模型的基本洞察力，即使采用数据演示，更现实和更复杂的模型也不会过多地改变它。

$>[\beta/(1-\beta\delta)]\,\delta^{T}L(1)$，“天真”者从不转移资金。[①]

行为结果：“天真”的延迟者与一致偏好的人们

表 4—2 给出了我们在以上假设下的主要“校准”结果：r_A、r_B、δ^{365}取各种值时，TCs 和“天真”者从不转移资金的成本值。表中给出了时间上一致的计划者与“天真”的延迟者转移资金所要求的惊人条件差异。对于所有的参数值，除非转移成本巨大，否则，TCs 会立刻转移资金；即使转移成本很小，“天真”者也从不会转移资金。表 4—2 不仅给出“天真”者与 TCs 间的差别，而且也给出了“天真”者差别的大小。借用前面的例子，一个人何时将 10 000 美元从回报率为 0 的账户转移到回报率为 5%的账户？现在这么做，30 年内能增加退休储蓄 34 812 美元。年贴现率 $\delta^{365}=0.96$、$\beta=0.9$ 时，转移资金的收益为 $(0.9)\ (0.96)^{30}$ $34 812＝$9 207，即使转移成本只要 16 美元，“天真”者也不会转移资金。通过分析“天真”者的思想过程，发现产生这一似乎具有自我破坏性的行为是可理解的，虽然它的害处不少。他们知道不转移和不计划转移资金是愚蠢的，但是计划是在明天。[②]

表 4—2 表达了我们的基本观点：人们是否应该转移资金——TCs 是否确实应该转移资金——取决于：转移资金的当期贴现值是否高于即时成本。但是，只有当来自短延迟的利息损失大大超过有转移成本的延迟的欲望时，有“自我控制”问题的“天真”者才会转移资金。

我们提醒读者不要从表 4—2 中的“校准”例子中作过多的推论。例子中的结果取决于人是否能随时或仅在间隔期内转移资金。例子中的人每天能转移资金。表 4—3 规定人每星期只能转移一次资金，其他条件与表 4—2 相同。这变化不影响 TCs 是否转移资金，但是“天真”者变得更有可能转移资金。当“天真”者在任一给定的日子能转移资金时，他们相信如果他们现在等待，他们明天还能去做。如果他们每星期只能转移一次资金，他们相信如果他们现在不去做，他们下星期还能去做。因为七天的延迟成本比一天的延迟成本更昂贵，每星期一次转移资金导致“天真”者延迟行为更少发生。总体上说，转移资金的频率越低，“天真”者延迟行为的可能性越小。[③]

---

① 这种条件只从技术上保证“天真”者在当天宁愿延迟一天。它是“天真”者不确定延迟的充要条件，然而，对于“天真”者的模糊延迟，因为随着投资期变短，延迟一天所导致的退休储蓄不那么昂贵。

② 表 4—2 中的规律与在本金为 1 美元时是相同的。如果本金乘以 10，表中相关数据也乘以 10。例如，年折扣率为 0.96、$\beta=0.9$ 时，即使转移成本只要 40 美元时，“天真”者也不会将 100 000 美元资金从收益率为 5%的账户转移到收益率为 6%的账户。

③ 虽然“七天的 β”有可能小于“一天的 β”，它能抵消更低频率下转移机会的部分效果。

表 4—2　　一致偏好的人们与“天真”者推迟转移 10 000 美元投资的时间（每天可转移投资、30 年投资期）

r_A（%）	r_B（%）	δ^{365}	如果 C 大于下列值，则从不会转移投资（美元）					
			TC_s	“天真”者				
				$\beta=0.99$	$\beta=0.98$	$\beta=0.95$	$\beta=0.90$	$\beta=0.80$
0	1	0.99	2 588	27	13	5	2	1
5	6	0.99	11 595	121	60	23	11	5
		0.96	4 606	48	24	9	4	2
10	11	0.99	51 941	542	269	104	49	22
		0.96	20 634	214	106	41	20	9
		0.91	4 147	42	21	8	4	2
0	5	0.99	25 751	448	222	86	41	18
		0.96	10 230	177	88	34	16	7
5	10	0.99	115 364	2 008	995	386	183	81
		0.96	45 830	791	394	153	73	32
		0.91	9 210	157	79	31	15	6
10	15	0.99	516 730	8 994	4 457	1 730	820	364
		0.96	205 279	3 543	1 764	686	325	145
		0.91	41 252	702	352	137	65	29
0	10	0.99	141 115	4 016	1 990	772	366	163
		0.96	56 060	1 582	788	306	145	65
		0.91	11 266	313	157	61	29	13
5	15	0.99	632 094	17 987	8 915	3 460	1 639	729
		0.96	251 109	7 087	3 527	1 372	651	289
		0.91	50 462	1 404	704	275	131	58
10	20	0.99	2 830 753	80 544	39 920	15 492	7 340	3 263
		0.96	1 124 561	31 733	15 794	6 145	2 914	1 296
		0.91	225 989	6 287	3 151	1 231	585	260

结果也取决于是否能在不规则的间隔内有转移资金的机会。例如，人能通常只在周末转移资金，这种情况下，如果他们在每个星期五当天不转移资金，他们将面临 3 天的延迟。这些不规律情况对 TCs 没有影响。但是，对于“天真”者，只有当他们更喜欢将资金转移延迟 3 天，而不是立刻转移时，他们现在才不会转移资金。一般的规律是，决定“天真”者是否不确定地“延迟”的耽搁是他们可能面临的最长的耽搁。另外，转移成本可能每天不一样，例如，

某些日期的时间价值高于其他日期。在这种情况下，只要最低的成本就足以引起延迟，人们就从不会转移资金。

这些考虑很有可能缩小我们“校准”中的延迟幅度。但是，我们相信，在未认识到它是投资行为的重要因素之前，这些因素会极大地改变延迟行为的（也许按多种维度）预测结果。

行为结果：精明的延迟者与一致偏好的计划者

表 4—2 和表 4—3 中，“天真”的假设非常关键。我们较早地观察到精明的人具有完全的自制力，在这些环境下，不可能发生有害的延迟行为。因为精明的人能正确地预测未来行为，当且仅当他们在当前偏好从不转移资金，而不是立即转移资金时，也就是 $C>\beta\delta^{T}L(T)$ 时，他们才不会转移资金。仅在包含参数 β 时，不同 TCs 的值不同。因为我们的例子中 β 的值在 0.8～0.98 之间，精明的延迟者的临界成本约为 TCs 的 80%～98%。精明的延迟者大多像 TC_s 一样确会转移资金。

表 4—3　一致偏好者与“天真”者推迟转移 10 000 美元投资的时间

（每周可转移投资、30 年投资期）

r_A (%)	r_B (%)	δ^{365}	如果 C 大于下列值，则从不会改变投资（美元）					
			TC_s	“天真”者				
				β=0.99	β=0.98	β=0.95	β=0.90	β=0.80
0	1	0.99	2 588	186	93	36	17	8
5	6	0.99	11 595	833	416	162	77	34
		0.96	4 606	313	161	64	30	14
10	11	0.99	51 941	3 733	1 865	727	345	154
		0.96	20 634	1 403	720	286	136	61
		0.91	4 147	258	138	56	27	12
0	5	0.99	25 751	3 086	1 542	601	285	127
		0.96	10 230	1 160	596	236	113	50
5	10	0.99	115 364	13 825	6 908	2 694	1 279	569
		0.96	45 830	5 195	2 668	1 058	505	225
		0.91	9 210	954	511	209	101	45
10	15	0.99	516 730	61 919	30 939	12 066	5 726	2 548
		0.96	205 279	23 265	11 949	4 740	2 263	1 010
		0.91	41 252	4 273	2 291	935	451	202

续表

r_A (%)	r_B (%)	δ^{365}	如果 C 大于下列值，则从不会改变投资（美元）					
			TC_s	“天真”者				
				β=0.99	β=0.98	β=0.95	β=0.90	β=0.80
0	10	0.99	141 115	27 639	13 810	5 386	2 556	1 137
		0.96	56 060	10 385	5 334	2 116	1 010	451
		0.91	11 266	11 907	1 022	417	201	90
5	15	0.99	632 094	123 787	61 853	24 122	11 448	5 093
		0.96	251 109	46 511	23 888	9 477	4 524	2 019
		0.91	50 462	8 543	4 579	1 869	901	404
10	20	0.99	2 830 753	554 302	276 971	108 015	51 264	22 806
		0.96	1 124 561	208 271	106 968	42 437	20 258	9 039
		0.91	225 989	38 253	20 505	8 368	4 034	1 809

在我们已采用的或者立即转移资金或者从不转移资金的假设下，与“天真”者和TCs行动相反，精明者可能延迟转移。直觉上，如果精明者（正确地）感觉到他们会在不久将来转移资金，那么在给定“自我控制”时，他们可能偏好现在不转移资金。但是，这些延迟是短期的（见表4—4）。简而言之，自我控制力较好的人，在执行有利润的投资决策时，不会发生严重的延迟行为。

表4—4　　　精明者改变10 000美元投资的最长延迟时间

(30年的水平、4%的贴现率)

r_A (%)	r_B (%)	C	最大延迟（天）				
			β=0.99	β=0.98	β=0.95	β=0.90	β=0.80
0	5	100	0	1	2	6	13
		300	1	3	8	18	42
		500	2	5	15	31	71
5	10	200	0	0	1	2	6
		800	1	2	5	11	25
		1 400	1	3	9	19	44
10	15	1 000	0	0	1	3	6
		3 000	0	1	4	9	20
		5 000	1	2	7	15	35

它只需一点点

不幸地是，甚至一点点“天真”也足够让人们从不转移资金。那就是说，即使人们认识到他们有“自我控制”问题，但由于低估了它们，他们仍可能有严重的延迟行为。

β代表个人“自我控制”力的大小，$\hat{\beta}$代表个人对自我未来控制力的评价值。对于精明的人，$\hat{\beta}=\beta$；对于“天真”者，$\hat{\beta}=1$。意识到未来“自我控制”问题，但低估了这一问题的人，$\beta<\hat{\beta}<1$。我们称这些人为部分“天真”者。对精明人行为的理解有助于理解部分“天真”者的行为。$\beta\angle 1$时，人们有能容忍的最大的延迟，即当且仅当在任一给定时期内，现在的等待将导致无法容忍的长期等待时，人们会转移投资。因为精明者能正确地预测自己的未来行为，他们的“策略”包含定期的投资转移计划。例如，$\beta=0.9$的人能容忍的最大延迟时间为11天。精明者可能计划在第一天转移资金，预料到如果他们不转移资金，那么他们会在13天转移资金（如果在13天不转移，则会在25天转移资金，以此类推）。[①] 重要的一点是，因为当精明者感觉到自己未来的行为足够地坏、损失太大时，他们完成该工作。

现在考虑有“自我控制”问题的部分“天真”者，此时$\beta=0.9$，但自我天真地认为$\hat{\beta}=0.95$。假设$\beta=0.95$的人能容忍的最长延迟时间为10天。因为他们错误地认为作出明天转移资金的决定将要容忍最多10天的延迟，所以，在任一给定日子时，部分“天真”者相信今天不转移资金将会导致最多11天的延迟。但是因为我们设定的例子中假设$\beta=0.9$的人总是愿意容忍11天的延迟，对于$\beta=0.9$、$\hat{\beta}=0.95$的人，他们从不会转移资金。这一个例子说明为什么一点点“天真”就足够永久地提前阻止一个理想的转移行为。所要求的不多，只要人们天真的程度让他们未来的容忍天数比真实的容忍天数至少少一天就行。

表4—5中假设本金10 000美元、投资期30年、$\delta^{365}=0.96$（4%的年贴现率），β、$\hat{\beta}$不一致，r_A，r_B，C取不同值时，要求永久提前阻止投资转移所要求的“天真”程度。[②] 表4—5给出了引起严酷延迟的、不必比β更大的$\hat{\beta}$值。

概括地说，对严酷的延迟的全部要求是，人们有比在自我更精明时所认为的行为好一点的将来行为。[③] 虽然我们非正式地说明它，但是同样的直觉适用

---

① 精明的人可能作出某一计划，在12天内完成该项工作，有一个12天的周期——换句话说，在第2天、第14天、第26天……转移资金，或者在第3天，第15天，第27天……转移资金等。

② 表中的条件是保证严格延迟的充分但非必要条件。推导过程可见本章附录。

③ 与上文的分析平行，O'Donoghue和Rabin（1999a）在更抽象的环境下，证明任一天真足够引起严格而又昂贵的延迟。

于下一节的标准。

表 4—5　推迟所要求的“天真”程度
（本金 10 000 美元、30 年投资期、4%的贴现率）

r_A (%)	r_B (%)	C	$\hat{\beta}$在以下值之上时，从不转移投资			
			β=0.98[a]	β=0.95	β=0.90	β=0.80
0	5	100	0.997 5	0.966 5	0.914 8	0.811 6
		300	0.985 7	0.955 4	0.904 8	0.803 8
		500	0.983 4	0.953 2	0.902 8	0.802 2
5	10	200		0.987 8	0.933 9	0.826 6
		800	0.989 7	0.959 1	0.908 2	0.806 4
		1 400	0.985 5	0.955 1	0.904 6	0.803 6
10	15	1 000		0.983 7	0.930 2	0.823 8
		3 000	0.991 6	0.960 9	0.909 8	0.807 7
		5 000	0.986 9	0.956 4	0.905 8	0.804 6

a　两个空白格为“天真”者立刻转移投资的案例，因此有任一精明度的人都这样做。

投资选择中的延迟行为

如果人们把表 4—2 和表 4—3 中转移资金的成本只解释为资金转移过程的成本，“天真”者的临界成本似乎是如此巨大，以至于延迟不是问题。然而，转移成本应该被解释为，不仅包括转移资金的成本，还应包括作出转移计划的努力。我们在这一节中使用的“标准”引入这一思想，一个人越努力则越可能找到更好的投资机会，所以人们必须决定付出多大的努力。作出退休投资的决定需要付出很大的努力，严酷的延迟可能是一个问题。

下面的一般形式是我们希望能表示的、更现实的代表性形式。人们最初把钱存放在一个低收益账户。他们有许多高收益的选择，但确定最好的选择要支付昂贵的调查费用。有一个好的选择，可能是他们开始时相对容易的选择——与需要付出较多的努力相比，随意选择一种投资是较好的选择——通过额外搜寻，能有更好的选择。

因为，即使利率上较小的差别，也能引起退休储蓄额的巨大差异，在这种情况下，人们应该非常努力地寻找更好的投资，除非寻找成本受禁止。时间上一致偏好者会立刻这样做。有“自我控制”问题的精明人最多在一个短延迟后也这么做。有“自我控制”问题的“天真”者计划最多在一个短延迟后这么做，因此考虑不相关的、好的投资。但是如果需要的努力巨大，“天真”者会如我们在前文所描述的那样延迟努力。

更正式点，我们假设人们有 P 美元的退休储蓄，他们将在 T 天后退休，他们的退休储蓄现在在有年回报率 r_A 的未履约的计划 A 上。每天，他们可继续计划 A；也可以无成本转移到可选择的投资计划 B 上，产生 r_B 的回报；也能通过努力进行第二种选择，即选择计划 C，产生 r_C 的回报。我们另外假设，人们现在不投资计划 B，后来会转移到计划 C。[1] 我们的分析仍然假设 $\delta(1+r_B/365)>1$，以便对于距离退休时间越长的人们，转移到计划 B 或计划 C 越有吸引力。

在这些条件下，人们应该清楚不能把钱永远地留在计划 A 上，因为计划 B 比计划 A 更有优势。时间上一致偏好者将会立即选择计划 B 或计划 C。因为计划 B 产生跨期效用 $\delta^T P(1+r_B/365)^T-0$，计划 C 产生跨期效用 $\delta^T P(1+r_C/365)^T-C$，TCs 按以下规则行动：$\tau=1$ 时，当且仅当 $\delta^T P[(1+r_C/365)^T-(1+r_B/365)^T]\geqslant C$，转移到计划 C；$\tau=1$ 时，当且仅当 $\delta^T P[(1+r_C/365)^T-(1+r_B/365)^T]<C$，转移到计划 B。

现在考虑有“自我控制”问题的“天真”者。在任一给定日期，他们感觉如果他们等待，那么他们将会在明天选择计划 B 或计划 C（换句话说，TCs 会在下一天做某事）。另外，今天的计划 B 明显地好于明天的计划 B。“天真”者在 τ 天考虑三项选择：今天选择计划 B，今天选择计划 C，（计划）明天选择计划 C。这些选择产生下面 τ 期的跨期效用：今天计划 B 产生的效用为 $\beta\delta^{T+1-\tau}P(1+r_A/365)^{\tau-1}(1+r_B/365)^{T+1-\tau}$；今天计划 C 产生的效用为 $\beta\delta^{T+1-\tau}P(1+r_A/365)^{\tau-1}(1+r_C/365)^{T+1-\tau}$；明天计划 C 产生的效用为 $\beta\delta^{T+1-\tau}P(1+r_A/365)^{\tau}(1+r_C/365)^{T-\tau}-\beta\delta C$。

“天真”者二者得选其一。[2] 首先，当 TCs 立刻选择计划 B 时，“天真”者也立刻选择计划 B。直觉上，当 TCs 发现计划 C 需要太多努力时，“天真”者也会发现这一点，而且因为计划 B 无成本，当“天真”者倾向选择计划 B 时，他立刻准确地选择计划 B。

更有趣的并且更有关联的案例是 TCs 立刻选择计划 C 的时间。作为一种典型，当计划 C 是迄今为止正确的事情时，“天真”者偏好今天的计划 C，而不是今天的计划 B（除非他们在“自我控制”方面有严重的问题）。结果，计

---

① 但是我们注意到，我们只需要假设为投资转移支付较小的交易费用。例如，如果 $r_B=10\%$，$P=10\ 000$ 美元，那么第一天的利息是 2.74 美元。如果人们计划明天将投资转移到计划 C，那么，如果转移到计划 B 的交易费用大于 2.74 美元，则今天他们就不会再转移到计划 B。

② 更简单情况，我们忽略刀口案例，案例中 TCs 在时期 1 内，与计划 B 相比，几乎不可能偏向计划 C。

划 B 与他们的决定不相关，相关的问题变为是今天的计划 C 还是明天的计划 C。换句话说，这时“天真”者是否有延迟行为的分析，在本质上与前文是相同的，前文中我们进行的行动好像是唯一的行动。当昂贵的选择正确时，引入便宜的选择不会颠倒昂贵选择延迟的规律。

然而，这个例子与我们先前检查的那些例子有差别。在早先的例子中，如果在某一天“天真”者完全偏好明天的计划 B，而不是今天的计划 B，则未来一直这样，永远不会转移投资。从我们现在检查的例子中，我们能同样推断出，如果在某一天里“天真”者完全偏好明天的计划 C，而不是今天的计划 C，则未来一直这样。但是，这一条件不是从不发生转移资金的充分条件，因为人们最终偏好今天的计划 B，而不是明天的计划 C：随着投资期变短，计划 C 相对于计划 B 的优点减少，最后不值得为它付出额外的努力。这样“天真”者最终转移投资，尽管是转移到计划 B。

行为结果：好的可能是不切题的

表 4—6 给出了 TCs 与“天真”者在 r_A，r_B，r_C，C，δ^{365} 不同取值下的行为。再次假设本金为 10 000 美元，投资期为 30 年。在所有的情况下，TCs 立即将他们的资金转移到计划 C。此表给出了“天真”者行为的两个组成部分：“天真”者在实行计划 C 时是否有延迟行为，如果有，在放弃计划 C 而且转向计划 B 之前，他们将等候多长时间。β^C 是一个主要的“自我控制”问题，结果对于更小的“自我控制”问题，“天真”者不会延迟，这样在当天选择计划 C；对于大的“自我控制”问题，$\beta<\beta^C$，“天真”者会延迟。最后这一列表示，需要经过多长时间后计划 B 变得像计划 C 一样有吸引力。

表 4—6 给出了“天真”者的惊人延迟期。总的来说，引诱延迟所要求的“自我控制”程度与前节中的例子一致。当人们延迟时，他们延迟一个很长的时期——表 4—6 中第一个进入的是 26 年——这一期间他们做他们在开始时可能已经无成本时做的同样事情。例如，当人们能将无成本从零回报率的账户转移到 5%的账户时，但是能花费额外的 500 美元去寻找回报率为 6%的投资机会，即便对于非常小的“自我控制”问题（$\beta=0.99$），“天真”者可能在未来的 25 年中什么也不做，只是将资金转移到 5%的账户。

利益越大，延迟的后果越坏

表 4—6 中的“校准”说明人们是否延迟转移资金取决于他们选择成本的高低。因为，当退休准备工作变得重要时，人们计划付出更大的努力，出现了

表 4—6　　　　　人们改变投资时间：方案选择

r_A（%）	r_B（%）	r_C（%）	C	δ^{365}	TCs	β^C	"天真"者	
							如果 $\beta > \beta^C$	$\beta < \beta^C$ 时，转移到计划 B 的（未来）年份
0	5	6	500	0.99	当天转移到计划C	0.986	当天转移到计划C	25.8
			500	0.96		0.994		25.3
			2 000	0.96		0.999		14.0
0	7	8	500	0.99		0.966		26.1
			500	0.96		0.986		25.7
			2 000	0.96		0.997		17.1
0	10	11	500	0.99		0.892		26.4
			500	0.96		0.954		26.1
			500	0.91		0.991		25.2
			2 000	0.96		0.988		19.7

矛盾的现象：理智的投资越重要，他们这么做的可能性越小。①

为说明这一原则，我们考虑这样一种情形，为退休准备付出越多的努力能产生越大的回报。假设：退休储蓄现在在有年回报率 r_A 的未履约计划 A 上。他们可像以前一样继续计划 A，也可以无成本转移到计划 B，它的年回报率 $r_B > r_A$。现在人们可以在昂贵的计划 C、D、E 中选择，它们有渐高的回报率 $r_C < r_D < r_E$，需要渐高的转移成本 $C_C < C_D < C_E$。

在简单例子中，像表 4—2 和表 4—3 那样，有较大的本金与较低的贴现率——退休准备中较重要的两个因素——使人们延迟将钱转移到公认的选择的可能性更小。表 4—7 中的"校准"显示：当一个人必须在众多的计划中选择时，相反的选择确实会发生：投资的钱较多，贴现率较低时，人们可能产生延迟行为。表 4—7 中显示的"校准"基于以下假设：钱最初在零回报率的账户上，投资期为 30 年。我们也假设 r_B 相对于 r_C 来讲小得可以忽略（同表 4—6）。对每一情况，该表显示 TCs 在三种昂贵的计划 C、D、E 中的立即选择结果，显示"天真"者延迟行为所要求的多大"自我控制"。②

① O'Donoghue 和 Rabin（1999a）在一个略有不同但更抽象的模型中详细地描述了这一主题；但是为退休而投资，也许是提到的一般规则的、最重要的原型例子。

② 不同于表 4—6，因为"天真"者特征此时更复杂，表 4—7 没有描述"天真"者延迟多久。例如，人们最初最可能计划选择 D，但是延迟了选择，最终在 C 变成最优选择时选择了 C；或者，人们最初可能计划选择 D，但是延迟了选择，稍后决定 C 是最优的，但还是发生了延迟，最终在 B 变成最优方案时而选择了 B。

表 4—7　　人们转移投资的时间：投资额与贴现率的效果

（30 年的水平、方案 A 为零回报率）

	r_C（%）	C_C	r_D（%）	C_D	r_E（%）	C_E	P	δ^{365}	TCs	当 β 小于以下值时，“天真”者有延迟行为
1	6	300	6.5	3 500	6.75	8 000	10 000	0.96	计划 C	0.990
							20 000	0.96	计划 D	0.998
							30 000	0.96	计划 E	0.999
2	8	300	8.25	3 500	8.35	9 000	10 000	0.96	计划 C	0.977
							30 000	0.96	计划 D	0.993
							60 000	0.96	计划 E	0.995
3	10	300	10.1	3 500	10.15	10 000	10 000	0.96	计划 C	0.949
							50 000	0.96	计划 D	0.977
							100 000	0.96	计划 E	0.983
4	10	100	10.5	2 500	10.75	9 000	10 000	0.91	计划 C	0.969
							10 000	0.96	计划 D	0.992
							10 000	0.99	计划 E	0.994
5	12	100	12.25	2 500	12.35	9 000	10 000	0.91	计划 C	0.934
							10 000	0.96	计划 D	0.985
							10 000	0.99	计划 E	0.989
6	15	100	15.1	2 500	15.15	9 000	10 000	0.91	计划 C	0.821
							10 000	0.96	计划 D	0.957
							10 000	0.99	计划 E	0.969

表 4—7 的前三行显示较大的本金增加了延迟的可能性。分析为何如此，应该考虑“天真”者的前景。例如，在第三行，10 000 美元本金选择计划 C 是最好的事情，这也是 TCs 的选择。如果 $\beta<0.949$，“天真”者将延迟向计划 C 的转移；如果 $\beta>0.949$，会立刻转移到 C。本金为 50 000 美元时，倾向选择 C 的“天真”者的延迟可能性更小，因为在任何的特定选择下，增加的本金使人延迟的可能性更小。表 4—7 显示现在 D 是最好的选择，如 TCs 现在选择的事实所显示；当 $\beta<0.977$ 时，“天真”者将延迟将这一大笔资金移动到 D。关键参数 β 值增加意味着，即使本金较大，“天真”者更可能延迟，这是因为转移至 D 的成本比转移至 C 的成本更高。当本金增至 100 000 美元，相似的逻辑也实用：如果坚持计划 D，人们延迟的可能性小，但是更昂贵的计划 E 变成最好的选择。结果，虽然本金较大，但因为转移成本较大，人们更有可能延迟。

表 4—7 中的第四、第五、第六行说明，变得更有忍耐性（像更低的贴现率所表示的，即更大的 δ^{365}）如何增加延迟的可能性。对于增加的本金，能到这一情况。虽然变得更有忍耐性暗示人们更不可能在某一给定计划上有延迟行为，它也暗示最好的计划更昂贵，结果延迟的可能性能增加。

表 4—7 的"校准"清楚地依赖变量的取值。我们所选择的是真实生活中连续性强的选择中的一些离散值，寻找较好投资努力的回报是递减的，但是努力没有上界。① 虽然"校准"中包括如下结果：增加的较大努力的成本所增加的回报率较小，这正是人们寻求高回报率投资时可能面对的边际递减规律。②

再考虑上面介绍的修辞性的问题："考虑准备退休的极大重要性，人们是否真的会作出有害的延迟？"经济学者常作出合理的推测，人们在这方面可能会犯错误，但是当得失的利益越高，人们犯错的倾向越小。的确，人们可能在精确地准备退休方面有延迟行为，是因为退休准备工作是如此地重要。

政策含意

我们论述的前提是人们在为退休作准备时犯了特别的错误：他们有明智的投资计划，但却延迟了执行。我们的正式模型和"校准"过程显示了将资金从一个低收益的账户转到一个高收益账户是一个简单的决定。但是我们相信模型后面的直觉常常有更丰富的含义。人们面对变化的生活环境，常常重新评价他们为退休所作的准备。现实中的许多情况与我们的正式模型相似：这些决定重要，而且人们愿意付出巨大努力，但是他们更愿意在明天而不是今天付出努力。

我们现在考虑我们的分析所建议的政策规定。因为这些政策规定意味着帮助人们克服错误的方法，他们固有温情主义。但是我们关注反映一种"谨慎的家长式的作风"的政策：如果人正在犯错误，它们可能极有价值，但是如果人们是完全理性的，他们成本相对地小些。我们相信，较政府官员、经济的理论家和其他的社会科学家，大多数人在大部分时间能更好地判断"对于自己来说，什么是好的"。但是，我们也相信人们有辨错的方法，他们常犯错误且有

① O'Donoghue 和 Rabin（1999a）表示，当选择集连续时，表 4—7 中例举的结果更常见。

② 我们怀疑延迟可能被另外类型的错误弱化了：人们不知道他们应该愿意花费多大的努力来寻找较高的回报。例如，我们推测许多人不知道，初始 10 000 美元以 10.6%回报率投资 30 年间所赚的钱比回报率为 10.5%时高 7 100 美元。

时严重地伤害自己。[①] 因为这一原因，我们认为探究不同政策改正错误的预期成本和利益有价值。的确，我们相信正式地探究谨慎的温情主义政策的方法（人们按这一方法，在建议改善社会福利的政策下，能仔细地确定精确条件），相对于经济学领域采用的严格的反温情主义的方法，是一种可用的选择。这种训练方法通过强迫他们仔细地调查自己建议的成本和利益，能对温情主义政策的倡导起到约束作用。

我们的政策讨论还有第二个目的。对于我们考虑的许多政策——已经以一些或另一些形式存在——我们解释我们的模型和“校准”怎样预测人们的反应。这些预测能作为描述模型有效性的建议测试。

我们结论的核心内容是人们强烈地偏好现状。因为他们从不考虑转移资金，而是倾向于顺其自然地对待退休储蓄，即使那不是最好的事情。这种迟缓暗示一种谨慎家长式的行为：当允许人们不考虑小成本的选择时，政府或雇主可能作出默认的投资选择。例如，可自动地将每个工人部分薪水存积在一些合理的投资计划中。如果人们是完全理性的，只要工人撤资不昂贵，这一政策成本会很小。延迟者大不相同，明智地选择默认计划可能有巨大的收益。

我们的模型也显示人对短期的激励非常敏感。模型解释，除非短延迟的成本超过他们在未来某一个时间而不是在现在付出努力的成本，否则，人们延迟退休准备。因此，政策有这样一个角色，使短期延迟成本隐约地更小，降低采取行动所要求的努力程度的政策，必能减少延迟的愿望。只要对短期激励的处理不显著地影响长期激励，对于完全理性的人，这种处理虽然对延迟者有巨大的益处，但仍可能是相对无害的。

据此，鼓励人们投资的401k计划、IRAs和其他退休账户的税收激励政策有助于人们克服为退休作准备的延迟行为。税收庇护的动机不是改善储蓄结构，而是增加储蓄额，我们的模型不能说明税收激励是增加还是减少储蓄。但是模型证明了税收激励的单向效果增加了可察觉的延迟成本。如果默认计划是课税的，最好的替代选择是免税，可察觉的延迟成本除了利息损失外，还包括能用于储蓄的免税额。[②]

让人们察觉到延迟的高成本的第二个方法是设置征税的最终期限。最简单的方法是允许小频率的转移日期。如果转移仅能发生在任一给定月份的首日，

① 人们另一个似乎为错误付出昂贵代价的领域是“上瘾”的领域。例如，见 Schelling（1992），O'Donoghue 与 Rabin（1997）。

② 税收激励第二个方面的益处是，早撤回的处罚提供了一个承诺计划，它引诱有“自我控制”问题的人少消费。当然，如果承诺计划有用，精明者能自我建立一个有合理约束的银行账户，这些税收激励提供的承诺机会比它实际能提供的更少。相反，无知者认为不需要这些承诺计划，税收激励在提供承诺计划方面对无知者有巨大的影响。

这天将隐约是一个最终期限。人们被迫认识到如果在最终期限前不转换资金，至少在随后的30天，他不能转换资金。这一最终期限最多增加完全理性人们的较小成本，即必须等到第一个转移日期的利息损失。但最终期限在帮助人克服延迟行为上有重大作用。

事实上，政府通过税收激励对某些决定设置了最终期限。IRAs和基奥计划中的储蓄，必须在规定的年度退税日（对于大多数来说，为4月15日）之前。我们再次强调税收庇护的动机不是改善储蓄结构。但是，最终期限确实是一种"使用它或者失去它"的前提，它能帮助人们克服延迟行为。的确，对于完全理性的人来说，最终期限应该是无关紧要的，因为他们应该通过在某一可能最早的时刻，作出最大的储蓄决定，最大地利用税收的好处。但是，Lawrence Summers 报告，IRAs计划1984年缴费的45%是在1985年决定的。为了使这一行为与完全理性行为协调一致，他将决定时间归因为"快速的广告财务制度在每年三月和四月生效"。[①] 我们认为模型提供了一种更似是而非的解释。事实上，我们的模型暗示最终期限可能确实是正确的政策。

我们最后建议减少明智投资所要求的努力，它为退休计划的决定方式提供讨论的主题。它们能以两种潜在的方式减少所需的努力：一是，提供帮助性的指导；二是，如果在正常的工作日被部分地作出投资计划，则减少关注于明智投资的机会成本。[②] 这些讨论结果，可能也会通过设置最终期限来帮助人们克服延迟行为。如果他们不定期地提供，人们可能感觉到不转到今天的讨论结果必须等待下一天。事实上，Douglas Bernheim 已经讨论过，有组织的退休讨论能极大地增加退休储蓄。[③]

我们谨慎地提出这些政策规定。确定在怎样的条件下他们收益超过成本，需要更多的分析。但是，因为我们的模型显示人们在退休计划上会犯大量错误。我们相信，要仔细地考虑上面所讨论的慎重的温情主义政策。

附录：表的推导过程

表4—1的推导。表中出现的 L（1）和 L（T）与本文所定义相同。

表4—2的推导。如本文中清晰所示，对于TCs，关键成本 $\overline{C}^{tc} \equiv \delta^T L$（$T$）；

---

① Lawrence Summers 给编辑的信"关于IRAs看法，Summers对Galper Byce的回应"，*Tax Notes*，1986年6月9日，1 014～1 016页。

② 对于亲自准时出席讨论会的雇员提供现金津贴可能是不够的，因为额外的扣税后的实得工资可能被当做一个延期的回报。

③ Berheim（1994）.

对于“天真”者，关键成本$\overline{C}^{n} \equiv [\beta/(1-\beta\delta)]\ \delta^{T}L(1)$。

表4—3的推导。在表4—3中，我们假设人们在1，8，15天等转换投资，如此类推日期。正如表4—2一样，在第1天，TCs比较直接地立刻转换投资与从不转换投资，因此，TCs的关键成本是不变的。当TCs立刻转换投资时，“天真”者坚信，如果他们今天不转换投资，他们将在7天后转换投资。用$L(7)$表示7天延迟产生的退休储蓄损失，C表示转换成本，在第1天，当且仅当$C>\beta\delta^{7}C+\beta\delta^{T}L(7)$时，“天真”偏好转换投资延迟7天，因此对于“天真”者的关键成本是$C^{n} \equiv [\beta/(1-\beta\delta^{7})]\ \delta^{T}L(7)$。

表4—4的推导。如果精明者转换投资延迟τ天，那么，在第1天必须偏好延迟τ天，而不是立刻转换投资，这一情况当且仅当$C>\beta\delta^{\tau}C+\beta\delta^{T}L(\tau)$时成立。因此，精明者最大的延迟天数为：

$$\overline{\tau} \equiv \max\{\tau\in\{0,1,2,\cdots\} \mid \beta\delta^{T}L(\tau)-(1-\beta\delta^{\tau})C<0\}$$

表4—5的推导。$\hat{\tau}_t(\hat{\beta})$表示偏好为$\hat{\beta}$的人在时刻$t$察觉的延迟时间，为了形成概念上的部分的“天真”者的公式解，我们假设$\hat{\tau}_t(\hat{\beta})$等同于有“自我控制”问题$\hat{\beta}$（可通过后向归纳唯一地确定）的完全精明者在时刻$t$察觉的延迟时间。如果用$\overline{\tau}_t(\beta)$表示有“自制”问题$\beta$在时刻$t$能容忍的最长延迟时间，可推断出当且仅当对于$t$的任一取值，$\hat{\tau}_t(\hat{\beta}) \leqslant \overline{\tau}_t(\beta)$时有“自我控制”问题的$\beta$与感觉$\hat{\beta}$的人从不转换成本。

不幸地是，$\hat{\tau}_t(\hat{\beta})$与$\overline{\tau}_t(\beta)$均随$t$变化，难以计算出引诱延迟行为的$\hat{\beta}$的集合。然而，我们能容易地给出充分条件。首先，注意到，有“自我控制”问题$\hat{\beta}$的人在时刻t能容忍的最长延迟时间为$\overline{\tau}_t(\hat{\beta})+1$，因此，对于从不转换投资的人的充分条件为$\overline{\tau}_t(\hat{\beta}) \leqslant \overline{\tau}_t(\beta)$（对于所有的$t$）。

用$L_t(\tau)$表示在时刻t开始的τ天延迟（明显地在时刻t前没有作出投资转换）产生的退休储蓄损失。直接推导如下：

$$L_t(\tau) \equiv P(1+r_A/365)^{t-1}[(1+r_B/365)^{T-t+1}-(1+r_A/365)^{\tau}(1+r_B/365)^{T-t+1-\tau}]$$

为了方便，定义$A_t(\tau) \equiv \delta^{T+1-t}L_{\tau}(\tau)+\delta^{\tau}C$

则有，$\overline{\tau}_t(\beta) \equiv \max\{\tau\in\{0,1,2,\cdots\} \mid C>\beta A_{\tau}(\tau)\}$

$\overline{\tau}_t(\hat{\beta}) \equiv \max\{\tau\in\{0,1,2,\cdots\} \mid C>\hat{\beta} A_{\tau}(\tau)\}$

对于任一t，$\overline{\tau}_t(\hat{\beta}) < \overline{\tau}_t(\beta)$当且仅当$\hat{\beta}A_t(\overline{\tau}_t(\beta)) \geqslant C$。定义$\overline{\tau}_t(\beta)$满足条件$A_t[\overline{\tau}_t(\beta)+1] \geqslant (C/\beta)$。更直接的表示，如果$\delta(1+r_B/365)/(1+r_A/365) \geqslant 1$（所考虑的所有例子均满足这一条件），则有$A_t(\tau+1)-A_t(\tau) \leqslant A_1(1)-A_1(0)$（对于所有的$t\geqslant 1$，$\tau \geqslant 1$），意味着，

$A_t[\overline{\tau}_t(\beta)] \geqslant A_t[\overline{\tau}_t(\beta)+1]-[A_1(1)-A_1(0)] \geqslant (C/\beta)-$

$[A_1(1)-A_1(0)]$（对于所有的 t）

对于所有的 t，$\overline{\tau_t}(\hat{\beta})<\overline{\tau_t}(\beta)$ 的充分条件为 $\hat{\beta}\{(C/\beta)-[A_1(1)-A_1(0)]\}\geqslant C$。表 4—6 中用到的条件为 $\hat{\beta}\geqslant C/\{(C/\beta)-[A_1(1)-A_1(0)]\}$。

表 4—6 的推导。如本文所讨论的，对于给定的任一天，“天真”者考虑三种选择：今天选择计划 B，今天选择计划 C，（计划）明天选择计划 C。首先，考虑今天计划 C 和明天计划 C 的比较。如果我们定义：

$$\widetilde{L}(\tau)\equiv P[(1+r_C/365)^T-(1+r_A/365)^\tau(1+r_C/365)^{T-\tau}]$$

那么，“天真”者偏好明天的计划 C 而不是今天的计划 C 的充分条件为 $C>\beta\delta^T\widetilde{L}(1)+\beta\delta C$，或者为 $\beta<C/[\delta^T\widetilde{L}(1)+\delta C]\equiv\beta^C$。

接下来，考虑好今天的计划 B 而不是明天的计划 C。定义 t^* 为偏好今天的计划 B 而不是明天的计划 C 的第一天。假设 $r_A=0$：

$t^*=\min\{t\in\{0,1,2,\cdots\}\mid\beta\delta^{T+1-t}P(1+r_C/365)^{T-t}-\beta\delta C<\beta\delta^{T+1-t}P(1+r_B/365)^{T+1-t}\}$

注意 t^* 与 β 独立。

表 4—6 逻辑如下。如果 $\beta>\beta^C$，人们或者在第 1 天选择计划 C 或在第 1 天选择计划 B。实事上，对于我们讨论的所有例子，他们在第 1 天选择计划 C（$t^*>1$ 时的结果）。如果 $\beta<\beta^C$，那么人们将在 t^* 天选择计划 B。

表 4—7 的推导。TCs 从集合 $\{C,D,E\}$ 中选择计划 K，以最大化下式：

$$\delta^TP(1+r_K/365)^T-C_K$$

对于每个 $K\in\{C,D,E\}$，定义

$$\widetilde{L}^K(\tau)\equiv P[(1+r_K/365)^T-(1+r_A/365)^\tau(1+r_K/365)^{T-\tau}]$$

“天真”者宁愿选择明天的计划 K 而不是今天的计划 K 的充分条件为：

$C>\beta\delta^T\widetilde{L}^K(1)+\beta\delta C$，或者为 $\beta<C/[\delta^T\widetilde{L}^K(1)+\delta C]\equiv\beta^K$

表 4—7 报告，TCs 选择计划 $K^{tc}\in\{C,D,E\}$，关键“自我控制”问题 $\beta^{K_{tc}}$ 引诱“天真”者在计划 $\beta^{K_{tc}}$ 时产生延迟行为。为保证对于所有 $\beta<\beta^{K_{tc}}$ 的延迟行为，我们必须确保对于 $K'\in\{C,D,E\}$，相对于明天的计划 K，人们不是偏好于今天的计划 K′。对于我们考虑的所有例子均满足这一条件。

参考文献

Ainslie，G. 1975. “Specious Reward：A Behavioral Theory of Impulsiveness and Impulse Control.” *Psychological Bulletin* 82（4）：463—496.

——. 1991. “Derivation of ‘Rational’ Economic Behavior from Hyperbolic Discount Curves.” *American Economic Review* 81（2）：334—340.

——. 1992. *Picoeconomics: The Strategic Interaction of Successive Motivational States within the Person*. Cambridge University Press.

Ainslie, G., and N. Haslam. 1992a. "Hyperbolic Discounting." In *Choice over Time*. edited by George Loewenstein and J. Elster, 57—92. Russell Sage.

——. 1992b. "Self-Control." In *Choice over Time*, edited by George Loewenstein and J. Elster, 177—209. Russell Sage.

Akerlof, George. 1991. "Procrastination and Obedience." *American Economic Review* 81 (2): 1—19.

Benartzi, S., and Richard H. Thaler. 1995. "Myopic Loss Aversion and the Equity Premium Puzzle." *Quarterly Journal of Economics* 110 (1): 73—92.

——. Forthcoming. "Risk Aversion or Myopia? Choices in Repeated Gambles and Retirement Investments." *Management Science*.

Bernheim, B. Douglas. 1994. "Personal Saving, Information, and Economic Literacy: New Directions for Public Policy." In *Tax Policy for Economic Growth in the 1990s*, edited by Charls E. Walker, Mark A. Bloomfield, and Margo Thorning, 53—78.

Washington: American Council for Capital Formation, Center for Policy. Research. Fischer, C. 1997. "Read This Paper Even Later: Procrastination with Time Inconsistent Preferences." Chapter of Ph. D. dissertation. University of Michigan.

Gneezy, U., and J. Potters. 1997. "An Experiment on Risk Taking and Evaluation Periods." *Quarterly Journal of Economics* 112 (2): 631—645.

Goldman, S. M. 1979. "Intertemporally Inconsistent Preferences and the Rate of Consumption." *Econometrica* 47 (3): 621—626.

——. 1980. "Consistent Plans." *Review of Economic Studies* 47: 533—537.

Laibson, David I. 1994. "Essays in Hyperbolic Discounting." Ph. D. dissertation. Massachusetts Institute of Technology.

——. 1995. "Hyperbolic Discount Functions, Undersaving, and Savings Policy." Unpublished paper. Harvard University.

——. 1997. "Golden Eggs and Hyperbolic Discounting." *Quarterly Journal of Economics* 112: 443—477.

Laibson, David I., Andrea Repetto, and Jeremy Tobacman. 1998. "Self-Control and Saving for Retirement." *Brookings Papers on Economic Activity*, 1: 91—196.

Loewenstein, George, and Drazen Prelec. 1992. "Anomalies in Intertemporal Choice: Evidence and an Interpretation." *Quarterly Journal of Economics* 107 (2): 573—597.

Lusardi, Annamaria. 1998. "Information, Expectations, and Saving for Retirement." Working paper. Dartmouth College.

O'Donoghue, Ted, and Matthew Rabin. 1997. "Addiction and Self Control." Unpublished paper. Cornell University and University of California, Berkeley.

——. 1999a. "Choice and Procrastination." Unpublished paper. Cornell University and University of California, Berkeley.

——. 1999b. "Doing It Now or Later." American Economic Review 89 (1): 103—124.

——. Forthcoming a. "The Economics of Immediate Gratification." *Journal of Behavioral Decision Making*.

——. Forthcoming b. "Incentives for Procrastinators." *Quarterly Journal of Economics*.

Peleg, B., and M. E. Yaari. 1973. "On the Existence of a Consistent Course of Action When Tastes Are Changing." *Review of Economic Studies* 40: 391—401.

Phelps. Edmund S., and R. A. Pollak. 1968. "On Second-Best National Saving and Game-Equilibrium Growth." *Review of Economic Studies* 35: 185—199.

Pollak, R. A. 1968. "Consistent Planning." *Review of Economic Studies* 35: 201—208.

Prelec, Drazen. 1989. "Decreasing lmpatience: Definition and Consequences." Working Paper 90—015 Harvard Business School.

Schelling, T. C. 1992. "Addictive Drugs: The Cigarette Experience." *Science* 255: 430—433.

Strorz, R. H. 1956. "Myopia and Inconsistency in Dynamic Utiliry Maximization." *Review of Economic Studies* 23: 165—180.

Thaler, Richard H. 1991. "Some Empirical Evidence on Dynamic Inconsistency." Reprinted in *Quasi Rational Economics*, by Richard H. Thaler, 127—133. Russell Sage.

Thaler, Richard H., and others. 1997. "The Effect of Myopia and Loss Aversion on Risk Taking: An Experimental Test." *Quarterly Journal of Economics* 112 (2): 647—661.

评 论

◎ Peter Diamond

Ted O'Donoghue 与 Matthew Rabin 考虑人们怎样作出是否改变退休投资的决定。作者对比了 3 类决定者。一致性偏好者在时间上按同一方式排列各种可能选择。他们常使用折扣率最大化时间效用函数的当期贴现值。

另两类人使用额外包含一个小于 1 的乘法因子的效用函数。这一乘法因子降低了作出决定时所有未经历的效用。这些效用函数，像夸张的效用函数一样，导致了结果排列顺序随时间变化的系统性变化。两种"半夸张"的贴现在他们自我未来行为的预测中是不同的。"精明"的决策者预测未来的决定将以未来的信息为基础最大化当前正在使用的同一效用函数"。"天真"的决策者预测未来决定将最大化不含乘数因子的目标函数。"天真"的决策者决策时好像他们可以控制自己未来的行动，"精明"的决策者认识到自己未来的行动不可能是现在所偏好的。

心理学者已经给出了在前后关系不变的实验中人们随着参数而变化的反应方式。对于经济学者来说，问题是大多数经济决定的前后关系是内生，并且可能被过去经济决定的结果所改变。一种回答是仅对不改变前后关系的参数变化进行静力学比较分析，谨慎地考虑可能改变决策的前后关系的参数变化所处的环境内部关系。举例来说，在O'Donoghue和Rabin分析的案例中，人们可能将可高或可低的可选择账户上的利率看作是不会改前后关系的参数变化。存在三种选择时，选择之一是既不是较大者，也不是较小者，而是“居中者”。这个新选择是否与利率的特定值有巨大的差别？如果果真如此，将只有两种选择的且与数据相吻合的模型应用到有三种选择时，可能会误入歧途。一个相似的问题是否执行成本的性质改变前后关系。也就是说，成本的大小和类型可能改变前后关系。

当成本变化的原因涉及选择与决定方面时，是否执行成本的变化能简单地被看成参数变化吗？在单一模型内，是否有某些方法将这些前后相关的变化转变为数量形式？如能这样，是否能推断出执行行动的等成本测度，或者它必须从显现的偏好中收回？

思想上要重视，我注意到设计模型和产生（多长）延迟的模型参数的计算时所要求的两个前提条件：第一，人们必须在决策集中接受最大化模型为最适合的模型；第二，人们必须接受建模者对最大化决策所依赖的可选方案的定义。

作者的分析源自“天真”者和明智者的现状偏好。好像显示“天真”者比明智者持有一个更多大范围的参数值。我对这一观点表示遗憾，即模拟的观点归属于现状偏好，并且作者支持的“谨慎的家长式的作风”能减少延迟行为。然而，我怀疑行为模型与行为效果间联系的渠道是否过少。人类经常忽略数量潜在决定的众多排列。每当此时，我们也许应考虑变化的、每一即将发生的、经济的与非经济的关系。但是，我们没有这样做。如果考虑任一决定存在惯性，且他们最大化模型中的因素也许不能克服它，结果会怎样？那就是，选择的基础问题，当面对（像实验中一样）需要决定时，或者当他已经决定“采取行动的恰当时间”时，可能不同于引起是否考虑采取行动思考的因素。我相信这些另外的因素也有关系。他们与O'Donoghue-Rabin的分析不矛盾，但是建议考虑到（也稍微区分）这些。

一种可能是，在某些情况下，人们不想考虑决定，也可能是不想进行评估决定选择所需的计算。一些人们缺少与决定（例如戒烟）有关的信息。[①] 虽然缺少数据可能来自“决定的成本”，但是我还是认为模型的框架过窄。缺乏决定也可能是来自于“人们倾向对忽略和正在进行的行动的结果的不同的重复反映”，它是该文中的目标函数未能表达的人的一种本能。部分人可能更愿意模

① Tamerin and Resnik (1972).

仿他人的决定，而不是采取行动，因为他们不愿意在缺少模仿的清楚的例子时作决定。举例来说，有效地告诉人们“他们的邻居已经购买洪水或者地震保险”一事对他们买保险的意愿有重大的影响。① 但是如果一个人听到他的一个邻居已经买洪水保险时，它是已接受到有价值的信息还仅仅是一个跟随的例子呢？同样地，一些雇主在退休计划上提供的研究结果的部分效果不是来自于他们提供的信息，而是他们在意向中所确定的社会程序。一个人跟随而行动——或者与众人当前的行动有所不同——而不是简单地作决定。

一些公共干预可能引起但不会产生 O'Donoghue 与 Rabin 模拟的典型的最大化的决定。加深人们对已意识到机会的印象的广告，也可能属于这种类型。

论文分析中有趣的部分是对默认选择的两种可能（不是一种）间的内在关系的关注。作者坚持当对现状有两种可能选择时，它比只有一种选择更可能产生延迟行为。然而在某一时间点上对现状的两种选择上，所分析的选择集被限定在单一选择上。他们不考虑两步（two-move）策略，两步策略比他们提供的量化例子中的一些参数更好。

对我来说，人们如何界定他们的选择似乎是一个中心议题。作者所分析的选择中没有解释人们如何作出这些关键的决定。然而，它是被考虑的行为描述的一个关键部分。

进一步考虑特定的目标函数问题，为了知道如何评估它们，我们应如何标注收益与成本的日期。是按消费的效果来标注日期吗？这对经济学者是一种普通的方法，但是我怀疑它是错误的。正如大多数的人不会冒险将资产整合到评估的位置中，因为退休投资的特别决定的收益和成本不是以消费的积分计算为基础。如果不是这样，那么如何标注决定发生事件的日期?

在购买共同基金时，当以前的借贷收费与每年的基金管理费用同等地降低退休时可用的财富时，是否前者对人们的影响多于后者？我们期待现金支出费用与以前的借贷对决定产生不同的影响，但是当储蓄者能控制储蓄额时，不清楚怎样更经济地描绘这一差别。然而，明智的计算意味着这一差别应该能被描绘出来。

总而言之，这是一篇有趣的论文。我的评论突出了选择的行为方法的正式的模型中最大的困难之一。我们知道，人们如何决定更多地取决于作出决策所在的前后关系。因那一原因，在使用特别的前后联系的数学公式时，当前后关系的变化影响到模型准确性且它本身不能在模型得到延续时，分析家需要非常小心。的确，在建模过程中，关键的第一步是描述前后联系的相关关系。

---

① Kunreuther and Slovik (1978); Kunreuther (1978).

参考文献

Kunreuther, H. 1978. *Disaster Insurance Protection: Public Policy Lessons*. John Wiley.

Kunreuther, H., and P. Slovik. 1978. "Economics, Psychology, and Protective Behavior." *American Economic Review* 68 (May): 64—69.

Tamerin, J. S., and H. L. P. Resnik. 1972. "Risk Taking by Individual Option: Case Study-Cigarette Smoking." In *Perspectives on Benefit Risk Decisionmaking*, 73—84. Washington: National Academy of Engineering. Reprinted in *Uncertainty in Economics: Readings and Exercises*, edited by P. Diamond and M. Rothschild. San Diego: Academic Press, 1989.

第五章

短暂的社会网络中的协调行为——可计算的代理人退休时间模型[①]

虽然这项工作源于政策，但有理论价值。这里有两个相关的理论主题，第一个主题是个体理性与整体有效性间的联系，即个体最优与整体最优间的关系。第二个主题是社会互动、社会网络在个体抉择、宏观产出和宏观动态过程中的作用。关于第一个主题，很多数理社会学认为整体有效性要求个体最优。也许这就是困扰经济学家的有限理性：他们认为如果个体不够理性，那么必然产生分散的行为，进而必定会产生无效率。如你所想，无形的手需要理性的手指。

“定格效果”（Framing effects）和情景以及其他心理因素一样，造成了经济人和现代人之间的鸿沟[②]，实验经济学和心理学已经给出了大量案例来支持这一观点。个体理性是有限的。现在，摆在我们面前的问题是：它重要吗？它何等重要？

为了回答这些问题，我们建立了一个模型。在模型里，尽管个体理性处于极低水平，但在社会网络中的模仿最终产生高水平的整体最优行为。在这个模仿系统中，“理性代理人”的比例无疑会影响稳态到来的速率。但是这种稳态的最终（渐近的）结果不一定取决于理性的程度。主要的问题也许不是在微观水平上有多理性，而是至少需要多理性才能在宏观层面上产生“好像大多数代理人像理性代理人一样行动”的模式，以及各种社会网络是如何影响这一模式的动力。特别关心的是复杂的退休动力。

1961 年国会将享受社会保障待遇的最低年龄资格从 65 岁降到 62 岁。无论如何，它都是一个重要的政策变化。然而，把退休年龄降到理想水平事实上花了近 30 年的时间。虽然各种解释都有可能，但是我们认为模仿行为

① 感谢 George Akerlof，Chris Carroll，Bob Hall，Peyton Young 和 Brookings 工作过程研究会的成员。非常感谢 Trisha Brandon 和 David Hines 对该项研究的支持。这项研究得到国家科学基金会的部分支持，资助号 IRI-9725302。

② 参见 Rabin 最近的评论（1998）。

和社会互动——传统经济模型所缺少的因素——可能是对政策缓慢反应的根本原因。

为了模拟它，人们可用下列典型的术语说明退休决定行为（可能还有一系列的其他问题）：世界上存在一个初始状态，个体采取某项行动的最优年龄为 Y。突然，一项外部政策实施了。该政策下，采取某项行动的最优年龄变为 $Y^* \neq Y$。然而人们所观察到的从 Y 到 Y^* 的转变过程，不是普遍的、全面的、理性行为假设下所预测的瞬时过程。然而，存在一个长期的不协调的社会调整过程，不同群体的人以不同的速率向 Y^* 移动，同时部分群体永远到不了 Y^*。

在我们的模型中，讨论的是个体退休行为，外在制定的政策是指 1961 年国会降低社会保障待遇享受年龄，Y 和 Y^* 分别代表 65 岁和 62 岁。实际数据如图 5—1 所示。[①] 如上文所述，对政策的反应花了近 30 年——模型里的退休年龄从 65 岁降到 62 岁——才显现出来。我们开发了一个相对普遍的模型，包括社会网络中的模仿行为，它产生了不协调和迟缓的动力。这不是唯一可能的方法。[②]

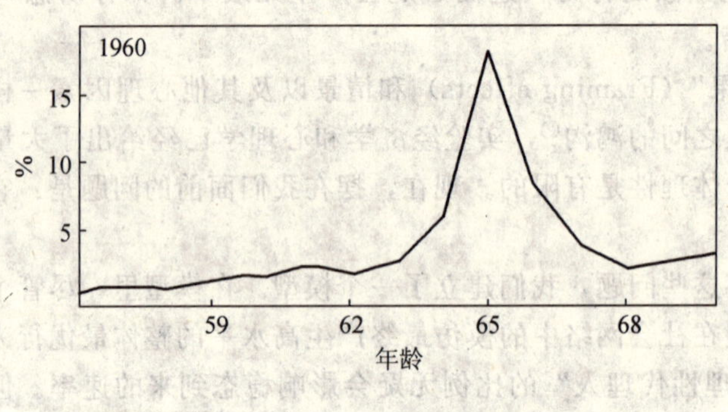

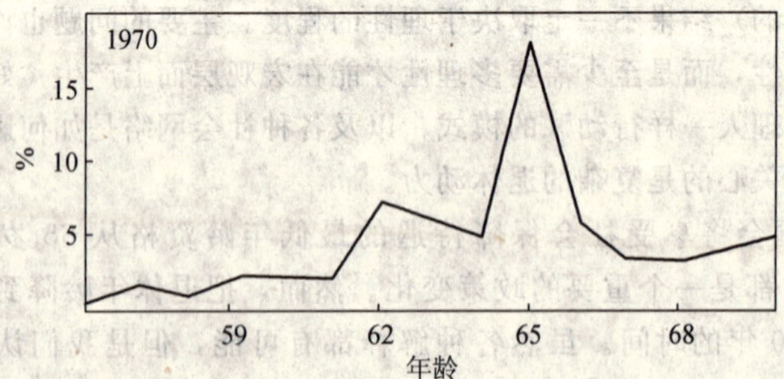

① 感谢 Gary Burtless 为我们提供这些数据。

② 参见，Burtless (1986)。

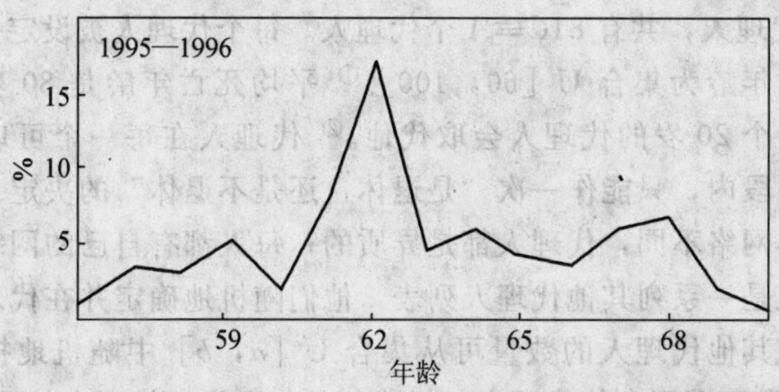

图 5—1　1960 年、1970 年、1995—1996 年的男性分年龄组退休率

资料来源：Gary Burtless，个人通信。

大量的研究已用代表性的代理人解决生命周期最优化问题的集体模型寻找数据解释。[①] 如果目标只是简单地适合数据，那么把明确的公式化和解决动态计划问题的能力归于代理人并不是不合理的。然而，有很多的经验证据表明，人们使用归纳等方法并不能很好地处理这些问题。[②] 因为这一原因，这些模型不能提供这个现象的真实的微观经济层面——即个人主义的——的解释。我们愿意提供它。

我们的模型没有引入一个有代表性的代理人，而是假设有很多不同类的个体。它们中一部分人的行动就好像他们完全是最优者；而另外一些人，事实上的大部分，不是这样。一般文献未涉及的社会网络和社会互动在这里扮演了一个明确且核心的角色。

退休年龄标准模型

模型中的代理人分为三类。其中一个小组通过我们无法模拟的过程采纳（假定地）最优的政策。另一小组由具有随机行为的代理人组成，他们一旦达到退休年龄就按固定的概率退休。大部分代理人是模仿他们所在社会网络内成员行为的模仿者。由于缺乏更好的专业术语，相应地，这三组分别称为“理性人”“随机人”“模仿人”。

代理人、群体和社会网络

代理人按年龄分为 20～100 岁的群体。这样，一共有 81 个群体。每个群

① 参见 Rust 和 Phelan（1997）；Laibson，Repetto，Tobacman（1998）。

② 参见 Camerer（1997）。

体包含 C 个代理人，共有 $81C \equiv A$ 个代理人。每个代理人被设定一个随机的死亡年龄，死亡年龄为集合 U［60，100］。[①] 平均死亡年龄是 80 岁。当一个代理人死去，一个 20 岁的代理人会取代他。[②] 代理人在每一个可以退休但还没有退休的时间段内，只能作一次“是退休，还是不退休”的决定。[③]

因为社会网络不同，代理人都是异质的；每人都有自己的网络。一个社会网络简单地说是一系列其他代理人列表，他们随机地确定并在代理人的一生中相对地固定。其他代理人的数量可从集合 U［a，b］中随机地挑选网络规模 S。部分代理人比模型中的代理人年轻或年长。E 代表代理人的社会网络向上、向下延伸到的年龄群体；E 从集合 U［0，c］中选取。因此一个代理人可能拥有一个由 17 个人组成的社会网络，按年龄排列从比他小 5 岁到比他大 5 岁，而另一个代理人有可能有 13 个人的社会网络，这些人都和他是同一年龄。任何两个社会网络可能不重叠，也可能重叠，即有共同的代理人。

代理人的类型

如前所述，存在三种类型的代理人。“理性人”在国家政策允许的最早的退休年龄退休。在每个时段，“随机人”一旦达到退休的资格年龄时，其退休概率为 p。

“模仿人”是最异质的，也是最有趣的。每个模仿者有唯一的社会网络。在这个个人网络中，符合退休资格的代理人中已经退休者所占的比例为 f。每一个瞬间，代理人的这个比例都是不同的，因为网络的大小和构成因代理人而异。代理人被设定在一个模仿阈 τ，表示当这个代理人退休时所要求的自己网络中人员必须退休的最小比例。每个代理人的行为准则相当于把 f 与 τ 作比较。[④] 如果 $f \geqslant \tau$，这个代理人退休；相反地，这个代理人继续工作直到下一个时期，也就是他重新评估他的决定之时。

假定，“模仿人”在他们的社会网络中玩一个简单的协调博奕游戏。[⑤] 换言之，代理人从协调自己与网络成员的行为中受益。总体中的代理人每一刻不

① 模型中某些变量被定义为随机数。在下面的所有例子中，假定随机数服从均匀分布。［a，b］间的均匀分布定义为集合 U［a，b］。

② 在我们为这个模型制作的软件里，群体的数量、每个群体里代理人的数量和死亡年龄分布均较易修改。

③ 在这个模型的计算执行中，代理人活动的顺序在每个时期的群体里是随机的。普遍的随机化目的是为了抑制模拟中的人为因素，即代理人间的“假”的联系。

④ 一个代理人是考虑他所在社会网络中的所有代理人还是只考虑那些符合退休资格的人在数值结果上有差异。下面描述的结果的大量特征无论如何不取决于这个区别。

⑤ 这是继 Young（1998，pp. 3—4）之后的发展。

是工作就是退休。如果 A 是代理人数，总体的工作状态为 $x\in$ ｛工作，退休｝^{A}，x_i为第 i 种状态。代理人在第 i 种状态下的社会网络用 N_i来表示。代理人 i 通过社会网络中的成员在 x 状态下互动获得的效用为 U_i（x），可以写成：

$$U_i\ (x)\ = \&u\ (x_i,\ x_j),$$
$$j\in N_i$$

u（x_i，x_j）是代理人 i 在 x 的状态下与代理人 j 在 x 的状态下互动获得的效用。

函数 u 可以被认为是一个 2 乘 2 对称博奕的报酬函数：

	工作	退休
工作	工作，工作	0，0
退休	0，0	退休，退休

U_i 就是社会网络博奕的报酬函数。用 τ 表示报酬额。当一个代理人年轻，且他的伙伴中无人退休时，$f=0$，代理人从工作中获得最大效用。然而，随着他的朋友们开始退休（$f>0$），从退休中获得的效用升到 rf，从工作中获得的效用从 w 跌到 w（$1-f$）。如果 f 上升到满足 $rf\geqslant w$（$1-f$）时，代理人决定退休，变换为，$f\geqslant w/$（$r+w$），即代理人的模仿阈值 τ 用报酬术语表示为 $w/$（$r+w$）。

在这个社会网络博奕中，通过交结的不同网络，向低退休年龄转变是如何扩散的？动力是怎样随着主要参数，如“理性人”的数量、模仿阈值的分布、一个具备资格的随机博弈者退休的概率而发生变化的？我们接下来用一个基于代理人的可计算模型来定量地解决这一问题。[①] 然而，在进入这个模型的具体分析之前，应对这个普通方法作一个简要的介绍。

基于代理人的可计算模型

简洁地讲，在基于代理人的可计算模型中，大量的代表个体代理人的数据结构是被例示和允许相互作用的。[②] 一个人会寻找系统规则——通常在宏观水平上——来自于代理人的本地互动中的规则。这一过程的缺点在于宏观的规则从底层“成长”起来。在多个代理人的可计算模型中，规定了难以公式化的控制着整个社会结构的规则，可避免集体与错误规定的偏差。典型地，当前的仅

① Blume（1995）和 Young（1998）已研究过固定社会网络上的协调博奕，但是因为我们的社会网络是暂时的，所以无法应用他们所有的分析结果。

② 对基于代理人的可计算方法的深入讨论，参见 Epstein 和 Axtell（1996）；Axelord（1997）。

有方程是那些被个体代理人用来作决定的。不同的代理人有不同的选择原则和信息；通常，没有哪个代理人掌握全部的信息，行为准则包括有边界的计算能力——代理人是“简单的”。这个相对新的方法有利于异质的代理人、有限的理性行为、非均衡过程和空间过程的建模。[①] 执行基于代理人模型的一个很自然的方法是通过“目标定位”程序。附录里描述了我们现有模型的“目标定位”执行情况。

65 岁标准的建立：模型的两个案例

我们通过详细描述模型的两个案例来开始我们的分析，一个例子中有着比例相对多的“理性人”，而另外一个就相对少些。因为这个模型包括随机因素，所以即使固定所有参数值，每个例子本质上还是独一无二的。接下来，在我们确要描述统计上大量的实例时，我们首先注意到个体实例，目的是建立关于模型是如何工作的机制。

在下面所有描述的模型运行中，每个群体包括 $C=100$ 个代理人。因此总体 A 是 8 100 个代理人。每个个体的社会网络的大小被设定为从 U [10，25] 中的随机数。每个代理人的关系网络由在他自己年龄上下 5 岁内的群体组成。“模仿人”模仿阈值 τ 相同，均为 0.5，当他的网络中的一半成员退休时，他才退休。一旦“随机人”满足退休资格时，他每个时期的退休概率为 0.5。政府规定合法的退休年龄是 65 岁，没有强制退休的年龄。

在第一个案例中，15%的代理人是理性人，80%是模仿人，5%是随机人。图程 5—1（略）描述了在这个社会里退休的演进过程，而且传递了模仿是如何通过社会网络蔓延退休决定的想法。[②] 在图程 5—2（略）中，每个代理人是一个矩形。根据群体按从上到下年龄逐渐递增的顺序在表中排列代理人。退休的代理人标为红色，去世的代理人标为白色。没有退休的代理人中，“粉色”的代理人是理性人，“蓝色”的代理人是模仿人，少数“黄色”代理人是随机人。确切地解释如何“读懂”一个图程是有价值的。在最开始，81 个年龄群里均有 100 个代理人，年龄最大的 46 个群已经显示出来了。所以，图程的顶行是 100 个 55 岁的代理人，左上角的代理人叫 Tom。在距阵图中，当时间 $t=1$ 时，Tom 的坐标为（1，1）。当 $t=2$ 时，Tom 的坐标立即降低到（2，1）。一般来说，在时间点 t，Tom 的坐标就是（t，1）。A 的颜色变化表明代理人是退休还是去世。

---

① 更多的这个建模技术的相对优点，参见 Epstein 和 Axtell（1996）。

② 这个模仿和这一章中随后的模仿的 Quick Time™影像都可见于 http//www. brook. edu/es/dynamics/papers/ retirement [July 1997]。

在图程 5—1 里，注意到 65 岁统一的退休年龄很快到来，虽然事实上只有总数中相当少的一小部分人（15%）理性地作出 65 岁退休的决定。图 5—2 给出了符合退休资格代理人中，已退休者所占的比例的时间序列。这个趋势本质上是单一的。在前六个时间段里，符合退休资格的人都退休了。

在第二个案例中，代理人的类型结构比例发生了变化：现在只有 5% 的“理性人”和 90% 的模仿人。图程 5—2 是一个有代表性的结果。当系统全部收敛到 65 岁退休之前，老年群体在退休水平上表现出强烈的波动。就好像退休从大年龄“穿过”小年龄的代理人一样。而图 5—3 则给出了符合退休资格的代理人的退休的时间序列。在这个案例中，花了很长时间才达到收敛状态。现在趋势已经不单一了。

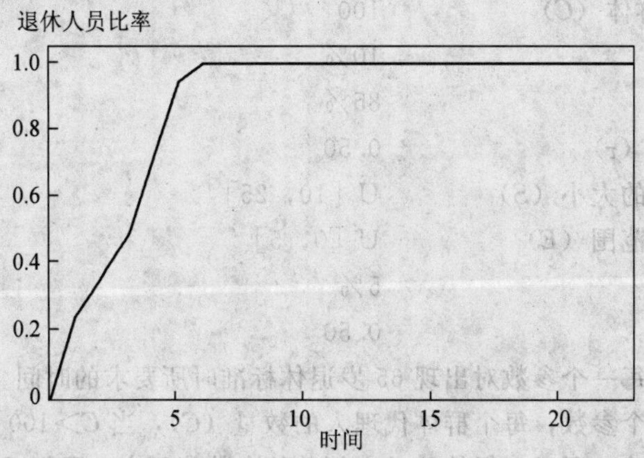

图 5—2 符合退休资格的代理人随着时间退休的比率，典型的案例，15% 的“理性人”

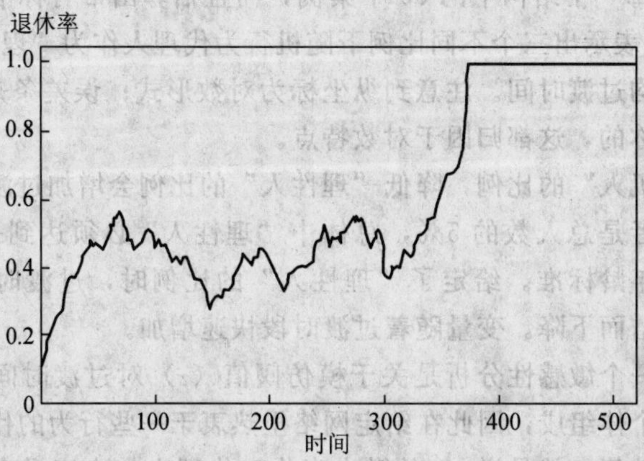

图 5—3 满足退休资格的代理人随着时间的退休率，典型的案例，5% 的“理性人”

敏感性分析

上面每一个案例都得出了这个模型有趣的本质信息。无论如何，为了定量地描述这个模型的全部行为，对特定的参数集作多案例实现，逐步建立统计上可描述的计算性解空间也是必须的。那就是，通过足够大量的实例可以大体描述出这个模型的内在随机性。一旦被应用在一个特别的结构上，就可以研究变化的参数影响。

我们首先定义一个基本的这个模型的实例结构：

参数	数值
代理人/群体（C）	100
“理性人”	10%
“模仿人”	85%
模仿阈值（τ）	0.50
社会网络的大小（S）	U [10，25]
网络年龄范围（E）	U [0，5]
“随机人”	5%
p	0.50

我们研究每一个参数对出现 65 岁退休标准时所要求的时间（即过渡时间）的影响。第一个参数，每个群体代理人的数量（C），当 $C>100$ 时它对平均过渡时间没有影响。所以，保持基础案例其他参数值不变，我们通过改变三种代理人（理性人、模仿人和随机人）的比例开始我们对这个模型的探索。我们显示了这个模型每一个结构下的 55 个案例，而且估算出带有标准差的平均过渡时间。图 5—4 表示出三个不同比例下随机行为代理人作为“理性人”（和模仿人）函数的平均过渡时间。注意到纵坐标为对数形式；误差条是±1 倍的标准差而且是不对称的，这都归因于对数特点。

保持“随机人”的比例，降低“理性人”的比例会增加过渡时间。当“随机人”是 0 或者是总人数的 5%，总体中“理性人”必须达到一最小的比例，才会出现退休年龄标准。给定了“理性人”的比例时，过渡时间随着“随机人”的比例递增而下降。变量随着过渡时段快速增加。

我们的下一个敏感性分析是关于模仿阈值（τ）对过渡时间的影响。因为社会网络是由个体组成，因此在给定网络里热衷于一些行为的代理人的比例只能采用某些离散值。就是说，τ 的微小变化对代理人的决定没有任何影响，因此对过渡时间也没有影响。比如，假定所有代理人都有一个 10 人规模的网络。很明显，τ 从 0.55 提高到 0.58 没有什么影响；代理人网络中有五个或者更少

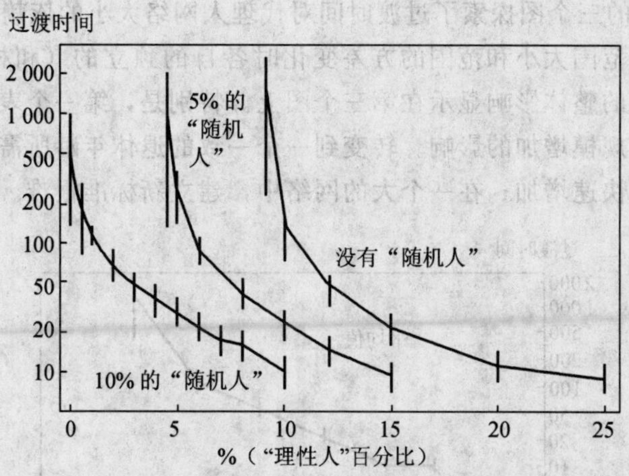

图 5—4 随着随机行为代理人比例的变化，“理性人”的比例对向 65 岁退休标准过渡的影响

的退休代理人，或者有六个或更多的退休代理人，都一样没什么影响。只有 τ 跨过离散边界，如从 0.58 到 0.62，才会有影响。

因此，不研究过渡时间为平均模仿阈值的依赖性——确实是一个非常“集总”的依赖——而是我们该探究在保持 τ 的均值为常数时，阈值的逐渐异质对代理人总体的影响。图 5—5 显示了在模仿阈值中过渡时间是如何依赖标准差的，这时的平均阈值固定在 0.50。再一次，纵坐标是一个对数函数。提高阈值的方差降低了平均过渡时间。原因是在高度变化的人口中有相对更多阈值低的代理人，这些代理人很快退休，引导人口中剩下的人也很快退休。当模仿阈值有小方差时，过渡时间明显地会有更大的方差。

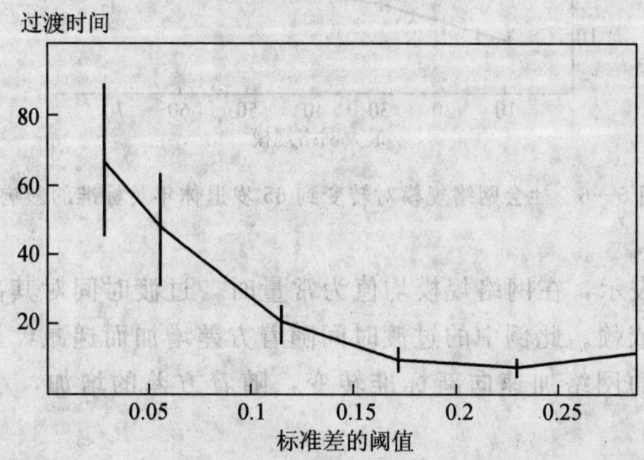

图 5—5 模仿阈值的标准差对转变到 65 岁退休年龄标准的影响

图 5—6 的三个图探索了过渡时间对代理人网络大小的依赖（S）。前两个图表示了平均范围大小和范围的方差变化时各自的独立的（和相反的）影响。他们综合产生的整体影响显示在第三个图上。特别是，第一个表描述了在方差不变时，网络规模增加的影响。转变到一个一致的退休年龄所需的时间随着网络规模增加而快速增加；在一个大的网络中，建立新标准很难。

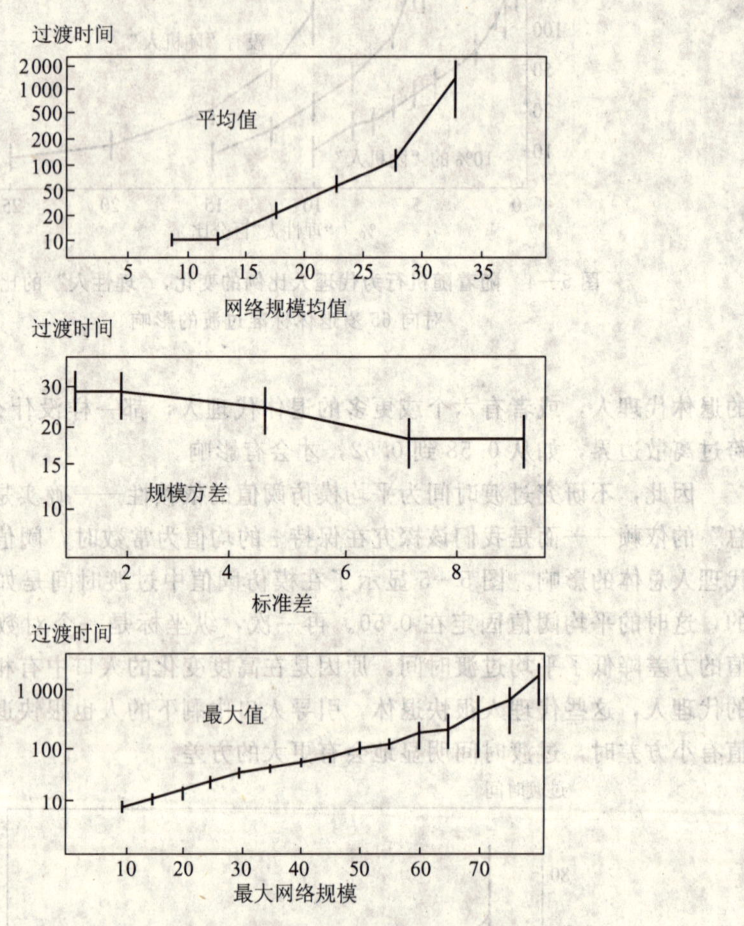

图 5—6　社会网络规模对转变到 65 岁退休年龄标准的影响

第二个图表示，在网络规模均值为常量时，过渡时间对其离散度（总体的标准差）的依赖。此例中的过渡时间随着方差增加而递减，虽然影响相对弱。原因是小的网络加速向新标准转变，随着方差的增加，小规模的网络变多。

第三个图集中这两种影响，横坐标$\overline{S}$表示网络的规模最大值，代理人网络规模 S 为集合 U［10，$\overline{S}$］中的随机数。当$\overline{S}$提高，网络规模的均值和方差也增加，前两个图显示出来的对过渡时间的对抗性影响相互作用形成了第三个图。总的来说，总的影响是过渡时间随着$\overline{S}$而快速增加。

接着，我们研究在年龄群体（E）中代理人社会网络范围（覆盖年龄群体数）对过渡时间的影响。在上面的全面讨论中，社会网络范围由自己年龄群体上、下5岁内的群体组成。图5—7显示它的变化带来的影响。代理人社会网络范围的增加能降低过渡时间。原因是范围更大的网络包括更易退休的老年代理人。

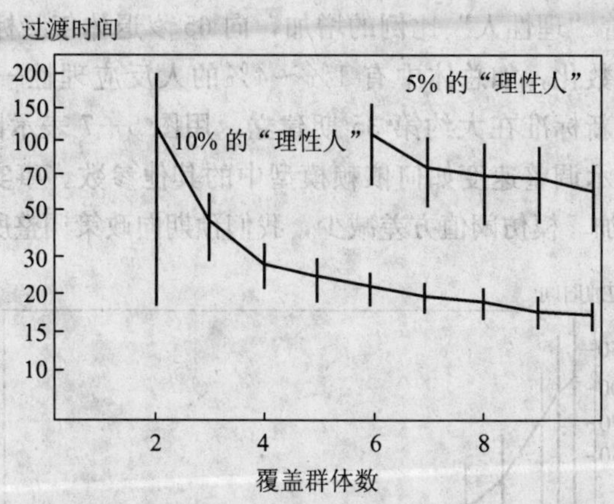

图5—7　随着“理性人”比例的变化，社会网络覆盖群体数对向65岁退休年龄标准上转变的影响

动态过程和“好像的过程”

图5—5中，影响退休率的变量只有过渡时间。事实上，65岁退休年龄标准的结果与临界水平上的任一合理的比例相容。这样，建立社会标准时，系统行动好像所有的代理人都是理性的，也好像都不是理性的！然而，较长时间建立标准时，系统行动好像所有的代理人都是理性的；事实上，系统行动好像大多数代理不是理性的。

对政策变化的反应：退休年龄从65岁转变到62岁

以上的讨论中，我们的模型允许代理人按意愿选择退休时间；事实上没有强制的退休年龄。我们现在要求所有的代理人在70岁退休。这样，提高了建立65岁退休年龄标准的速度。我们要研究政策改变对退休年龄标准的影响。因此，一旦65岁的标准建立，我们抛出一个“政策开关”并且降低退休年龄到62岁，模仿国会的1961年政策的改变。在我们的模型里，这种改变意味着只有“理性人”才能在 62 岁享受社会保障待遇，随机人和模仿人可能在 62 岁享受社会保障待遇。我们测量建立新的退休年龄标准需多长时间。记住当享受社会保障待遇的资格年龄从 65 岁降到 62 岁，建立新的标准花了将近 35 年（见图 5—1)。在图程 5—3（略）中，理性人和随机人都占总数的 5%，τ 服从均匀分布 U [0.5, 1.0]，社会网络与基础案例中的网络一样，一个新的标准出现在第 20 期后。简单地说，这个模型重演了在实际中发生的至少本质上的缓慢调整过程。

我们通过改变“理性人”的比例，已经实现这个模型的很多案例，结果如图 5—8 所示。随着“理性人”比例的增加，向 65 岁退休年龄标准的过渡时间降低。基于模型的参数化，如总体中有 1%～4%的人反应理性——也就是说立即回应新政策，那么新标准在大约第 35 期建立。用图 5—7 表示图 5—5 中所描述的敏感性分析，显示调整速度如何依赖模型中的其他参数。事实上，由于社会网络规模和范围的增加、模仿阈值方差减少，我们预期向政策调整所需的时间增加。

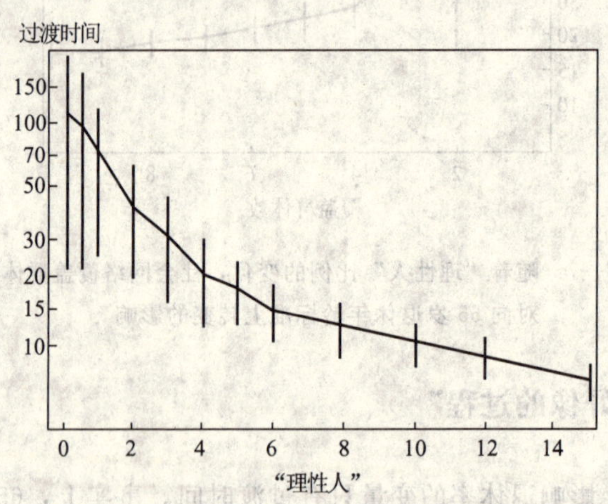

图 5—8 “理性人”比例对向 62 岁退休年龄标准过渡的影响

对我们来说，作为政策选择研究实验室的基于代理人的可计算模型在技术上似乎有广泛的前景，但是没有被系统地开发利用。

两个亚群，在社会网络下的松散组合

社会中的一些亚群体可能比其他人更易接受新事物，接受好的教育。这些差别影响群体接受不同标准的相对速度。在图程 5—4（略）中，代理人已经被分为同样大的两个不同子总体：左边的代理人不包括“理性人”，而右边的包括 10%的“理性人”。其他参数与基础案例相同。这两个亚群体通过如下的网络联系起来：每个代理人 10%的网络成员属于另一个群体，剩下的属于本群体。我们命名这两群体间的10%的部分为“结合体”。就算如此松散的结合也足以使包括一些“理性人”的群体推动其他群体的退休年龄标准与本群体一致，如图程5—4中所显示的模拟。

我们已经研究了系统地改变亚群体间“结合体”大小的总体效果，及测量每个群体从初始无退休状态转到65岁退休年龄标准所需要时间的总体效果。图5—9显示这个结果；每个点是超过50个案例的平均数。观察发现，将无“理性人”的亚群体推向与有“理性人”的亚群体行动一致，需要一个小的“结合体”。

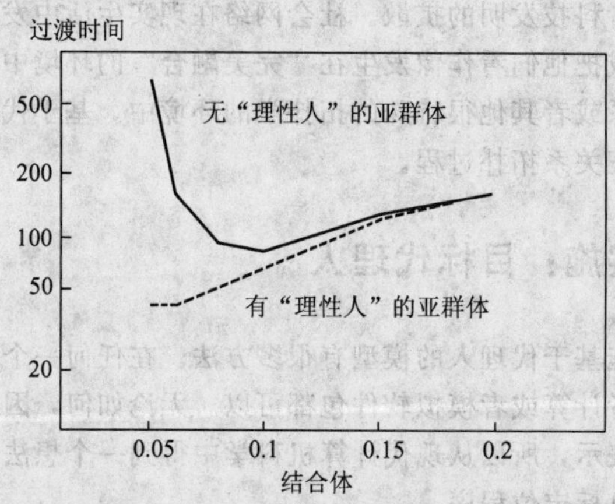

图5—9　社会网络“结合体”对转变到65岁退休年龄标准的影响

结论

少的个人理性通过社会网络互动和模仿的动力，在社会作为一整体最终实现行为最优时是必要的。更重要的是，大量文献从经验和理论对这一问题作出了贡献：个体如何理性？从网络模仿的角度看，它似乎不重要。而且，对政策反应的非均衡动力和社会非均性依赖网络的大小和结构。不清楚人们如何适应研究中的代表性代理人方法，也不清楚如何适应这些变量。然而，基于代理人的可计算结构探索了这些问题。

这一章只稍触及一个丰富和充满希望的研究领域。介绍了许多将来会富有成效的研究途径，包括分析的和计算的。在分析方面，对于我们所述的过渡时间，与Lawrence Blume和H. Peyton Young相似的“在静态的社会网络，在限定条件下最终建立社会标准”理论非常有用。[①] 而且，理想的方式是正式地

① Blume (1995); Young (1998).

表达“过渡时间的分布依赖模仿人比例、网络大小等参数”的方式。

计算方面，像 Christopher Carroll 和 Todd Allen 的代理人模型一样，将退休年龄标准模型扩展到包括整个生命周期内的收入振动、模仿消费行为是很有用的。[①] 我们假设这么做增加模型中能观察到的更异质性的结果。而且，这个模型能提供一个有用的探索新理论想法的实验室，如双曲线贴现率的影响；也能探索政策选择，如提高退休年龄或社会保障私有化。

当我们作出模型适用于退休的解释时，它能用到一个更广范围的、互动能协调纯粹理性行为的社会网络里。很明显，包括市场中的跟风行为、不同健康计划的转移，或者科技发明的扩散。社会网络在现实生活中发生这些现象，大部分现有的模型或把他们看作像发生在“完美融合”的环境中，或者通过本地有规则网格的联系或者其他很特殊的拓扑学的环境中。基于代理人的可计算方法适用于研究相互关系拓扑过程。

附录　模型实施：目标代理人

计算性地实施基于代理人的模型有很多方法。在任何一个现代编程语言中都可以实现，或者计算或者模拟软件包都可以。无论如何，因为这个模型用多组个体代理人来表示，所以从现代计算机科学中得到一个想法，使得这个实施既透明又有效：目标定位程序。

目标是相连的一大堆相邻的记忆，包括数据（称为即时变量）和修正这些数据的函数（目标的方法）。目标把这些数据和函数运作在数据上的能力叫做封装能力。[②] 用代理人的行为准则解释目标函数，用代理人的状态信息解释目标数据，基于代理人的模型运用目标就非常自然地实施了。除了本地状态信息外，有同样行为功能的代理人总体方便地作为一个代理人目标类型或阶层实施。[③]

我们目标定位程序已在文中所述的模型上实施了。这一目标不仅有个体代理人目标，而且还有群体代理人目标，虽然它较个体代理人有不同层的目标。事实证明把群体的总体看作一个整体也当做一个目标很方便。

代理人目标有各种各样的状态变量和行为准则。代理人的状态信息包括类型（理性人、模仿人、随机人）、年龄、当前职业状态（工作或者退休），和其去

① Carroll 和 Allen（1997）。

② 目标模型的其他特征，例如继承和多形，似乎与封装相比与基于代理人的计算模型联系更不紧密。

③ 关于代理人与目标区别的深入讨论参见 Jennings，Sycara 和 Wooldridge（1998）。

世时间（“死亡年龄”）。① 所有这些信息存在代理人本地目标中。每一个代理人也会保留一些被识别出来作为他所在网络内的其他代理人的活动信息。这些数据一直被保留在一个社会网络目标里，如下所述。模型里代理人的主要决定是要不要退休，这是代理人目标的基本理念。这个代理人目标的定义概括如下：

假设代码群 1：代理人目标

目标代理人；
年龄；
死亡年龄；
存活或者死亡；
社会网络；
工作或者退休；
代理人表上的下一个代理人；
函数 初始化；
函数 退休决定；
函数 描述。

私有地执行一些数据和理念在实际中很有意义，即仅适用于它所属的代理人，虽然其他的是公共的且不是最本质的。②

把每个社会网络当做一个目标来实施很方便。网络规模是目标的本地数据，本地数据是网络代理人的指导信息（记忆中的位置）列阵。与这个目标相联系的规则包括：决定关系网络中多少人符合退休资格的程序、实际退休多少人。网络目标概括如下：

假设代码群 2：社会网络目标

目标社会网络；
规模；
代理人列阵；
函数 初始化；
函数 满足退休资格条件的人数；
函数 退休人数；
函数 满足退休资格条件的人数的比例；
函数 描述。

群体也被当做目标执行。群体的大小以群内代理人的列阵形式当做本地数据保存。此目标方法主要为数据收集和统计规则，用于描述群体整体行为。群

① 代理人被假设为不知道他的死亡年龄。
② 私人数据和理念只有它的主人知道，除非其他目标被给予特殊知情权。

体目标概括如下：

假设代码群 3：群体目标

目标群体；
规模；
代理人列阵；
函数 初始化；
函数 群体内代理人的平均网络规模；
函数 退休人数；
函数 符合退休资格条件人数的比例；
函数 描述。

群体的总体也是一个目标，它类似于群体目标，只是整体（这里为群体）的列阵，同时伴随着数据收集和识别总体状态的统计方法。

把这些全放在一起，基于代理人的可计算模型总结如下：

1. 初始化所有的代理人，社会网络和群体；
2. 随机选择一个代理人，使他年龄增长；
3. 检查代理人是否达到了死亡年龄；如果是，转步骤 2；否则进行下一步；
4. 让代理人决定是否退休；
5. 让所有的代理人重复步骤 2～4；
6. 阶段性地收集和报告总体的统计信息。

算法概括如下：

假设代码群 4：全部模型

退休计划；
初始化代理人；
初始化社会网络；
初始化群体；
重复：
随机选择一个代理人；
使他的年龄增长；
如果实际年龄小于死亡年龄，那么作出退休决定；
获取代理人和群体的统计信息；
一直到用户终止。

这个目标模型主要给出这个代码的相对紧密的描述。①

① 这个确切的源代码在 C++ 中小于 2000 行，汇编在 the Code Warrior environment for the Macintosh。Java 的应用参见 Http：// www. brook. edu/es/dynamics/papers/retirement [June 1999]。

参考文献

Axelrod, Robert. 1997. *The Complexity of Cooperation*. Princeton University Press.

Blume, Lawrence. 1995. "The Statistical Mechanics of Strategic Interaction." *Games and Economic Behavior* 5: 387—424.

Burtless, Gary. 1986. "Social Security, Unanticipated Benefit Increases, and the Timing of Retirement." *Review of Economic Studies* 53: 781—805.

Camerer, Colin. 1997. "Progress in Behavioral Game Theory." *Journal of Economic Perspectives* 11 (4): 167—188.

Epstein, Joshua M., and Robert L. Axtell. 1996. *Growing Artificial Societies: Social Science from the Bottom Up*. Brookings.

Jennings, Nicholas R., Katia Sycara, and Michael Wooldridge. 1998. "A Roadmap of Agent Research and Development." *Autonomous Agents and Multi-Agent Systems* 1 (1): 7—38.

Kochen, Manfred, ed. 1989. *The Small World*. Norwood, N. j.: Ablex Publishing Corporation.

Laibson, David I., Andrea Repetto, and Jeremy Tobacman. 1998. "Self-Control and Retirement Savings: Do 401 (k)'s Help?" Working paper. Harvard University.

Rabin, Matthew. 1998. "Psychology and Economics." *Journal of Economic Literature* 36 (March): 11—46.

Rust, John, and Christopher Phelan. 1997. "How Social Security and Medicare Affect Retirement Behavior in a World of Incomplete Markets." *Econometrica* 65 (4): 781—831.

Scott, John. 1991. *Social Network Analysis*. Sage Publications.

Young, H. Peyton. 1998. "Diffusion in Social Networks." Working paper. Brookings.

评 论

◎ ROBERT E. HALL

本章的观点让人回想起脑中的矛盾。一方面，人脑的能力远超过现存性能最高的计算机。它比任一个以计算机为基础的认知系统更好更快地理解图像和声音。你每向前一步，你的小脑解决一个计算机无法解决的两点边界值问题。人解决日常生活中碰到的难以定义的问题的能力是不能比的。

另一方面，人们干蠢事。他们花 25 美分购买本可用 9 美分买下的远距离服务。当他们可更好地投资年服务费率为 0.3%的基金时，却投资一个每年服务费率为 2%的共同基金。人们相信愚蠢的谣言，采纳伪装的唯心论建议，过量饮酒。另人失望的数字不能为退休挽救什么。我们大脑毫不费力地记住最优消费时间的一阶条件，当我爬到楼梯顶端的时候却不记得为什么开始爬楼梯（我不是痴呆者——这是终生的问题）。大多数人忽视他们解决问题的能力。成年人中只有一小部分会用 AMTRAK 计划寻找下午五点前最近的一趟从费城到华盛顿的火车。

Robert Axtell 和 Joshua Epstein 的工作建立在观察的基础上，他们观察到大多数人重复别人的决定，而不是自己从头开始解决问题。在一些环境下，模仿是困难强边界最优化问题的结果：模仿那些有更优信息的人是最优化的。当我在曼彻斯特驾车时，当周围的人缓慢行驶时，我会减速。因为我知道很多司机有雷达探测器而我没有。但是模仿确实远超越这个当场理性的例子。模仿是很多人的生活准则。他们不以重新思考为第一准则，而是跟着别人做。本章模型的基本思想围绕下一点：社会由一小部分问题解决者和大部分模仿者组成。

几乎所有的人天生有着惊人的解决问题的能力。我们日常生活所需的能力，如小脑熟练解决三维两点边界值问题的能力，除残疾人外大家都具有。这项特殊的能力人们在早期就具备了。到青少年时期，只有一小部分人通过磨炼将解决问题的能力提高到能透过问题（如最佳退休时间）而思考。成年人中只有不超过 1‰的人能精确地计算不同的退休年龄、退休前积累金额条件下退休后的消费总额，并列成一年表。人们通过模仿和咨询专家解决问题。

社会生物学实现这一效果。难道人类发明了一种“关闭人类中最优比例的人们初始解决问题的能力，以便专家把每一个人置于适合的位置”的机制吗？例如在军队，个人解决问题的能力是受限制的。大部分士兵只能服从军官的命令。大多数初级军官解决问题的范围也受限制。

Robert Axtell 和 Joshua Epstein 关注的焦点只有模仿行为的一方面——它的动力。他们的基本观点是人们不能从模仿人中分辨出解决问题者。如果他能分辨，他们会正确地模仿，就不会有动力了。相反地，人们一年观察周围一次而且观察别人是怎么行动的。这种行为对 Axtell 和 Epstein 来说就是退休年龄。人们有自己的社会圈，选择大多数同龄人退休的时候退休。动力来自于一年一次的调查。如果人们每天，而不是仅在年初观察周围，动力来源次数快达到 365.25 次。

同种行为有另一种理性：个人退休可能有外部性。如果一些人退休而另外一些人没有退休，人们可能失去社会化的利益。退休者在时间安排上更有弹性。接近退休年龄的工作者发现如果他们的朋友已经退休时，他们也想退休以便与社会活动同步。有这种本地外部性的模型已被 Steven 和其他人开发出来了。[①] 本章里所示的联系模型可沿着这些线索来解释，虽然本章未作解释。

图 5—1 中所示的数据强有力地支持这个观点，退休年龄变化非常缓慢。他们认为——我观点里的真实的、结论的——得到全额社会保障待遇的初始资

① Durlauf（1993，1997）.

格年龄对退休年龄有很大的影响。如三个图所示，大多数人在可获得全额社会保障待遇的初始资格年龄退休。

因为位于最初资格年龄的峰值是如此之大，1961 年退休年龄降低后的退休行为中的缓慢变化对作者的假设提供很强支持。如果退休年龄一直逐步下降，那就归功于多种因素而不是政策变化—— 60 岁以上人员中残疾率上升，财富增加等。但是，消失的 65 岁旧峰值逐渐被 62 岁的峰值代替是支持作者独特的解释的有力的例子。

在过去十年里，数字模仿已经代替我自己的宏观经济领域作为理解模型的标准方法。Robert Axtell 和 Joshua Epstein 坚持把我所看到的“模仿是舶来品，并且是有争议的”作为旧观点，明确呼吁抵制将其作为一种研究方法。我认为这种抵制没有必要。无需讨论基于代理人的模型，确实没有必要讨论实际使用的程序方法。用以目标为中心的 C_{++} 程序运行产生结果，还不如使用微软 word 文档更有必要。

我想这类研究有很多值得我们学习的地方。我期望看到更多地从大量个体的随机互动的模型中，通过有趣的解释看到本质的东西。

参考文献

Durlauf，Steven. 1993. “Nonergodic Economic Growth.” *Review of Economic Studies* 60：349—666.

——. 1997. “Statistical Mechanics Approaches to Socioeconomic Behavior.” In *The Economy as an Evolving Complex System Ⅱ*，edited by B. Arthur，S. Durlauf，and D. Lane. Menlo Park：Addison Wesley.

第六章

社会保障决定中的政策定格与收入流动性偏好

退休年龄的决定以及影响此决定的公共政策对于工资收入者、雇主和社会福利系统同样重要。初步证明对老年工人的政策定格（Framing）与激励内容都会影响他们退休时间的决定。也就是说，我们应该考虑政策变化既改变了退休时的经济状况，也改变了工人对退休时经济状况的描述和理解方式。虽然我们特别关注退休决定，但更关注的是正日益受到经济学家、心理学家和政治科学家关注的、与政策定格有关的理论问题。

人们所表达退休年龄的意图取决于与退休时相关的社会保障待遇变化的描述形式——即政策定格，我们的调查证明了这一点。将提前退休的经济损失作为政策定格的选择标准，而不像传统收益计算那样将延迟退休的收益增加作为政策定格的选择标准时，至少对某些人，68 岁退休或者 65 岁退休时的相对吸引力会有所不同。相比而言，初步证明，决定在 65 岁退休比 62 岁退休，可能更不易受同一政策定格影响。然后，我们证明了如果用单一的、精算等值的一次性支付取代当前逐年增加的退休津贴，则工资收入者将退休年龄从 65 岁推迟到 68 岁的意愿可能不同。最后，我们提出对社会保障偿付能力调查的回应以及对选择不参加此制度的看法。我们的研究结果对社会保障制度以及公共政策提出了挑战，调查结果既使我们对参与者的偏好基础有了一些了解，也促成了对这些挑战的看法的总结。

政策定格

显然，基本同一的看法由于提出或表达的方式不同会引起截然不同的回应。对立的利益群体分别提出堕胎问题是“女性选择权”还是“未出生婴儿生存权”的问题，以寻求公共支持。政治家认为要支持“自由战斗者”、消灭“恐怖主义”、提倡“反歧视行动”（affirmative action），反对“逆向歧视”。民意调查者和研究者认为问题的措辞会扭曲公共意见。[①] 同样，社会保障设计者也认识到对公众的“退休金”和“保险”政策支持比“财富再分配”或“代际之间的收入转移”更受欢迎。

尽管直觉和经验表明，决定大大地依赖如何表达人们可选方案，但大多数经济学家却都忽略了这一政策定格问题，他们坚持经济偏好和选择取决于可选方案的预期效用。然而近几年，这些客观主义者（objectivist）的传统思想日益受到心理学家和行为经济学家的强烈挑战。[②] 特别是 Daniel Kahneman 和 Amos Tversky 已经提供了令人信服的示范，即人们更厌恶损失、更愿意同样量的收获。这种态度就是所谓的“损失厌恶”（loss aversion），这种态度意味着人们容易受能将给定的选择重构为潜在损失或潜在所得的控制（manipulations）的影响。[③]

选择和决定的政策定格

设想你已经知道自己患有癌症。你的医生让你在手术或化疗之间进行选择，并告诉你相关的死亡风险。你从医生那里知道选择手术的人中，10%的人在手术中死亡；到 5 年后共有 66%的人死亡；相应地，选择化疗的人中，治疗期间无人死亡，到 5 年后共有 78%的人死亡（见框 6—1 上半部分，两种选择的摘要）。你选择哪种治疗方式呢?

反过来，现在设想，你的医生从存活率角度提供给你同样的信息。你被告知，选择手术的那些人，手术时 90%的人存活，5 年后 34%的人还活着；选择化疗的那些人，治疗期间全部活着，5 年后只有 22%的人还活着。给定这两种选择的可选政策定格，那么现在你会选择哪种治疗方式呢?

如果你像就诊病人一样基本上被提供这些假设的选择，那么倘若在死亡政策定格中提出这个问题，相比幸存政策定格，你更可能选择化疗而不是手术。这种从幸存政策定格到死亡政策定格逻辑上的微小变化会导致选择（短期内）“更安全”（safer），但（从长期看）似乎较差的化疗的病人比例从 18%增加到 44%。[④] 更令人吃惊的结果是，医疗会议上全科医生面对此问题时，控制对他

---

① 见 Payne (1951)；Sudman，Bradburn 和 Schwarz (1996)；Schuman 和 Presser (1981)；Clark 和 Schober (1992)；Fischhoff (1991)；以及 Converse 和 Traugott (1986)。

② 心理学家包括 Daniel Kahneman，Amos Tversky，Eldar Shafir，Paul Slovic，Sarah Lichtenstein 以及 Baruch Fischhoff。著名的行为经济学家包括 George Loewenstein，Richard Thaler，Drazen Prelec，Matthew Rabin 以及 Colin Camerer。

③ Kahneman 和 Tversky (1984)。

④ McNeill 等人 (1982)。

们的影响与就诊病人一样大。专业和经验显然不能防护开业医生更倾向看到死亡率从10%直接减少到0，而不是即时幸存率从90%增加到100%。

考虑另一个生死攸关的决定，包括他人命运而非自己的命运。设想一个小国家正在准备应对预计会杀死600人的、新的、突然的、外来的疾病，提出了两个方案。如果采用方案A，能活下200人，如果采用方案B，只有1/3的机会使600人全被解救，2/3的机会无人活下。你会支持哪个方案？现在同样地考虑预期结果和威胁，但给定的选项定格有点差别。你被告知如果采用方案A，400人会死亡。如果采用方案B，无人死亡有1/3的机会，2/3的机会600人全死亡。那么现在你选择哪个治疗方案？

框6—1　政策定格选择

• 死亡政策定格

手术：有100人选择手术。手术中或手术后有10人死亡；到5年末有66人死亡。

化疗：有100人选择化疗。化疗期间无人死亡；到5年末有78人死亡。

• 幸存政策定格

手术：有100人选择手术治疗。手术后有90人活着；到5年末有34人活着。

化疗：有100人选择化疗。治疗期间全部活着；到5年末有22人活着。

注意，两种说法中的可选方案都描述了同一结果，不同的是每个说法所采用的参考点。第一种说法中，可选方案提供了对不确性生存的获得机会的预期；第二种说法中，提供了对不确定性生存的损失机会的预期。幸存（lives-saved）说法明显采用了600人全部死亡作为参考点，对应试图解救所有生命的风险机会，提供解救一些生命的确定机会。丧生（lives-lost）说法明显采用了无人死亡作为参考点，对应试图减少损失为零的风险机会，提出失去一些生命的确定机会。

在典型研究中，政策定格的使用再一次在回应者间产生戏剧性的不同偏好。[①] 当可选方案按幸存者数定格时，大多数人（72%）支持解救200人的选择，而不是选择用全部600人的生命进行赌博。然而，当可选方案按死亡人数

① Kahneman和Tversky（1979）。

定格时，大多数人（78%）支持避免损失400人的选择，并且希望通过赌博将损失减少到零。当回答者在几分钟内回答这两个问题时，这种相反的偏好甚至保持不变。

这些结果和其他简单的实验表明可选方案的主观值取决于它们如何被定格和它们之间用于比较的参考点。相比客观上同样的收益，人们更讨厌损失。他们更愿意通过冒险或不断努力来避免或减小损失，而不是产生或增加类似的收益。这种不对称性使人们易于受控制的影响，这种控制将比较损失转换成比较收益，反之亦然。① 因此，现金和信用卡购买汽油时的价格差别通常被设计为现金支付折扣，而不是信用卡补偿，这种情况并非偶然。许多顾客认为商人强加信用卡补偿过于尖锐并且有失公平，商人提供现金支付折扣才是公平的，甚至是慷慨的。

我们相信，对未来损益回应中同样的不对称在公众对社会和政治政策的反应中一直很重要。几乎没有美国人反对给予第二次世界大战退伍军人在公务员分级考试中加分。我们怀疑，如果被界定为惩罚——所有非退伍军人考试分数的减少，包括没有服兵役的几乎所有女性和所有残疾人或中年人——那么大多数人都可能拒绝这种客观上同一的政策。类似地，当前税收表免除向每一个儿童征税或者向无子女者征收等值的附加税②，大多数愿意接受前者的人会被后者所激怒。

我们所述的试验和例子全都违反作为标准经济模型理性基础的不变性公理（invariance axiom）——相同选择的不同描述形式不应该产生不同的偏好顺序。③ 在给定与两个选项（A与B）相关的结果与概率的一种描述形式上，如果方案A优于方案B，那么在给定同一结果与概率的另一种描述形式下（精确地等同），方案B不会优于方案A。不幸的是，大量证据对这个假设产生疑问，标准经济模型如果不将其作为标准的规则，至少应作为实际行为的描述。

事实上，是观测到的不变性和标准选择模型中的其他假设的违背现实，推动了Daniel Kahneman和Amos Tversky发展前景理论（prospect theory）——人类决策的一种解释，它强调帮助解释人们实际上如何选择的两个经验性基本原则。第一个规则，像我们前面讨论的例子表明，假设人们不是根据全部财富的结果来评价选择方案，而是根据以某个特定或自然存在的参考点衡量的收益和损失来选择。因此，当我们考虑用现金价格和信用卡购买汽油的价格差别时，人们不是以方案选择如何影响其银行账户或全部财富为基础来作出决策，相反，相对于

① Thaler（1980）；Kahneman和Tversky（1988）。
② Schelling（1981）。
③ Savage（1954）。

参考点，也就是使用信用卡支付而不享受折扣的“中性”选择，他们更愿意支付现金获得有吸引力的收益。他们通常不愿意选择这种替代政策定格——相对于现金交易的“中性”选项，受到使用信用卡的惩罚。

前景理论的第二个规则是损失比收益显得突出。因此，偏离参考点的结果在奖励时比在惩罚时产生的影响更小，这个理论特征解释了为什么与信用卡补偿相比，放弃现金折扣的厌恶程度更低。也解释了为什么虽然有附加费，还是有如此多的人用信用卡购买汽油。使得未来退休者关于社会保障选择的决定易受到简单政策定格效应的影响是我们将讨论的前景理论的特征。

政策定格和社会保障

65岁是当前“默认”（default）退休年龄或社会保障决策的“参考点”，尽管事实上65岁不是规定的退休年龄（见第一章）。[①] 工人被允许在65岁前退休并领取稍低的社会保障待遇，有近2/3的工人这样做。同时，许多工资收入者，特别是专业学者和教授，选择在“正常”退休年龄后继续工作，获得各种不同的津贴，包括增加的社会保障金和私人养老金，选择延长工作期的人结果同样。

尽管如此，65岁仍称为正常退休年龄，此年龄退休不会减少退休津贴。因此，事实上以及大众看法中，推迟退休（即65岁后退休）的人每月退休津贴将增加，而提前退休（即65岁前退休）的人每月退休津贴将减少。我们的参考点非常简单：为计算津贴，其他描述更早或更晚参考点的政策定格是可能的，而且这些政策定格即使经济状况不变，也可能产生不同的退休偏好、意愿和行为。

值得强调的是，对于62岁和65岁之间的退休工人来讲，其每月社会保障津贴调整额按精算标准评价通常是公平的；到2008年，对65岁和70岁之间退休工人的精算标准评价也是公平的。精算标准上的公平是指预期余命间享受的津贴的总额不变，它与待遇领取年龄无关。早退休的工人比晚退休者每月领取较少的社会保障津贴，但提前退休者将领取更长时间的津贴。65岁后开始领取津贴的工人将继续为“延迟”支付费用直到2008年，当然这种情况不意味着超过65岁的延迟退休对所有甚至大部分工资收入者是不明智的。私人投资和养老金政策规定、个人状况、继续工作的社会和其他心理补偿对于大多数作出此类决策的人来讲，可能完全公正。

---

① 事实上，自从当前制度建立以来，预期寿命、健康状况和典型的工作需求都已经发生巨大改变。此外，公共和私人养老金计划通常提供各种各样有关退休时间和津贴的选择。

很明显，当前社会保障制度所提供的基本上是益损混合的政策定格。期望65岁前退休的工人易受损失政策定格影响，由于他们作出在正常退休年龄前停止工作的决策，他们预计每月津贴相对于全额津贴参考点将会减少；期望65岁后退休的工人易受收益政策定格影响，由于他们作出在正常退休年龄后停止工作的决策，他们预计相对于全额津贴参考点还将享受津贴或补偿。

显然许多因素都会影响人们的退休时间。其中一些是经济因素——例如储蓄、私人养老金和投资机会；一些是非经济因素——例如工作满足、同事影响、家庭状况，以及工人和其同龄人退休的意图。根据前景理论，我们的观点简单地说就是：65岁参考点、当前相对于晚退休的早退休政策定格也在决策中起到一些作用。更具体地讲，我们认为选择的重新定格至少导致一些工资收入者作出不同的退休决策。相比根据未来收益定格的结果，根据未来损失定格的结果将使“晚退休”更具有吸引力，“早退休”更没有吸引力。

一次性费用支付的吸引力

我们对社会保障津贴政策定格的关注来源于基本理论和实验室研究中，然而此篇文章和我们调查所考虑的第二个理论就来源于观察中。与一系列小额提前或延后费用相比，大多数人更喜欢单一的、相对大的一次性费用，尽管按惯例计算，这些小额费用有相同或更大价值。经济学家有时把这种偏好归因为所谓的“财富幻觉”（wealth illusion），尽管在我们所讨论的情况中涉及的这种幻觉是不清楚的。无论其来源如何，这种一次性偏好的存在表明：一次性费用支付的可能性与当前社会保障制度提供的每月津贴增加相比，更容易吸引那些正在权衡延迟退休利弊的工人。

一次性偏好的例子在曾经普遍流行的圣诞节储蓄（Christmas club）的困惑的规定中可见。人们似乎愿意将他们每周或每月的一小部分工资储蓄到无利率或低利率的账户上，在圣诞节到来时换取更有利的一次性费用。① 当然，人们也愿意承担一连串未来费用（有高利率）来即时接受一次性费用。类似地，百万计的美国人都选择“现在买、以后支付”。深夜电视商业广告鼓励受到损伤的事故受害人把一系列未来安置费用折合成今天的一次性费用；并且提供给职业运动员和其他受欢迎雇员的合同常常是用签约奖金来笼络，这迎合了签订者喜欢直接的一次性费用，而不是高额持续费用的偏好。

在这些一次性偏好的例子中，似乎涉及以下几个因素。第一，简单的短时贴现（temporal discounting）。人们偏好今天的钱，而不是明天的钱。在一些

① Thaler 和 Loewenstein（1992）；Shefrin 和 Thaler（1992）。

例子中，这种偏好反映了相对当前美元价值对未来美元价值的理性信赖；在其他例子中，也反映了选择直接报酬而不是延期给付的较少理性的倾向，甚至当延期奖励实际较大时。第二，人们偏好确定性（certainty）。因为未来是不确定的，不确定性的消除要牺牲预期成果。第三，人们认为将小额费用整合成一笔费用会使他们能创造或开发其他的、小额费用难以获得的机会。第四，人们用单笔费用代替未来费用作为控制或规范其自身行为的工具。[①] 他们会接受从每次工资中自动扣除一部分，以抑制他们延迟、冲动购买和其他相关人类缺点。换句话说，他们感觉将比花费一系列小额费用更明智地花费一笔钱。

圣诞节储蓄涉及几个特征。储蓄者放弃（不是失去）每笔工资的一部分钱（足够小的一笔钱），用于重要的单笔费用，特别是需要钱时。此外，从工资中扣除金额是自动的，因此不依赖意志力或直接经济需求的变化。为享受这些津贴，储蓄者不仅愿意放弃储蓄——消费弹性优点，而且放弃可能通过其他储蓄或投资方式所赚的全部或部分利息。

与圣诞节储蓄截然不同，用一次性费用支付替代一部分社会保障年金需要将现在和未来费用转换成一次性费用。也就是说，工资收入者推迟退休，由此推迟了社会保障津贴支付的时间，同时继续积累额外雇佣收入和储蓄。在退休时或某个固定时间，他们领取一笔费用，代替退休后每年津贴的一连串增加，也就是推迟退休的激励或奖励。

一次性费用支付违反了社会保障所强调的一般哲学，即只要养老金领取者或其配偶健在，社会保障就确保其一定收入。这里我们假设一次性费用支付只能替代支付给那些在正常年龄退休后仍继续从事经济活动的工人，作为额外（extra）津贴。在这个资格条件下，相对大的一次性费用会激励工人继续经济活动，不同于甚至大于每年费用增加的激励。

一次性费用支付可以提供工资收入者各种各样年费用增加所无法提供的好处。首先，他吸引了那些怀疑社会保障的持久性的人。一次性费用减少了对未来偿付问题可能引起津贴减少、经济状况调查或工资收入调查的关心。其次，可能更为重要的是，一次性费用可为大宗购买提供资金，如佛罗里达（Florida）的公寓、新汽车、国外旅行或偿还抵押贷款。推迟领取酬金要求推迟退休时间，将会由一次性费用提供奖励，而不是持续的小额增加费用。如果一次性费用在退休后不久就能得到，那么这笔费用会使那些无流动资产的人借用未来才支付的收入流。甚至更富有的退休者会受财富幻觉支配，估计一次支付比在总额上有增加的每月收入更有价值。我们无法判断借用未来收入是明智还是愚蠢，但可以假设许多人都偏爱这样做。这就是我们调查中检验的结论。

---

① Elster (1979); Schelling (1984); Thaler 和 Shefrin (1981)。

我们询问调查回答者是一笔奖金还是现在增加的月津贴更能使他们推迟退休。我们也提出其他大量问题，以帮助我们理解潜在退休者对一次奖金以及提前、按时或拖延退休的利弊的回应。

调查结果：损失定格对收益定格

我们的数据主要从两个“便利的”样本中获得，一个是在旧金山（San Francisco）机场获得，一个是在旧金山棒球比赛中获得。样本包括176个40岁以上的男性，其平均年龄为47岁，平均年收入约为65 000美元。我们也从82个回答者的小机场样本中得出结果。由于这些样本对于美国人口，尤其是在收入方面不具有代表性，因此结果的广泛使用是有危险的。然而，我们报告的结果表明了一次性奖金的政策定格和选择是如何影响退休决定和在退休预期中可能作出的其他经济决策。

68岁退休政策定格对65岁退休政策定格

在我们主要调查中的第一项是被调查者如何决定自己的退休。选项Ⅰ和Ⅱ实际上是一样的，只是定格不同。参加者被随机分配到两个政策定格之中。选项Ⅰ根据未来收益定格相关选择：

• 选项Ⅰ

在当前社会保障制度下，美国普通男性工人正在选择65岁退休或68岁退休，他们有以下两个选择：

A. 他可能65岁退休，开始领取一年10 000美元的社会保障养老金。

B. 他可能晚退休，在68岁而不是65岁，开始领取一年12 500美元的养老金，即一年10 000美元加上一年2 500美元的延迟退休奖励。

给定上述两种选择，你会偏爱哪一个?

（注：你的实际养老金数额当然取决于你的工资收入和缴费，但上面的数据基本上囊括了选择类型）

选项Ⅱ根据未来损失定格相关选择：

• 选项Ⅱ

在现行社会保障制度下，美国普通男性工人正在选择65岁退休或68岁退休，有以下两个选择：

A. 他可能68岁退休，开始享受一年12 500美元的养老金。

B. 他可能早退休，在65岁而不是68岁，开始领取一年10 000美元的养老金，即一年 12 500 美元减去一年 2 500 美元的提前退休罚金。

给定上述两种选择，你会偏爱哪一个？

（注：你的实际养老金数额当然取决于你的工资收入和缴费，但上面的数据基本上囊括了选择类型）

对收益和损失政策定格回答中的差别非常显著（见表 6—1，上面一组数据）。当对晚退休给与奖励时，只有 38%的回答者选择 68 岁。当对提前退休施加罚金时，57%的回答者选择 68 岁退休年龄。老年工人明显易于受政策定格控制。在 47 岁以上的人中，当选项根据延迟退休的未来收益描述时，37%的人说他们喜欢晚退休；当选项根据提前退休的未来损失描述时，有 63%的人喜欢晚退休。在 47 岁以下的人中，从收益政策定格到损失政策定格的变化使喜欢晚退休人的比例从 38%增加到 50%。

为了检验我们样本中不规则的工资分配歪曲政策定格效应的概率，我们分别分析了样本中 75 个收入在 60 000 美元以下的人，对这群人的相对经济激励或阻碍因素可能会最显著。这些回答者的政策定格效应比大样本更明显（见表 6—1，下面一组数据）。在损失政策定格下，显著的是 69%的人表明喜欢 68 岁退休，因为这个数据不仅极大地超过了中等收入调查者的比例，其中中等收入者在收益政策定格下表达了晚退休的偏好，而且超过了当前社会保障制度下实际推迟退休的中等收入的工人比例，其中社会保障制度对超过 65 岁延期退休者提供了收益激励政策定格。

表 6—1　　退休年龄偏好比例

政府定格	退休年龄	
	65	68
65 岁对 68 岁：全部参与者[a]		
收益	62	38
损失	43	57
收入低于 60 000 美元的回答者[b]		
收益	64	36
损失	31	69

资料来源：作者的调查。

a. 两个客体间的偏好表达上的差别在统计上是显著的，$x^2=6.62$，$p<0.01$。

b. 见正文解释。

根据退休决定的参考点，我们重述这些结果。当前制度的参考点是 65 岁，尽管津贴在 62 岁就可以支付并且大部分人在 65 岁前申请津贴，但 65 岁依然称为正常退休年龄。结果，68 岁退休就成为晚退休，成为感知收益中的延迟结果。通过将 68 岁设定为参考点或标准退休年龄，像我们对调查的那组所做的，我们允许那些考虑在 65 岁和 68 岁之间退休的人不是面对晚退休的收益的可能性，而是面对早退休的损失的可能性。我们预测至少一些人会认为相对收益不足以奖励晚退休，而认为相应的损失足够抑制早退休。这种预测从前景理论中得出，根据给定损失数量比同一数量的收益显得更大。我们的调查结果证实了此预测，表明这种实际转变发生在一定比例的潜在退休者中，特别是那些相对年老或相对不富裕的人。

65 岁退休政策定格对 62 岁退休政策定格

我们已经用收益而不是损失来表示激励退休年龄从 65 岁延迟到 68 岁的政策定格结果。对目前阻碍 62 岁退休（而不是 65 岁退休）因素的判断，政策定格能否起到类似作用？为了阐明此问题，我们从机场回答者的 82 个小样本中采集数据。就像我们对 65 岁和 68 岁退休决定的比较中所做的一样，如果损失和收益控制对 62 岁和 65 岁退休的回答产生同样的影响，那么这就简化了我们的叙述。这只是我们的期望，但我们的结果无法证实它们。

对于下面 62 岁退休和 65 岁退休的两项选择，我们提出了相同数量的题目。一半的回答者根据从 62 岁参考点延迟退休来定格这个决定——换句话说，就是晚退休——以获得大量养老金年收益。对于其余人根据早于 65 岁退休来定格同样决定，接受在享受小额的年养老金中包含的损失。第一个选项定格为未来收益：

- 选项Ⅰ

在当前社会保障制度下，美国普通男性工人正在选择 62 岁退休或 65 岁退休，有以下两个选择：

1. 他可在 62 岁退休，领取一年 10 000 美元的社会保障养老金。

2. 他可晚退休，在 65 岁而不是 62 岁，开始领取一年 12 500 美元的养老金，即一年 10 000 美元加上一年 2 500 美元的延迟退休奖励。

给定上述两种选择，你会偏爱哪一个？

（注：你的实际养老金数额当然取决于你的工资收入和缴费，但上面的数据基本上囊括了选择类型）

第二组回答者接受同样选项，但这次定格未来损失：

- 选项Ⅱ

在当前社会保障制度下，美国普通男性工人正在选择 62 岁退休或 65

岁退休，有以下两个选择：

1. 他可在65岁退休，开始享受一年12 500美元的养老金。

2. 他可早退休，在62岁而不是65岁，开始领取一年10 000美元的养老金，即一年12 500美元减去一年2 500美元的提前退休罚金。

给定上述两种选择，你会偏爱哪一个？

（注：你的实际养老金数额当然取决于你的工资收入和缴费，但上面的数据基本上囊括了选择类型）

这个结果无法产生所预测的政策定格影响。不管是根据未来收益还是未来损失定格，一半的参与者表达了对更早退休的偏好（收益政策定格中占49%，损失政策定格中占51%）①；一半的回答者表达了对更晚退休的偏好（收益政策定格占51%，损失政策定格中占49%）。

尽管补充数据建立在小样本回答者的基础上，却对我们前面报道的结果的坚信程度提出了明显的疑问。我们进一步调查，使用大样本回答者（并且随机分配给回答者62岁相对65岁退休决定或者65岁相对68岁退休决定两类问题之一）可能解决了结果中明显的不一致，但这个似乎不一致的结果可能由于下面的原因而继续存在。

当前社会保障制度使潜在退休者自然地把65岁相对于68岁退休决定，作为晚退休相对正常年龄退休的成本与收益关系；把62岁相对65岁退休决定，作为提前退休相对正常退休的成本与收益关系。在每个情况中，我们调查问题的措辞尝试作的就是重新定格相关决定。调查结果表明，相关政策重新定格的尝试在68岁对65岁的决定中是有效的，但在62岁对65的决定中无效。

在62岁对65岁的情况中，明显问题是为什么政策重新定格的尝试不成功。我们相信，这个问题的答案（显然是发生其后者必然是其结果）需要考虑经济和生活方式之间的收益。对于大多数美国人，日益流行的62岁退休的决定表明他们愿意放弃大额社会保障金，当他们依旧年轻并且足够健康享受和探索新的机会时，他们便开始了退休后的活动。而选择不提前退休相应地必须损失这个机会。从真正意义上讲，我们调查中的损益控制使收益和损失的一种结合（养老金增加，加上年轻退休的所失机会）与另一种结合（养老金减少，加上年轻退休的所得机会）进行较量。此外，我们的调查结果表明，对考虑62岁相对65岁退休的回答者，相应的平衡在两个政策定格条件中同样有吸引力。

然而这个解释有个明显的问题。我们需要解释为什么同一政策定格控制

① 顺便说一下，框架影响的缺少似乎适用年轻回应者，也适用老年回应者；并且同样适用相对高和相对低的工资收入者（尽管在我们的样本中他们几乎没有使比较有意义）。

(可能，类似的权衡) 在65岁相对68岁的决定中证明是有效。灵敏的读者可能想知道，为什么未来经济收益（相对于损失）不能通过闲暇的损失和收益来补偿？我们的初步回答涉及决定中两者间所建立的对称性或不对称性。我们认为当决策者对晚退休（比正常65岁晚）的费用和津贴进行权衡时，退休后早期阶段的损失或收益问题不会自然地、显著地或频繁地增加。

我们不确定“令人信服的读者如何找到这种发生其后者必然是其结果的理论”。实际上，只要随后的更全面的调查表明适当政策定格会影响提前退休和延迟退休的决定，我们就不会感到失望。然而，无论如何，与62岁相对65岁的结果对比，68岁相对65岁的结果强调了前面例子中得出的政策定格影响的重要性，也就是说，虽然我们后续调查中仅有50%的回答者表达了退休年龄从62岁推迟到65岁的意愿，不考虑政策定格，在我们最初调查中至少有57%的回答者表达了愿意推迟退休年龄到68岁，只要这样做使避免他们在相反条件下待遇年度增额的损失。很明显，只要给出这些选项，选择68岁（而不是65岁）退休以避免损失的回答者中至少有一部分将选择62岁（而不是65岁）退休。

调查结果：一次奖金费用对逐年增加费用

标准经济学理论预测，当人们面对精算上等值但结构不同的选项时，只要他们不受资产变现能力约束，他们表现相同。举个例子，如果人们有流动资产，并以10%的利率贴现，那么他们是10年内每年提供100美元，还是现在一次性提供615美元是相同的。前面部分的研究结果中对这个预测提出了质疑，因为似乎选择上小的重新定格却导致不同的回答。现在我们转向同经济选择的吸引力有关的调查结果，这个选择在结构上不同但以特定贴现率保持精算上是等值的。

在政策定格问题之后，我们要求最初调查中选择“退休从65岁推迟到68岁以享受慷慨的年养老金”的参与者对两种激励延迟退休的吸引力进行评价。[①] 一种激励被称为“当前制度”(current system)，包括他们先前考虑的同样的退休后收入的增额，另一种是“奖金制度”(bonus system)，提供一次性费用，代替增加的年金。我们对这两个可选方案的描述如下：

---

① 我们试图但无法找到一种方式比较每年养老金增加的未来损失影响与所得的一次性奖金的未来损失影响。像我们大多数回答者告诉我们的，我们设计的这个问卷选项证明是太复杂、太假设了，以至于不能连贯地回答或令人深信。

下面所列的是两个选项，可能适用那些正在决定 68 岁退休还是 65 岁退休的美国工人。第一个选项涉及每年费用的增加，第二个涉及一次性奖金。

1. 在当前制度中，他可能晚 3 年退休，即 68 岁退休，然后开始领取一年 12 500 美元的养老金，相当于 10 000 美元加上 2 500 美元的延迟退休奖励。

或者

2. 在奖金计划中，他可能晚 3 年退休，即 68 岁退休，然后开始领取一年 10 000 美元的社会保障养老金，但他退休时也会领取 25 000 美元的一次奖金。

上述描述的两种制度中，你更愿意在哪种制度中晚退休？

从社会保障计划的角度来看，68 岁时可支付的 25 000 美元有一个现值，加上一年 10 000 美元的养老金，如果以 2.8%的固定利率贴现，则社会保障储蓄预计为 125 740 美元。相应地，68 岁时起一年 12 500 美元的年金有 125 925 美元的贴现值。[①] 在两个计算中，由于社会保障津贴指数化并且使用固定贴现率，我们因此忽略了通货膨胀的影响。然而，我们 76%的调查者选择 25 000 美元奖金和 10 000 美元养老金，只有 24%的调查者选择 12 500 美元的养老金。[②] 一次奖金的显著吸引力甚至在随后询问同一组人关于普通美国工人的激励问题中更明显，大约 80%的回答者表示一次性奖金会更容易激励工人晚退休；只有 20%的回答者表示年金增加提供更大激励。[③]

调查结果：对社会保障制度的保留意见和质疑

调查的最后一部分探索了回答者对社会保障制度的信任和感觉。那么，参与者对当前制度的偿付能力和其未来待遇的看法有什么疑问呢？

对这个问题："社会保障制度在你退休时依然存在，假定按政府承诺提供给你全部津贴，你的信赖程度如何？（选项 1 到 5 表示"完全相信"到"根本不信"）回答的平均值是 2.6。大约 1/3 的回答者选择了可选范围中的最低项，22%的回答者选择了其相邻的项；只有 14%的回答者选择了可选范围中的最高项，仅 15%的选择了其相邻项。从年轻人和老年人以及从富裕的参加者到

① 这些计算以当前 80 岁的平均寿命为基础。

② 检验得出 $x^2=23.28$，统计显著性差异上等同于 1 000 次随机实验中，发生次数低于 1 次。

③ 检验得出 $x^2=32.29$，等同于 1 000 次随机实验中，发生次数低于 1 次。

不富裕的参加者，回答都是相似的。

下面这个问题更有争议，直截了当地问，“假设政府现在提供给你曾经向社会保障制度缴纳的每一块钱（但没有利率），然后让你退出今天的制度（意味着从现在起，你不用向社会保障支付任何钱，而且未来也不享受任何社会保障津贴）。你会接受这个提议吗?”在 5 个可选项中，平均回答是 1.87，其中选项 1 表示“完全接受提议”，至少 58%的回答者选择此项，18%选择了接下来的项；只有 7%的回答者表示他们会完全拒绝这个提议，仅 3%选择其相邻的表示有点不坚定拒绝的选项。

我们无法分辨这些回答是反映了参与者更直接表达对社会保障制度的偿付能力缺少自信，还是反映了回答者相信当前制度提供给今天的中年工人不利的制度安排（或者更世俗地认为现在利用他们的钱可能比未来更好）。然而，这些回答容易突出缺少远见的偏好，这些偏好在其倡导者看来使得社会保险必不可少。无论如何，一次性奖金吸引力的数据说明，这个有争议的结论也许是人们的偏好被利用的结果——或者出于利用人们短视或对偿付能力的非理性害怕的意愿，或者出于“自由论者”意识，即人们被允许自己作出经济决定。①

一些公共政策的含义

对于大部分美国人，退休是人生的里程碑之一。由于社会保障津贴构成多数美国人退休后收入的较大部分，因此有关退休时间的决策以及此制度提供的经济激励和障碍因素都极为重要。我们曾初步证明，根据提前退休年龄的损失或阻碍因素而不是根据延迟退休年龄的收益或激励，退休定格选择可能系统地改变偏好。我们也曾证明，潜在的退休者表现了对一次性奖金支付的显著偏好，并把一次性奖金作为延迟退休的奖赏而不是当前每月增加津贴的激励。

新的激励和障碍政策定格

1983 年，国会投票赞成将退休年龄从 65 岁提高到 67 岁，67 岁时才支付未减少的津贴。这项改革从 2001 年起逐渐实施直到 2022 年。人们仍然可以在 62 岁时领取退休津贴，但是每月津贴的减少比当前制度更急剧。相对于 67 岁新的参考点，工人在 65 岁和 67 岁之间领取津贴时也将会面临月津贴的减少，

---

① 令人感兴趣的是要看到有多少参与者愿意接受更少吸引的“全部收买”(buyout)。例如，从每一元中拿出 50 分用于投资，甚或离开制度并放弃它的所有投资的机会，但免除未来任何费用的收益。

而不是以 65 岁为参考点时的增加。如果我们当前数据和前景理论分析的影响是正确的，那么参考点的改变可能成功地促使更多的工人从 65 岁推迟到 67 岁退休，以避免相应的“罚金”或“损失”。这些新政策的提出以及潜在退休者对此理解的方式更大程度地受政府官员的控制，而媒体专家和各类群体向老年美国人提供建议或施加影响，无疑起到了一定的作用。我们的调查表明，在所规定的具体经济激励和障碍因素之外，政策定格问题可能对美国劳动力的退休决定有重要影响。

一次性奖金的吸引力

我们的回答者表示偏爱一次性费用支付，而这种偏爱的社会政策影响似乎非常明显。大多数美国工人发现一次性费用支付更具有吸引力，诱使他们工作年数比精算上等值的年限更大一些，甚至极大提高退休后每月的津贴。事实上，我们的数据表明，许多工人为了精算上较差的一次性费用支付，不仅用增加的未来养老金进行交换，而且用社会保障津贴的全部领取资格进行交换。不同比例（或特殊部分）的人口能接受多少贴现这个问题保留了我们进一步研究的主题，那时我们使用比机场和球场的回答者更具美国人口代表性的样本，并且提出的问题比我们现在所问的假设更少。但对于这些资格条件，我们的结果应对了耶稣关于因小失大的圣经故事。

此项研究为我们的结果提出了几个可能的解释。一是对一次性支付的偏好源于高的贴现率，也就是说，相对于分散在遥远的未来的较大的费用，回答者偏好不久的小额费用。除此之外，他们相信金钱对他们个人的效用将会随着年龄增长而较少，而且几乎没有分享他们的令人吸引的机会；或者说他们相信退休后不久的一次性支付将使他们实现更大花费，如在国家较温暖的地方购买公寓（condominium），或者可能去度假；否则，他们无法获得这些。二是我们的参加者可能对社会保障制度的偿付能力抱有根深蒂固的怀疑，这使他们愿意接受已到手的东西，或者聪明地领取这笔钱并且使用。

无论如何，一次性费用支付对如此多的回答者的吸引力提出了这样一个问题：是否应该给那些愿意比其同龄人工作更长时间的退休者一次性费用而不是增加年金。这有一个明显的逆向选择问题，因为多数人都有充分理由相信他们比精算表的预测有更长或更短的寿命（由此享受更大或更少的增加费用）。然而，一旦工人在最初领取年龄开始领取可付的基本养老金，对于延迟退休的一次性费用就有相当大的吸引力，前提是公共政策的目的是鼓励晚退休而且相比增加的年金人们更喜欢一次性费用。然而，值得注意的是一次性费用更可能增加了下面的可能，即那些利用兼职工作补充养老金的退休者们发现他们在未来不可能工作时收入不足。我们没有兴趣鼓励下面计划：人们愚蠢地交换他们应得权利的计划或更便宜的出卖自己的计划。但是，只要计划或选择有利于他们的目标利益或者更主观的偏好，比当前制度更好，我们也不愿意彻底拒绝提供退休者此计划或选择的可能性。

显现偏好对构思性偏好

传统经济模型假设人们有稳定的、逻辑上一致的偏好。面对选择，人们会根据他们的偏好重新排序并作出最好的选择。行为揭示了存在于每个人心中的有明确定义的稳定偏好。然而，似乎这个观点有吸引力，行为的决策理论研究在过去几十年就已经不断证明人们的偏好通常不容易被揭示，而是在理论引出的过程中构想出来。特别是，上百个研究已经证明，使用偏好引出不同模型时会产生逆向偏好。我们定格研究的最一般信息也远离新的领域。我们的调查结果初步突破了新的领域，表明真实世界的决策就像涉及退休和津贴计划的决定一样重要，可能易受到前景理论中所概括的非常规的影响。事实上，像我们此章中提到的实证结果已经引起著名的决策理论者 Paul Slovic 提出如下问题：“如果不同引出程序带来不同选项的安排，那么如何定义偏好并且他们的存在有什么意义？”[①]

这个问题在公共政策相关的背景环境中特别重要，就像涉及退休的环境一样重要和复杂。政策制定者的工作需要公众的意愿以及兑现此意愿的实施行动，但是如果他们的工作也需要定格发现意愿的选项和问题，那么他们将面临一个明显的两难境地。毫不夸张地说，民主性质的约定俗成的观点本身就有问题。

把偏好看作意愿的构思而不是它的显性表达，这在没有正常或中性的政策定格存在的情况中特别难以了解。计算社会保障津贴的参考点年龄的选择以及描述早或晚退休后果的损失或收益政策定格的选择，决不是唯一恰当的例子。我们返回到文章开头所用的例子，如果根据幸存率描述治疗方法时，人们相比化疗更喜欢手术，但是根据死亡率描述治疗方式时，人们更倾向化疗，那么此问题的哪个论述构成了中性描述？哪一个是病人愿意接受的方式？医生向他们建议时应该采用哪种方式？给决策者两个政策定格并且让他们选择他们认为最正常或最有用的一个方案，那么这个问题能解决吗？政策制定者无疑不可能回避此问题或者这些问题引发的道德问题，他们的决策决定了现状，这些现状反过来成为评估新选项中使用的参考点。一旦政策制定者完全意识到事情的状

① Slovic (1995).

况，就不可能忽略他们的全部力量范围和道德责任的复杂性。

参考文献

Clark, H. H., and M. F. Schober. 1992. "Asking Questions and Influencing Answers." In *Questions about Questions*, edited by J. M. Tanur, 15—48. Russell Sage.

Converse, P. E., and M. W. Traugott. 1986. "Assessing the Accuracy of Polls and Surveys." *Scienve* 234 (4890): 1094—1098.

Elster, J. 1979. *Ulysses and the Sirens*. Cambridge University Press.

Fischhoff, B. 1991. "Value Elicitation: Is There Anything in There?" *American Psychologist* 46 (August): 835—847.

Kahneman, D., and A. Tversky. 1979. "Prospect Theory: An Analysis of Decision under Risk." *Econometrica* 47 (March): 263—291.

——. 1984. "Choices, Values, and Frames." *American Psyhologist* 39 (4): 341—350.

——. 1988. "Rational Choice and the Framing of Decisions." In *Decision Making: Descriptive, Normative, and Presriptive Interaction*, edited by D. Bell, H. Raiffa, and A. Tversky, 166—192. Cambridge University Press.

McNeill, B. J., and others. 1982. "On the Elicitation of Preferences for Alternative Therapies." *New England Journal of Medicina* 306 (May 27): 1259—1262.

Payne, S. L. 1951. *The Art of Asking Questions*. Princeton University Press.

Savage, L. J. 1954. *The Foundations of Statistics*. John Wiley.

Schelling, T. 1981. "Economic Reasoning and the Ethics of Policy." *Public Interest* 63 (Spring): 37—61.

——. 1984. "Self-Command in Practice, in Policy, and in a Theory of Rational Choice." *American Economic Review* 74 (2): 1—11.

Schuman, H., and S. Presser. 1981. *Questions and Answers in Surveys*. Academic Press.

Shefrin, H. M., and R. Thaler. 1992. "Mental Accounting, Saving, and Self-Control." In *Choice over Time*, edited by G. Loewenstein and J. Elster, 287—330. Russell Sage.

Slovic, P. 1995. "The Construction of Preference." *American Psychologist* 50 (5): 364—371.

Sudman, S., N. Bradburn, and N. Schwarz. 1996. *Thinking about Answer: The Application of Cognitive Processes to Survey Methodology*. San Francisco: Jossey-Bass.

Thaler, R. 1980. "Toward a Positive Theory of Consumer Choice." *Journal of Economic Behavior and Organization* 1 (March): 39—60.

Thaler, R., and G. Loewenstein. 1992. "Intertemporal Choice." In *The Winner's Curse*, edited by R. Thaler 92—106. Free Press.

Thaler, R., and H. M. Shefrin. 1981. "An Economic Theory of Self-Control." *Journal of Political Economy* 89 (April): 392—410.

评 论

◎ **Daniel Kahneman**

在 David Fetherstonhaugh 和 Lee Ross 的文章中，初步的证明支持以下三个结论：退休时间受到作出此决定时的经济状况的描述或政策定格的影响；退休者更喜欢一次性费用，胜于经济上更有利的收入流；以及对社会保障的未来持有怀疑。我将对前两个研究结论进行评述。

作者最初的研究调查了 65 岁退休者或 68 岁退休者的社会保障津贴之间差别的不同描述的影响。在 Richard Thaler 对汽油的现金价格和信用卡价格之间的差别称为信用补偿还是现金奖励的典型讨论之后，作者将津贴中的差别或者界定为 65 岁退休时的罚金，或者界定为 68 岁退休时的奖金。[①] 如其所料，作者发现当津贴差别被描述为罚金而不是奖励时，晚退休的偏好通常更强。那么，什么促使产生了这个影响？仔细检查问题的字面意义会更有启发：

> 在当前社会保障制度下，美国普通男性工人正在选择 65 岁退休或 68 岁退休，有以下两个选择：
>
> A. 他可能 68 岁退休，开始享受一年 12 500 美元的养老金。
>
> B. 他可能更早退休，在 65 岁而不是 68 岁，开始领取一年 10 000 美元的养老金，即 12 500 美元减去 2 500 美元的提前退休罚金。

在另一个政策定格中，这两个选项的顺序被颠倒，收入的差别被提出作为延迟退休的奖励。作者集中于将现金差别界定为奖励或罚金，以此作为两种说法的不同回应的解释。但他们认识到其他解释也是切实可行的重要问题，因为结果的不同解释可能会对政策产生不同的影响。

当我读上述问题时，使我印象最深刻的就是将 68 岁暗示为正常退休年龄。选项 A 是默认选项，而选项 B 是被认可的变形。几个暗示表明了这个差别：选项 A 首先被提出，它的描述是简短的，而选项 B 被描述为一个变量（“他可能更早退休……”)。这种指定一个选项作为默认选项就是潜在的控制，如果在既定环境中被视作默认行为，那么执行此行为的概率极大地增加，这是共同意识和社会科学的普遍情况。甚至，在缺乏明确的激励支持正常默认行为时，这个预测也会保持不变。调查回答者也有充分的理由推断个人的退休年龄的选择

---

① 典型的解释见 Thaler（1980）。

会支持这个默认年龄，即使退休后津贴不受退休年龄限制，这个推断也是合理的。因此，我无法确定 Fetherstonhaugh 和 Ross 得到的结果是因为暗含的退休规则还是津贴差别的政策定格。

默认行为的显著吸引力在 E. J. Johnson 和其同事的报告论述中有很好的说明。[①] 新泽西（New Jersey）和宾夕法尼亚（Pennsylvania）允许汽车车主放弃诉讼的权利，以换取减少的保险金。在新泽西，司机必须以额外代价获得主动诉讼的权利；在宾夕法尼亚，充分的诉讼权利是默认的。这些控制的影响实际上很大：75%的宾夕法尼亚人和新泽西只有 20%的司机保持了充分的诉讼权。我注意到，在 Fetherstonhaugh 和 Ross 结论中模棱两可的解释在实际情况中也出现。那么，默认选项的优势是由于“损失厌恶”吗？还是它反映了更普通的行为惯性？

默认选项的优势可能由多因素决定。首先，在认知上不需要保留默认选项：也就是当我们不用非常努力思考时我们所做的事情。其次，保留默认选项几乎像没有做任何事情，而违背它就是违法行为。像自杀和被动死亡之间最惊人的区别表明，认为人们所做的不良后果比他们遗漏的后果更有责任[②]，增加的责任是与极大的遗憾威胁有关。其实对于同样的结果，由于他们所做的事情引起相比由于他们没做的事情引起时，人们会经历更强烈的遗憾。再次，默认也由顺从的意愿和按大多数人所做的去做来支持。最后一点，在由慈善机构提供选择的场合中，默认选项可能被视作关于最适合大多人的暗示推荐。

这些论述对政策制定和实施都有影响。政策影响是，任何引起正常退休年龄看法变化的因素都将对人们的行为有自我加强的影响，并且有许多方式都会诱使这种变化——最明显的是通过改变实际津贴。即使人们最初抵挡了变化，但实际上可能也会接受这种变化作为正常的情况，而且这个变化确定了一个固定的点以吸引许多个人的自由选择，这就是 Fetherstonhaugh 和 Ross 根据略微不同的基础得出的结论。由于可能没有中性的方式引出人们对于重要问题的选择，政策的实施会进一步复杂化。作者表明了退休年龄问题的不同阐述可能会对偏好有重要的影响；由于暗含的默认选项，对没偏向选择的设计形式的质疑可能更令人气馁。Fetherstonhaugh 和 Ross 在他们的序言中所讨论的政策定格例子的关键问题是，偏见是不可避免的，因为提供给人们多种政策定格并不总是实际。因此，必须选择政策定格，没有政策定格是中性的。像他们所提到的，政策定格影响带来的不可避免性对政策的实施增加了微妙的并且难解的道德问题。

① Johnson 等人（1993）。

② Baron（1993）.

文章的第二个主要研究结果，即精算上较差的一次性支付比一连串的退休收入更有吸引力，产生了类似的道德问题，甚至更明显。上述研究结果在经济分析的标准框架中不被看作一个问题，标准框架把代理人看作是完全理性，由此在某种程度上鼓励消费者至高无上权力的准则。我们假设理性的代理人理解了他们面对的选项，并根据对财富、风险和时间收益的一致性偏好，考虑在一次性费用和年金之间进行选择。一般来说，假定人们有充分的理由作出选择，因此能自由应用任何效用函数和贴现率。这种假定居民理性的观点是反对家长式关系的有力的辩论，甚至此观点曾常常被用于提出对社会保障制度需要的质疑。

我们认为用完全理性的假设指导各种情况下的政策是不够现实的，更不用说生活令我们满意了。认为居民只是有限理性的看法增加了政策制定者几个重大职责。Fetherstonhaugh 和 Ross 的初步研究表明，对人们易受到政策定格影响的承认可以将任何政策定格选择变成干预，几乎无可避免地使选择偏向一方或另一方。作者研究的一次性问题表明了另一种两难境地：什么时候适合向有限“理性人”提供因错误理由可能偏爱的选项？

有限理性和有限“自我控制”的问题是随着时间偏好背景中的特殊影响力而产生的。与标准理性理论相反，观察到的贴现率易受到政策定格影响，他们也随着利害关系、事情（收益和所得）的本质以及直觉性而改变。[①] 作者在一次性费用和年金之间研究的特殊选择也可能受认知偏见的影响，即所谓的“财富幻觉”：当反对阶段支付时，一次性支付看起来是一大笔钱。在支持一次性费用支付的方向中，这种感觉倾向于年金计算的直觉看法。像 Fetherstonhaugh 和 Ross 在他们的总结评论中指出的，有限理性会在利用人们错误的计划和限制人们选择自由的规则之间强加一个令人不适的选择。

参考文献

Baron，Jonathan. 1993. *Morality and Rational Choice*. Dordrecht：Kluwer.

Johnson，E. J.，and others. 1993. “Framing，Probability Distortions，and Insurance Decisions”. *Journal of Risk and Uncertainty* 7：35—51.

Loewenstein，George，and Richard H. Thaler. 1992. “Intertemporal Choice.” In *The Winner's Curse*，edited by Richard Thaler，92—106. Free Press.

Thaler，Richard H. 1980. “Toward a Positive Theory of Consumer Choice.” *Journal of Economic Behavior and Organization* 1：19—60.

① Loewenstein 和 Thaler（1992）。

第七章

从心理学角度看“退休”的经济意义[①]

Elton Pasea 是共同基金销售商的噩梦……他在得克萨斯州的尼德兰生活得很好，每月拿 1 200 美元；700 美元来自社会保障基金，500 美元来自一个联合养老金。他从未拥有过股票、债券或者共同基金。他一生的 33 000 美元的积蓄都投资在储蓄保障上……他没有百万美元的别墅，而且他的收入还不到退休前的 70%……那么，这个可怜的人怎样才能拥有美好的日子呢？

“什么时候真正地满足”，《纽约时报》

1998 年 10 月 4 日

经济学家和政策制定者长期担心人们为退休积攒的积蓄不足。本章的许多内容都证明了这种担忧。“工作时储蓄，退休时消费”的生命周期模型将终生消费大约维持在同一消费水平。[②] 然而，大量的研究证明退休后的消费大幅度下降。虽然经济学家已经讨论了消费下降的原因，大多数人一致认为消费下降是非计划、非预期和非自愿的。[③] 比如，最近一篇文章评价了很多解释消费下降的原因，其中就包括“使得消费下降和生命周期假设完全协调一致的唯一可能是，未来出现了非预期的相反信息”。[④] 换句话说，这些作者认为，因为积蓄太少，人们惊讶于自己退休后的贫穷，从而被迫减少消费。退休金的不足引起了各种各样的政策干预，比如新的鼓励储蓄的激励措施，提高社会保障待遇和教育的主动性等。

一个公认的且很少检验的假设构成了经济学家对退休积蓄不足担心的基

---

① 这项研究是作者在访问行为科学院高级研究中心的时候完成的。感谢国家科学基金（NSF）（项目号为 SBR-960123）的支持。自 NSF 项目 SBR-9521914 到 Carnegie Mellon 大学的人们行为变化综合研究中心，都要感谢 Loewenstein。

② Modigliani 和 Brumberg（1954）。

③ Bernheim，Skinner 和 Weinberg（1997）。

④ Banks，Blundell 和 Tanner（1998，p. 769）。

础：退休后消费的下降减少了退休人员的福利。[①] 假设消费下降未减少福利，毫无疑问，它不被视为特别的烦恼——就是说，它只是被视为一个对生命周期模型的主观挑战。

看起来似乎很明显，福利很大程度上要依赖于消费，关于物质福利（以下简称 SWB）决定因素的研究不足支持这一关联关系。利用各种调查设计并指导大范围人口的研究，已经总结出人们很快地接受收入上的变化，而且幸福（或生活满意度）与收入的关系至多是微弱的。这表明退休后消费水平下降对退休人员幸福感的影响都可能是很小且短暂的。一些批评家的言论加强了这些预言（正如摘自纽约时代的一篇公开引用的文章中讲述的那样），这些批评家把经济学家的可怕警告看作是大惊小怪的，且在政策制定者和储蓄者间制造了不必要的担心。

收入与幸福

大多数有关幸福或者 SWB 与经济变量之间关系的心理学研究，把焦点集中在收入而不是消费上，可能是因为能获得更多的收入信息。衡量这种关系有很多办法，比如，通过调查同一时间不同城市、同城市不同时间或者同一个城市不同的人们。虽然每一个方法都倾向于获得一些略有不同的结论，但是一个人从这些多样的研究中可以得到一个大体的结论，就是 SWB 与收入之间的联系微弱。大部分人说他们过着满意的生活，而且当物质生活环境有很大差别时，幸福感几乎没有差别。[②] 虽然人均收入从 120 美元（坦桑尼亚）到 32 790 美元（瑞士）的 55 个国家的 10 万个人的财富调查确实发现了人均 GDP 与物质福利之间有着很强的联系（相关系数是 0.58），一旦跨国分析，它们之间的关系就不复存在了，原因是人权也被考虑进去。[③] 在一个国家内 SWB 与收入之间的联系的典型研究，发现了二者是微弱的正相关关系。比如在美国，在财富与所谓的幸福之间的相关系数仅仅是 0.12[④]。最终，没有证据可以完全表明，在一个国家当平均真实收入提高的时候，SWB 也会提高。[⑤] 比如，1958—1987 年，日本的人均实际收入翻了五番，但是没有报告说 SWB 也有提高。

---

① 在经济学里，消费本身是没有价值的，但它是一种效用的来源。虽然很多经济学家已经否定了效用与幸福之间的任何联系，但是很多标准化的含义（例如那些由退休研究学家使用的）很难被界定，这些标准化的含义未假设效用至少与幸福有着很强的联系。

② Diener 和 Diener（1996）；Myers 和 Diener（1995）。

③ Diener，Diener 和 Diener（1995），Veenhoven（1991），还有 Diener 等（1993）。

④ Diener 等（1993）。

⑤ Campbell（1981）；Diener（1984）和 Esterlin（1974，1995）。

大部分关于收入的变化怎样影响 SWB 的研究焦点集中在收入的提高上，因为收入一般随着时间而增长。除了对失业的研究（失业很难解释，因为失业带来很多后果，不单单是收入减少），很少研究测试到人们对收入减少的反应。无论如何，其他研究已经发现人们在很长一段时间内接受坏结果的能力异常好，例如瘫痪，孩子或者配偶的死亡，这些直觉上看起来显然比收入或消费减少更具破坏性。① 人们不仅仅可以很快接受这样坏的结果，而且他们似乎低估了自己的适应能力。②

如果收入不能说明人们在 SWB 上的巨大变化，那么什么因素能说明呢？到目前为止，遗传的天性看起来是最重要的。根据最近一项对双胞胎的调查发现，天生的差异可以解释 SWB 中 60％的变化。③ 其他重要的决定因素包括生活中的非物质方面，例如一个人的社会联系，或者是否有孩子；如果有，决定因素又包括他们的年龄，它们是如何起着正作用的。④ 总体上说，这个心理研究认为没有理由预期退休时消费水平下降对 SWB 有很强或持续的影响。⑤

---

① Frederick 和 Loewenstein（1999）。

② Gilbert 和其他人（1998）；Loewenstein 和 Schkade（1999）。

③ Lykken 和 Tellegen（1996）。

④ Michalos（1987）.

⑤ 表面上看，SWB 未过多地依赖于收入，看起来与人们努力地提高他们的物质环境不相一致。明显的差异原因何在？一个可能是 SWB 实际上确实随着收入的提高而提高，但是这个关系因为福利衡量中的缺陷而变得模糊。最大的潜在问题来自于，人们 SWB 的自身标准是建立在他们个人经验层次基础之上的。人们根据自己个人经验的层次来确定 SWB 的标准，随着他们个人经历的变化，标准终点的解释也会在相同的方向发生变化。比如，虽然半身麻痹患者评定自己比正常人有低一些水平的 SWB，但是他们自己会把自己排在比大部分人期望到的水平高一点的位置（1～5 级中的 3.9 级）（Brickman，Coates 和 Janoff-Bulman，1978）。这些高 SWB 的排名意味着他们很满意自己的生活或者意味着，半身麻痹患者，有过变麻痹的极其痛苦的经历，对不快乐有着不同的理解。就是说，在 1～5 的等级中的 1 级对半身麻痹患者来说有着消极的意义，在底部由瘫痪事件带来的痛苦组成的刻度上，一个 4 级要比一个底部由更世俗的悲伤组成的刻度上的 4 级，更能反映一个低水平的 SWB。这样一个刻度标准会导致一个实际幸福变化的不确切表述。

另外一个解释差异的理由是，虽然人们最终可能适应收入上的变化，但是过渡时期会快乐（当收入增加时）或者痛苦（当收入降低时）。人们很在意快乐或痛苦的短暂时段（比如，他们很在乎飞机失事遇难者生命的最后那几分钟甚至几秒钟），而且这些快乐或痛苦的短暂时段本来有可考虑的动力，就算他们很短命，最终，SWB 与收入之间的关系缺乏可能不是表面的，差异可能来自人们错误地相信那个关系是存在的。很多社会评论家（比如，Scitovsky，1976 年）已经讨论了人们高估了金钱带来幸福的作用，而且作为结果，人们花了大量的时间和精力在提高他们的收入上而不是那些可能给他们带来长远幸福的活动上。

退休中的幸福

一些研究已经检验退休是怎样影响 SWB 的。如果一个人可能预期到消费的下降并且消费是幸福的一个很重要的因素，退休人员就真的缺少快乐吗？除了收入上的差距还有什么因素能解释幸福上的差异？与认为收入和 SWB 有很少联系的那个研究相类似，对退休中的幸福研究表明，就算在退休中收入减少和健康情况恶化，SWB 也几乎没有下降。

比如，针对 310 名以色列男性退休人员的研究，发现 72%的人满意或者非常满意退休生活，主要是因为他们愿意放弃工作，开心地接受闲暇时光，共享与家人和朋友的活动。[①] 退休前的咨询和为退休做的准备工作对退休没有一点影响。对闲暇时间的满意受教育水平、退休后工作、家内娱乐活动的影响。与配偶分享闲暇和与家人的联系是影响家庭幸福的因素，尽管休息与安宁受健康状态的影响。以前的职业对满意度没有影响。

针对美国退休人员的研究发现退休与减少的幸福感有关联，一旦控制了慢性病和最近的健康变化因素，这种影响在统计上就不显著。[②] SWB 与退休之间的负相关关系部分地归结于收入上的变化，虽然收入上的影响小于健康上的影响。根据这项研究，离婚、分离和守寡、非计划性退休一样都会降低 SWB 水平。

后来，一项有着相同数据集的研究发现，参与活动对于退休人员的 SWB 很重要；而且糟糕的健康状况降低了 SWB，很大程度上是因为它影响了闲暇活动。[③] 另外一个相同数据集的研究发现退休人员和未退休人员有相同的幸福感。自愿退休的人员比工作人员快乐，那些因为身体恶化而退休的人的 SWB 最低。早退休似乎与报告的幸福感没有关系。[④]

另一项关于 117 个人的长时间的研究发现，在退休的第一年中福利是提高的。全部福利的决定因素在退休时发生了变化。在自愿退休之后不久，良好的健康状况和充足的收入是高 SWB 的主要因素。在近几年里，有“内在控制点”的退休人员——就是说，那些认识到自己对生活中的事情负责的退休人员——有高一些的 SWB。[⑤] 一个针对 60 名退休的公共注册会计师的研究发现，

① Kremer (1985).

② Beck (1982)，这项研究建立在国家对成年人群体的纵向调查 (NLS) 上。

③ Beck 和 Page (1988)。

④ Crowley (1986)，这项研究用一个问题直接寻问被调查者对幸福感和测量影响的合成指数的反映。Knesek (1992) 用一个不同样本和一个不同的幸福标准证实早退休的研究成果。

⑤ Gall，Evans 和 Howard (1997)。Reitzes，Mutran 和 Fernandez (1996) 也发现了 SWB 随着退休而提高。他们跟踪 757 名工人两年，还发现一部分退休人员有着很低的压抑分数和高一些的自我评价分数。

整体上，他们对活动和工作、个人关系、健康和财务状况都非常满意。[①] 这四个领域是被开发用来衡量职业人员的退休满意度的退休描述指数。志愿工作也和退休满意度有关系，但是退休时间的长短、原因、教育水平、退休团体的人数不是满意的主要指标。大多数人反馈说退休是他们所期望的。

上文主要研究了与退休幸福密切相关的因素。收入的下降与退休幸福的降低有一定的关联，但是诸如健康、社会联系和关系网络、退休前计划、退休的安排表以及是不是自愿退休等因素理所当然更重要。而且，可能因为闲暇时间的增多弥补了收入的减少，所以退休人员无论在绝对水平上，还是相对于退休前的感觉，均对生活满意。

我们的研究

本章的焦点关注退休对 SWB 的影响，特别在“退休伴随着可支配收入的下降”的范围内。如果人们没有为退休攒够钱，而且如果收入是幸福的一个重要决定因素，那么一个人应该会料想到在退休人员中幸福感的一个明显下降的转折——一个被收入或消费下降影响的下降。而且，如果未预期到消费下降，就像最近的分析所表明的那样，退休人员不应预期到福利的下降。基于刚使用的文献，无论如何，我们预期，退休人员不会经历一次未预期的 SWB 的下降。因此，我们将调查延伸到另外两个问题：第一，为什么可支配收入的下降不会影响福利？比如，是否退休人员以不重视市场物品消费的重要性的方式来重塑自己的生活？第二，与第一个问题联系非常紧密，到底是什么因素影响退休生活中的幸福？如果消费不是一个非常重要的幸福的决定因素而生活其他方面是的话，一个不以收入为基础的政府干预——比如，投巨资于老年市民中心或娱乐活动——可以比基于收入的政策干预有更大的影响（花费成本很小）。

为了解决这些问题，我们引用了美国的一个要面临退休或者几年前退休的老年男性的调查研究。这项研究包括在退休中、退休前的 SWB 和在 SWB 中潜在经济的和非经济的决定因素的测量项。我们的报告证实了退休人员较将要退休人员相比的快乐情况，什么决定着这两个群体的幸福以及这些决定因素有什么不同，未退休人员是否能准确地预期到他们的退休福利，退休人员是否能精确地回想起自己退休前的幸福，退休人员对自己的退休准备和时间有哪类遗憾。即使退休人员说，虽然消费水平低点，他们和那些还没有退休的人们同样快乐，但是研究他们对退休准备的遗憾还是很有趣的，特别是当他们察觉到自己储蓄的钱太少时。

---

① Ward，Wilson 和 Ward（1994）。这个指数被 Smith，Kendall 和 Hulin 开发（1969）。

调查

调查，由被调查者自己实施的，问卷共四页。首先，询问未退休者的工作情况——职业、经历、周工作时间、对工作的喜爱程度——以及他们是否有退休计划。退休者被问及与过去工作类似的问题。也会问到他们的退休时间与原因——比如，他们是不是被强迫退休，是不是因为身体不好。

然后，询问的问题被设计为用来衡量福利的特征。对未退休者，这些问题涉及全面的幸福水平；关于生活的五个特定方面的幸福感——住房、地域、健康、生活标准和闲暇活动；是不是他们预期退休后会更开心或不开心；相对自己朋友和熟人的幸福感。对退休人员来说，问题是相似的，除了他们预期快乐感外，代替以“与退休前相比他们现在的快乐程度”“与退休前的期望相比他们现在的快乐程度”这两个问题。

两组都会被问及是否同意以 1（非常同意）到 4（非常不同意）表示的 31 个描述，其中的 21 个用来衡量对时间和金钱的感觉。这些项目中的 6 项描述取自一个被广泛应用的压抑标准，作为衡量精神福利的替代标准。

最后，询问被调查者是否同意为退休作准备的 12 点遗憾的描述。其中的 9 个涉及经济方面，两个为退休时间方面（“我应该早点退休［对退休有计划的］”和“我应该试着推迟我的退休［正在尝试］”），还有一个是关于对闲暇时间的计划（“我低估了‘知道怎样利用退休中空闲时间’的重要性”和“我相信‘知道如何在退休中利用空闲时间’是很重要的”）。最终，我们询问被调查者与本区域和区域外的家庭成员的交往，他们开始为退休储蓄的时间（“在 20 多岁时”到“从来没有”），和其他有关收入来源的情况。

样本

Market Facts，一家消费者调查公司，实施了这个调查。调查了以前与公司有联系的 500 位 60～65 岁间的未退休人员，500 位 65～70 岁间的退休人员。这一千人选自 Market Facts 的消费邮件跟踪数据，消费邮件跟踪数据是全国范围内大约 450 000 个家庭的调查样本。这个样本在人口统计学上代表美国人口，是建立在诸如家庭收入、规模、户主的年龄、地理位置和城乡位置的标准之上的，但是作为同年龄段美国男性样本的可能性还太小。表 7—1 很明显地表示了这些样本的人口学统计特征。表 7—2 表示了收入来源的中断，被调查者的家庭收入比美国平均水平高一些，收入的组成不同，未充分地代表少数民族。退休者称比已经退休者有更多的工资收入、少量来自退休计划的收入和少量的社会保障金是不足为怪的。

表 7—1　　　　未退休者和退休者样本的人口学统计特征

特征变量	没有退休的（n=204）	退休人员（n=275）	差异显著性[a]
年龄	61.9	67.9	0.001
已婚（百分数）	81.1	78.8	n.s.
独身（百分数）	77.5	89.2	0.001
孩子数	2.60	3.10	0.01
工作类型（百分数）			
白领，高社会地位	46.0	39.3	n.s.
白领，低社会地位	18.7	15.0	n.s.
蓝领	22.7	25.5	n.s.
家庭收入（美元）	66.628	43.392	0.001
（回忆起的）退休前收入（美元）	…	47.399	…
退休年数	…	8.20	…
计划退休（百分数）	75.5	…	…
预期几年后退休（对那些计划退休的人来说）	3.34	…	…
停止工作的年龄		59.7	…
人口区域（百分数）			n.s.
新英格兰	6.4	5.5	
大西洋中部	15.2	12.0	
东北部中心	19.6	17.5	
西北部中心	9.3	5.8	
南大西洋	19.6	20.0	
东南部中心	3.4	7.3	
西南部中心	8.3	9.1	
山区	3.9	6.9	
太平洋	14.2	16.0	
少数民族（百分数）			n.s.
西班牙人	3.9	2.6	
亚洲人	1.5	0.0	
黑人	1.0	1.8	

资料来源：调查中作者计算。

a. “n.s.”表示不显著。

表 7—2　　未退休者和退休者样本的收入来源[a]　　美元（除有特别指明）

收入来源	没有退休	退休
工资	53 847（99%）	6 721（41%）
	（23 440）	（14 799）
退休计划		16 119（88%）
		（14 879）
社会保障		12 794（97%）
		（6 759）
储蓄	11 918（83%）	9 529（75%）
	（18 833）	（14 622）
政府津贴	28（18%）	1 308（17%）
	（9 617）	（4 256）
亲戚资助	633（3%）	58（1%）
	（6 200）	（564）

资料来源：参见表 7—1。

a. 括号中百分比是指群体从这个来源得到的所有收入的百分比。括号中的美元数为标准差。

退休人员的反馈大体上比工作的人高——275：204——主要是因为超过一半的“未退休人员”自从他们最后一次与 Market Facts 联系时就已经退休了并且当他们被教导该怎样正确填写时，他们返回了没有答案的问卷。

我们举例的主要目的是给出了未退休者和退休者的对比样本，而不是美国男性的随机样本。表 7—1 中的数据实现了这个目标。除预期寿命和收入差别外，两个样本间唯一的显著性差异是独身生活或只与自己老伴生活的比例（比未退休样本稍微高一些）和孩子的数量（也比未退休的多一点）。这些差异可以潜在地用“退休样本年龄大”来解释。

结果：幸福

与最近关于退休者的 SWB 和一般人的 SWB 的其他的研究相一致，未退休者和退休者都有着很高的幸福指数（见表 7—3）。虽然两个群体间的差别在统计上是显著的，但是平均数非常相似。比如，两个群体都把自己定位在大约 3.4 的水平上，而整个幸福指数是 1～4（见表 7—3，第一行）。

表 7—3　　　　退休者幸福感[a]

标准	没有退休（$n=204$）	退休（$n=275$）	差异显著性[b]（$p<$）
对生活的感觉 （1＝非常不快乐，4＝非常快乐）			
1. 整体情况	3.36 (0.65)	3.46 (0.68)	n. s.
2. 住房	3.55 (0.65)	3.66 (0.59)	0.05
3. 地域	3.45 (0.72)	3.60 (0.62)	0.05
4. 健康	3.27 (0.74)	3.01 (0.94)	0.01
5. 生活标准	3.41 (0.63)	3.36 (0.73)	n. s.
6. 闲暇活动	3.12 (0.81)	3.39 (0.74)	0.001
7. 相对于朋友的幸福度 （1＝很不快乐（到）5＝很快乐）	3.63 (0.76)	3.57 (0.88)	n. s.
压抑标准 （−1.5＝很少快乐（到）1.5＝比较快乐）			
8. 我感到沮丧	1.05 (0.74)	0.87 (0.87)	0.05
9. 我享受饮食并且有一个好胃口	1.11 (0.61)	0.96 (0.72)	0.05
10. 我做的每件事都是努力	0.78 (0.75)	0.66 (0.88)	n. s.
11. 我很快乐	0.82 (0.65)	0.84 (0.77)	n. s.
12. 我很孤独	1.01 (0.76)	0.89 (0.86)	n. s.
13. 我对未来充满希望	0.60 (0.77)	0.60 (0.82)	n. s.
14. 扩大的沮丧标准 （−9＝不开心（到）9＝开心）	5.41 (2.91)	4.85 (3.59)	0.1

续表

标准	没有退休（$n=204$）	退休（$n=275$）	差异显著性[b]（$p<$）
15. 扩大的幸福标准	0.021	−0.009	n. s.
（结构变量）	(0.905)	(1.069)	

资料来源：参见表 7—1。

a. 括号里为标准差。

b. "n. s." 表示不显著。

虽然这两组人员反映的整体幸福水平相近（参表 7—3，第 7 行），但一些差别还是值得注意，退休者通过引用沮丧标准测量到，退休者稍微有些不快乐（第 14 行），主要原因是退休被调查者报告自己更沮丧，且没有未退休者那么能享受美食了。在幸福的特定衡量指标上（第 2～6 行），退休者对于住房、地域和闲暇的感觉比未退休者好，但健康状况差。虽然在平均收入上有巨大的差异，但是未退休者和退休者对自己生活标准有着相似的满意度（第 5 行）。

为便于整个福利分析，我们引用了集合幸福指数，平均分配在对生活的整体感觉、相对于朋友的幸福度、来自于压抑项目上测量的幸福。[①] 集合的幸福变化被标准化，样本的均值为 0、标准误差为 1。在这一章剩下的部分里，用这个指数作为幸福的中心标准。未退休者和退休者的集合幸福度（第 15 行）也是一致的。

在我们的例子中没有证据表明幸福感随着退休而明显下降。在一定程度上，幸福感确实下降了，原因似乎是健康状况（第 4 行）。虽然在家庭收入上有 35 个百分点的下降，但是两个群体对生活标准的满意程度非常相似。

什么决定幸福？

为了解释幸福，我们退回到针对被访者生活 6 个方面的幸福指数的满意度上：工作、住房、地域、健康、生活标准和闲暇。这些满意度解释了指数中的一半变化——对于 49％的未退休者、50％的退休者（见表 7—4）。两个样本对健康与生活标准的感觉都很显著且认为同等重要。闲暇对两个群体都很显著但是对退休者尤其重要。对于未退休者来说，对工作的感觉也很显著。[②]

---

① 这些成分是高度相关的（$r_{12}=0.42$，$r_{13}=0.65$，$r_{23}=0.44$）。

② 包括互动项（表中未标出）的合并回归分析显示两组对工作感觉的重要性上的显著性差异。对未退休者来说，工作更重要；对退休者来说，闲暇更重要。

表 7—4　幸福度对整体幸福标准的影响[a]

幸福度	未退休	退休
满意程度		
（1=非常不开心（到）4=非常开心）		
工作	0.284***	0.046
	(0.064)	(0.071)
住房	0.025	0.114
	(0.095)	(0.102)
地域	0.118	−0.060
	(0.080)	(0.092)
健康	0.381***	0.397***
	(0.072)	(0.062)
生活标准	0.262**	0.225**
	(0.091)	(0.079)
闲暇	0.211**	0.465***
	(0.070)	(0.080)
常数	4.222***	3.895***
	(0.358)	(0.388)
总体统计		
观察人数	194	254
R^2	0.485	0.503
调整的 R^2	0.468	0.491

a. 独立变量是集合幸福度。* $p<0.05$，** $p<0.01$，*** $p<0.001$。括号中的数据为标准差。

表 7—4 中的回归分析得出如下两个主要结论：第一，生活标准看起来很重要——对那些工作的人来说，它和闲暇的质量和工作的感觉一样重要，但是不如对健康的感觉重要。然而，不清楚一个人对生活标准的满意度是否与他的收入（或者消费）相关。第二，随着退休，对闲暇的满意度作为整个幸福的一个决定因素的作用明显地提高。事实上，闲暇满意度在退休者与未退休者间的差异几乎确实弥补了两个群体在工作满意度上的差异，就好像退休者的工作就是闲暇。

与心理文献里关于 SWB 的早期结论一致的，客观的变量不能解释自述幸福感的差异（见表 7—5）。储蓄上的下降（对为退休存钱者和已退休者，我们认为它是最迫切的资源），房屋所有权（我们认为有可能带来一种安全感），在被调查者的区域内、外与亲戚交往，婚姻状况，有无子女，教育水平，年龄都

表 7—5 整体幸福标准的客观决定因素[a]

标准	未退休	退休
收入	－0.003	0.005
（千美元）	(0.002)	(0.003)
花掉积蓄	－0.259	0.053
	(0.160)	(0.148)
自有住房	－0.087	－0.159
	(0.275)	(0.276)
与家庭成员的联系	0.015	0.001
本区域（每月探望的次数）	(0.008)	(0.008)
与家庭成员的联系	0.042	0.004
外区域（每月探望的次数）	(0.060)	(0.037)
孩子（有还是没有）	－0.395	0.275
	(0.274)	(0.271)
婚否	0.231	0.077
	(0.223)	(0.224)
教育（年）	0.030	0.013
	(0.027)	(0.029)
年龄	0.013	0.010
	(0.044)	(0.040)
每周工作时间	0.000	0.001
	(0.006)	(0.007)
工作年限	0.001	0.002
	(0.005)	(0.007)
对工作的满意度	－0.267**	0.142
（1＝非常不满意（到）4＝非常满意）	(0.093)	(0.105)
自愿退休	…	0.417**
		(0.160)
常数	－1.796	－2.141
	(2.716)	(2.746)
总体数据		
被调查者数量	164	233

续表

标准	未退休	退休
R^2	0.11	0.08
调整的 R^2	0.04	0.03

a. 集合幸福度是独立变量。* $p<0.05$，** $p<0.01$，*** $p<0.001$。括号中的数据为标准差。

对自述者的幸福感有显著的影响。①

对未退休者来说，重视工作对幸福有显著的正向效果。这个发现的意义模糊了如下事实：“重视工作”，回归分析中唯一的一个主观变量，能把对生活的（像工作对幸福的实际影响一样）乐观看法和一般看法区分开来。在本区域与家庭成员的联系是边界性显著（$p<0.08$）。对退休者来说，唯一一个统计上对幸福产生显著性影响的指数是被调查者是不是自愿退休。被调查者是否有孩子的系数很大，但两个群体相反，且在统计上是不显著的，表明人们对与孩子关系上有很大的、变化的反应。

我们也测试了幸福与四类工作的关系：高社会地位的白领工作、低社会地位的白领工作、蓝领工作和其他工作。整体影响在统计上是不显著的。蓝领工人比低社会地位的白领人员少一些快乐，而后者又比高社会地位的白领人员少一些快乐，但是这些差别不是非常显著。在退休前，低社会地位的白领是最快乐的一群人，但是在退休后他们又是最不快乐的，这些差异在统计上是显著的。②

预期的幸福和记忆中的幸福

除了要求被调查者报告自己当前的幸福感外，我们同时要求被调查未退休者报告他们如何预期退休后幸福感的变化，而且我们还问退休者的幸福是怎样变化的，并和他们的预期有什么不同。回答的选择项从“非常不开心”（用－2表示）到“非常快乐”（用＋2 表示）。退休者说自己大体与退休前一样快乐：55％说自己比以前快乐，31％说自己大体与退休前一样，只有 14％的人说他们没有退休前快乐（见表 7—6）。③ 他们还说没有预期到会有快乐的提高。那些还没退休的人预期自己退休后会比退休前快乐也是有大约相同的程度。

① 当然，因为许多变量不是真实的外生变量，但是来自于决定，需要谨慎地看待这些回归分析。例如，可能有无孩子对幸福没什么影响，因为那些想要孩子的人们有孩子，而那些不想要孩子的人们就不会要孩子。

② 在 5％的显著性水平上，差异是 0.41。

③ 这个发现与 Ross 和 Newby-Clark（1998）的研究相一致，表示人们一般认为他们的生活随着时间变化会越来越好。

表 7—6　　　未退休者和退休者预期和回忆起幸福感的变化[a]

标准	未退休者：预期变化	退休者	
		经历的变化	相对于预期所经历的变化
很不开心（−2）	8（4%）	9（3%）	9（3%）
有一些不开心（−1）	8（4%）	29（11%）	21（8%）
相同的（0）	81（40%）	86（32%）	87（32%）
有一些开心（1）	64（32%）	65（24%）	90（33%）
很开心（2）	41（20%）	84（31%）	65（24%）
统计			
观察的数量	202	273	272
平均数	0.60***	0.68***	0.67***
标准误差	（0.98）	（1.12）	（1.03）

a. 均值与 0 的显著性差异：*** $p<0.001$。

除非那些还没退休的人注定未来退休比现在退休快乐，否则这些结论与表 7—3 的结果相冲突。表 7—3 显示，那些退休的人无论如何比没退休的人快乐少一些。退休者说经历了快乐指数增长 0.68；实际和预期快乐相比，快乐指数增长 0.67。退休者认为没有预期到变化。未退休的人员，无论如何，确实预期到快乐指数增长 0.60。

当退休者说的幸福指数增长与幸福水平相当的退休被调查者和未退休被调查者所报告的幸福指标增长情况不一致时，在检测退休后幸福变化的众多方法中，没有任何一个指出幸福感下降。如果退休者储蓄很少而且惊讶于他们自己退休后的贫穷，这一不足不仅对他们自己报告的快乐没影响而且被退休的其他福利弥补了。

收入

虽然在调查者中，未退休者和退休者都说自己很幸福，但是他们可能都不满意自己的经济状况。这样的不满意应该被重视，虽然它对整体快乐感没什么影响。

金钱焦虑

我们的调查中设计了四个问题来衡量被调查者自己收入的财产充足水平。

被调查者指出他们满意还是不满意——用从－1.5（非常不满意）到＋1.5（非常满意）的四个等级表示——针对如下命题："我有足够的钱去做我想做的任何事情""以现有的收入量入为出没什么困难""我有足够的钱来满足我需要和必要的物品""我觉得经济紧张"。从这些问题回答看，通过把对前三个问题的答案的数值从对第四个问题回答中减去，我们创造了一个金钱焦虑指数。指数在－6～＋6之间变化。

回答结果的平均数和标准误差见表7—7，未退休的被调查者和退休的被调查者是分开的。虽然未退休的调查者倾向于更不同意他们有大量的钱，但是对第一个问题的平均回答接近这个标准的中间值。第二项和第三项的均值很显然是正的，表明调查者基本上对他们的经济状况感到满意，虽然有些人不是这样的。当他们在被问到他们是否对金钱感到焦虑时基本上也表示不同意。整体上，他们不赞同他们钱不够用。退休者，无论如何，更满足他们的收入而且比未退休者少担心金钱。确实没有证据表明退休后经济上的焦虑有明显地增加。

表7—7　收入充足度的感觉[a]

标准	未退休 (n=204)	退休 (n=273)	差异的显著性[b] (p<)
（－1.5＝强烈不同意（到）1.5＝强烈同意）			
1. 我有足够的钱去做我想做的任何事情	－0.14* (0.96)	0.05 (1.04)	0.05
2. 以现有的收入量入为出没什么困难	0.41*** (0.90)	0.45*** (0.93)	n.s.
3. 我有足够的钱来满足我需要和必要的物品	0.38*** (0.83)	0.51*** (0.91)	n.s.
4. 我觉得经济紧张	－0.32*** (0.91)	－0.47*** (0.94)	0.10
5. 金钱焦虑指数：（第4项－第1项－第2项－第3项）（－6＝强烈不同意（到）＋6＝强烈同意）	－0.99*** (2.77)	－1.48*** (3.23)	0.10

a. 括号中的数据是标准差。均值非0的显著性差异0：* $p<0.05$，** $p<0.01$，*** $p<0.001$。

b. "n.s"表示不显著。

为了确定人们的金钱焦虑是否与特定的环境有关，用一系列的变量回归解释金钱焦虑指数，如被调查者的收入、开始储蓄时年龄、拥有房屋情况、是否支取储蓄（见表7—8）。这个分析得到两个清晰的结论：第一，能确认统计学上的显著性关系。有相对高收入的人们或者在相对早的年龄开始储蓄的人们比其他人担忧少些。花掉储蓄的人比别人更焦虑，而且对那些还未退休的人影响更明显，其原因大概是储蓄适合作为老年工人的标准，而消费更适合于退休者。第二，这些变量只能解释金钱焦虑指数上的一小部分变化。

表 7—8　　金钱焦虑的决定因素[a]

标准	未退休	退休
收入	−0.018***	−0.039***
（千美元）	(0.005)	(0.007)
开始储蓄时年龄	0.408**	0.682***
（1＝20 岁（到）7＝从不）	(0.134)	(0.119)
自有房屋（1＝是，2＝否）	−0.848	−0.715
	(0.668)	(0.639)
花掉储蓄（1＝是，2＝否）	1.298**	0.459
	(0.422)	(0.360)
常数	−0.748	−1.978*
	(0.893)	(0.834)
统计数据		
观察数量	195	257
R^2	0.16	0.27
调整的 R^2	0.15	0.26

a. 金钱焦虑是独立变量。* $p<0.05$，** $p<0.01$，*** $p<0.001$。括号中的数据为标准差。

经济上的抱怨

不管他们当前的幸福或者经济上的焦虑是什么，退休者对过去经济上的或其他方面的决定有抱怨吗？在这方面退休者和未退休者有区别吗？为了找出答案，我们询问被调查者一些识别抱怨的问题（见表 7—9）。我们特别感兴趣未退休的和退休的被调查者在储蓄行为抱怨上存在的差异。假设退休者未预期到自己在退休后多么的贫穷，那么我们可能期望观察到退休者比那些没退休者对储蓄有更多的抱怨。

没有一组人员表现出过多的抱怨。平均回答主要倾向的是负面的，就是说不同意抱怨的陈述。两组人都认为他们应该变得更精于储蓄和债券投资，且更愿意同意他们应该更早地储蓄，但是两组人员对他们应该限制消费、与妻子

（丈夫）讨论更多的理财计划，或者得到更多的专业帮助等均表示不同意。总体考虑，这些选择表明抱怨更多的是关于退休储蓄战略执行得怎样，而不是关于储蓄的多少或者是战略的计划。

两个群体最显著的差别来自于对以陈述的反馈："为了维持足够的退休收入，我本应该早一点计算出我需要的储蓄额"。值得震惊的是未退休者赞同了这个命题，但是退休者不赞同。很明显，未退休者害怕自己退休时财富不足，但是退休者发现他们可以处理这个问题。

表7—9的最后两行表明退休者对退休时间也有一些抱怨。他们不赞同，"我本应该早点退休"这个命题（86%不同意或者非常不同意）。而且86%也不同意"我本应该试着推迟退休"这个命题。

表7—9　　　　抱怨变量的平均值[a]

抱怨变量	未退休（$n=204$）	退休（$n=273$）	差异的显著性[b]（$p<$）
（−1.5＝强烈不同意（到）1.5＝强烈同意）			
我本应该为退休赚更多的钱并作出必要的牺牲	−0.069 (0.926)	−0.174** (0.989)	n.s.
我本应该更精于不同的储蓄和债券投资	0.153 (0.930)	0.071 (0.941)	n.s.
我本应该和我的妻子（丈夫）讨论更多的理财计划	−0.222*** (0.947)	−0.348*** (0.939)	n.s.
我本应该在奢侈品和非必需品上有所节制	−0.569*** (0.838)	−0.511*** (0.933)	n.s.
我本应该在退休计划上获得更多的专业帮助	−0.216** (0.935)	−0.419*** (0.955)	0.05
我本应该花更多时间在我的家庭上，即使它意味着收入很少	−0.304*** (0.897)	−0.301*** (0.955)	n.s.
我本应该早一点开始储蓄	0.240*** (1.001)	0.221*** (1.022)	n.s.
为了维持足够的退休收入，我本应该早一点计算出我需要的储蓄额	0.145* (0.935)	−0.125* (0.995)	0.01
我低估了金钱在退休快乐中的重要性	…	−0.147* (0.987)	…
我低估了知道"退休时如何使用自己的时间"的重要性	…	−0.328*** (0.994)	…

续表

抱怨变量	未退休 ($n=204$)	退休 ($n=273$)	差异的显著性[b] ($p<$)
我本应该早点退休	…	−0.888*** (0.806)	…
我本应该试着推迟退休	…	−0.924*** (0.810)	…

a. 加黑的项目包含复合的经济抱怨变量。均值非 0 的显著性差异：* $p<0.05$；** $p<0.01$；*** $p<0.001$。括号中的数据为标准差。

b. “n. s.” 表示不显著。

为什么被调查者很少经历了他们所表达的抱怨？为了回答这个问题，我们利用 4 个经济上的变量——被调查者开始储蓄时年龄、家庭收入、房屋所有权和一个表示他们前些年是否支取储蓄的虚拟变量（见表 7—10）——解释经济抱怨指数的变化，等同于对表 7—9 中 7 个黑体字问题的总反馈。对未退休被调查者和退休被调者来说，开始储蓄年龄对经济抱怨指数有显著性影响——晚点储蓄意味着更多的抱怨。收入对未退休者来说影响小，却对退休者有一个大的、统计上显著性影响：多收入意味着经济上的抱怨少。① 在未退休者中，花掉储蓄与增加的抱怨相联，但是它对退休者的影响更小了且在统计上是不显著的。②

表 7—10　　经济上抱怨的客观因素[a]

标准	未退休	退休
开始储蓄时年龄	1.091*** (0.241)	1.049*** (0.209)
收入（千美元）	−0.020* (0.009)	−0.044*** (0.012)
房屋所有权	0.568 (1.236)	−1.055 (1.125)
支取储蓄	1.711* (0.753)	0.783 (0.634)
常量	−3.862* (1.656)	−2.811 (1.472)

① 注意到家庭收入的构成在退休前和退休后有很大不同（见表 7—2）。当我们用不同的收入来源对经济上的抱怨进行回归分析时，对退休人员来说，从退休计划和储蓄来的高收入主要降低了经济上的抱怨，但是工资和社会保障金没表现出同样的影响。

② 花掉储蓄对未退休人员和退休人员的不同影响与观察到的金钱不足影响是相似的。

续表

标准	未退休	退休
统计数据		
观察数量	184	236
R^2	0.158	0.196
调整的 R^2	0.139	0.182

a. 经济抱怨是独立变量，* $p<0.05$；** $p<0.01$；*** $p<0.001$。括号中的数据为标准差。

个体差别

退休者和未退休者大体上是很相似的，但是他们看法不一；在每一组里被调查者的个人看法又有很大区别。在这一部分我们讨论被调查者是怎样分成对退休和生活满意度有相似观点的群组的。我们用“聚类分析”，一种用于发现对特定问题给出相似答案的组的技术。这些结果用来解释报告的幸福感的变化。

我们集中于一组关于主观信仰和自我评价的29个调查问题，并用同样的方式给退休的和未退休的被调查者。[①] 被调查者被分为5类，见表7—11。以对来自于最初的、用来分类的29个问题的自诊特征表述分类。[②] 我们也得到了一系列主要客观人口统计标准，放在“主观”诊断后面。接下来，表7—11也提供了有关类的大小、平均收入、平均总体幸福指数等总结数据，每一类中均区分退休者和未退休者。这些“客观标准”中没有一个能决定分类；被列在这里只是为了让类更容易解释。

五个类被分为两个“非常开心”组（A和B）和三个不开心的组（C，D和E）。然而，就算不开心的组也有理由开心，按1～4的标准测量的平均指数是3。这个结果与例子中的自我认为的高水平幸福是一致的。当退休、退休间的作用、幸福不是类成员的主要决定因素时，对退休者和未退休者来说，类当中的幸福轮廓是一样的。[③] 收入是类成员的一个重要的指示器，但是只有控制

① 聚类方法为沃德（Ward's）算法。这个技术产生了类，以便最大化用类成员解释的变量。注意怎样用类数来测量类内平均距离，我们观察到在55岁与60岁群体人之间的巨大差别，它指向了一个如图7—11所示的五类法。

② 通过对所有29个问题的个体看法项，用逐步后向回归法挑选类成员（指数化虚拟变量），剔除那些没有达到标准水平的变量（标准为0.01）。这个统计上的剔除过程排除了多余的指标变量，剩下的都是独立有效的预测指标，“同样的标准适用于所有项”。

③ 一个名义对数分析表明幸福是类成员非常显著的预测因子（$p<0.0001$）。

表7—11　五类被调查者的个体性差异分析[a]

	类A	类B	类C	类D	类E
主要诊断命题（$p<0.01$）	－我本应该更精于储蓄和投资债券	＋我感到很快乐	＋我本应该为退休赚更多的钱并作出必要的牺牲	－我对我的生活标准感到满意	＋我感到压抑
	－我对金钱感到焦虑	＋我享受闲暇时光	＋我对未来充满希望	＋消费对我来说很痛苦	－我感到生活快乐
	＋我对我的闲暇活动很满意	－我不享受诸如出去就餐或者旅行，因为我会考虑要花多少钱	－我感到压抑	－我对我的住房感到满意	＋我感到孤独
	－我应该花很多时间和家人在一起，就算这意味着收入减少	＋我本应该更精于储蓄和投资债券	－我对我居住的地区很满意	－对我现在的收入，我量入为出没有什么困难	－我本应该更精于储蓄和债券投资
	＋我享受美食并且有一个好胃口	＋我经济拮据	＋我不享受诸如出去就餐或者旅行，因为我会考虑要花多少钱	＋在一天中我有大量的时间来做我需要做的事情和想要做的事情	＋我对我的生活标准感到满意
	－我本应该和我的妻子（丈夫）更多地讨论我们的金融计划		＋我经济拮据	＋退休是一件令人不愉快的事情	＋以我现在的收入，我量入为出没有什么困难
					－我很满意自己的健康状况

续表

	类 A	类 B	类 C	类 D	类 E
显著性人口变量 ($p<0.05$)	**退休，已婚，未花掉储蓄，高学历**	**比城里人花费储蓄少，子女多**	**很晚开始储蓄**	**蓝领，很晚开始储蓄**	**白领，独居，高收入**
未退休者比例（%）	16	38	25	7	14
退休者比例（%）	26	31	19	11	13
收入，未退休（美元）	79 218	60 065	70 954	65 682	81 547
收入，退休（美元）	49 750	35 625	28 076	20 893	42 058
开心，未退休（1～4）	3.70	3.70	3.16	2.82	2.91
开心，退休（1～4）	3.91	3.86	3.02	3.00	2.65

a. ＋＝同意；－＝不同意。

退休之后才是。[①] 在未退休者中，最高收入类（E）比最低收入类（B）的收入高 35 个百分点，同时在退休者中，最高类（A）比最低类（D）的收入高 138 个百分点。

在类间，幸福与收入不是简单的关系。事实上，最高收入类（E）也是最不快乐的。无论如何，每类内退休与未退休子群体间的收入差异与幸福有关："快乐"类，类 A 和类 B，其在退休前后群体间的收入差别最小。当然，退休前和退休后的群体是由不同的个体组成的，所以个体不能解释收入下降时的幸福差别。还有，这一情况是与表 7—5 与表 7—8 一样，都说明了相对于未退休者，收入对退休者来说是幸福的一个重要的决定因素。

类 A 和类 B 相信托尔斯泰的名言"幸福的家庭都是相似的"。调查中，类 A 的成员对每个问题有最高的平均分。自我报告的幸福度有两个不同的源头——无经济上的抱怨，尽情地享受生活。对经济决定上少的抱怨与他们相对高的收入是一致的，退休前和退休后都是这样。类 B 成员收入比平均收入低得多，然而他们有一个很高的幸福排名（在两个例子中都接近于最大值 4.0）。他们清楚地知道"金钱紧张"、未充分地调查储蓄投资和债券投资选择，但是这些经济拮据的信号未影响到他们的幸福度，也未影响到他们享受能负担的任何消费的能力。对比类 A 和类 B，一个人可能说高收入促成自我报告中的矫矜，但是适度的收入也与幸福相容。

三个不快乐的类——类 C、类 D 和类 E——有着相似的幸福排名，但是，各个类又有所不同。不能回避类 C 比类 D 和类 E 有着更好的状态。这个类里

① 特别地，在被调查的退休者中，收入是类成员的一个显著性预测因子（$p<0.003$）；而在未退休人员中，是边际显著的（$p<0.09$）。

的成员对他们的经济“自我控制”很不开心：他们相信他们本应该牺牲更多，以换取现在经济上的宽松，这些经济问题影响了他们对消费的享受。只有他们开始储蓄的时间相对较晚，才能把他们从剩下的人中区分开。但是，他们对未来特别充满信心而且不沮丧。或许过去粗心，但他们现在轻松自在。

类 D 中的人们似乎没有意识到（实际上或者临近的）退休。他们在幸福的大多数标准上得分都很低，在每一个抱怨标准上得分比其他组都高。他们只同意退休令人不开心。他们已经意识到，在退休后怎样利用时间这个问题上考虑得太少。该群中未退休者宣称他们对如何处理时间这个问题上没有一个清晰的概念；退休者宣称，退休前他们在对怎样度过他们在退休中的时间问题上没有一个清晰的概念。

表 7—11 中类 E 成员大多都很悲惨。他们更孤独，而且与其他组的人相比，他们对自己的健康更不满意。这个“我感到沮丧”命题是他们每个人最自诊的特征。他们对其生活水平满意而且经济上抱怨很少的事实，无法补偿他们在“对生活的感觉”这个问题上获得的最低的平均分数。

结论

我们的主要结论是，在我们的样本中，退休者总体上发现自己收入足以满足需要。同时，充足的收入的重要性在退休生活中提高了。这两个结论是不太一致的。退休前，一个人最大程度适应自己当前的收入，因此收入对幸福的影响是微小的，再者，一个人无法确定储蓄能否应对退休生活。所有这些都增加了经济上焦虑，同时这些焦虑与来自客观经济环境的焦虑没有关系。

退休后，解除了不确定性，而且一个人遇到了一个不同的经济环境。对大多数人来说，有利地解除不确定性使他们可放松地享受他们的财富。这就是为什么这五类里最幸福和自我最成功的人（类 A）中，退休者占多数。发现自己收入不足的退休者中的少数，面对新的不适也不得不适应它。

然而，必须谨慎地看待这些一般的结论：第一，虽然我们试图从总体中收集一个样本代表，可是时间和经济拮据迫使我们不能这么做。这个样本比总体更广泛，但是没有包括少数民族。我们发现很多不快乐，例如类 D，是与蓝领职业和退休后的低收入有关联。我们的样本在某种程度上是“自己”挑选的；人们同意填写由专门收集市场数据的公司发送的问卷。同意接受调查的人们可能比拒绝接受调查的人更满意于他们的生活。但是这样一个偏差很可能既适用于退休者，又适用于未退休者。

第二，截面数据不能反映代表性的历史变化。有很好的理由怀疑使现在退休者高兴的特殊事件，如房价上涨记录、股票市场、第二次世界大战后经济持续繁荣，可能影响了他们的收入和他们自我报告的幸福度。[①]

第三，虽然我们衡量SWB采用了多种标准，但是所有衡量自我评价标准和其他问题的测量标准都是脆弱的。这有一个引人注目的研究需求，也就是引用新的和多样的SWB的标准，如自杀率、美容措施、抑郁的发生率和心理疾病发生率等。我们怀疑，使用这样的标准描绘出的关系图，类似SWB与收入之间关系图；并且按照这些衡量标准，不会得到退休后福利下降的结论。

抛开这些警告，我们的数据至少出现了这个问题：对退休储蓄的热情可能被夸大了。在我们的例子里，我们看不到普遍的低储蓄；事实上，像前面提到的，退休者可能比未退休者少去认同命题“为了充足的退休收入，我本应该计算出我需要储蓄多少钱”。无论如何，人们似乎比他们实际上刚结束体验时预期到更多的经济灾难。

虽然我们没有观察到退休后幸福的明显下降，但是我们的分析显示了幸福的决定因素大的、显著性的改变。对未退休者来说，工作满意度和闲暇的质量是自我报告幸福度的主要决定因素。工作满意度（最后的工作）对退休者来说不是一个显著的决定因素是很正常的，然而闲暇的质量却是一个特别显著的决定因素。当考虑对老年人有影响的政策时，闲暇质量重要性的提升应该得到持续的重视。虽然维持收入很重要，但是它只是许多增加退休者福利政策中的一项（可能不是最重要或者最有效的）。除了收入维持政策外，其他有效的政策可寻求直接在提高闲暇质量方面的突破。比如，一个作者的母亲退休了而且在郊区里自己生活。当前，她在市里有规律地打乒乓球，在公共学校辅导瑜珈课程，花几个小时在公共图书馆。后来，当她老得不能开车了，她可能需要市里为老年人提供的接送服务。看起来这些类型的服务远比那些提高等于这些服务的边际花费一样多收入的政策带来的福利多。对退休中福利的经济和非经济的决定因素的进一步研究有助于鼓励这种政策的生成。

第四，值得注意的是，这一章开始时Pasea先生的故事似乎在一些读者中产生了强烈的影响。比如，Daniel Smith在反馈中说：“我选择在曼哈顿而不是得克萨斯州的尼德兰居住，因此我退休的收入需求显然要比Pasea先生多。但是同样的规则是适用的。即使你在退休的时候可以依赖的东西很少，也不会损失任何重要的东西……如果我早一点知道，从这样简单的快乐中可以生出很

① 一个新的研究可用新的技术手段长时间地调查有代表性的样本。我们建议包括更多的、关于幸福的、非经济决定因素的问题，例如家庭关系、与朋友的交往、嗜好和旅行，还有身体功能上的问题。在经济方面，我们也会包括更多的、与收入对照的、关于财富的问题。要求退休人员不仅仅回忆他们早期的幸福和解释变量的早期价值（我们只询问过去的收入）是非常有趣的。如果我们又进行未退休者抽样，我们会要求他们预测解释变量在退休后的值。最后，我们会要求调查者直接估计涉及退休的不同政策的相对理想程度，例如那些促进储蓄或者通过非经济政策来提高退休人员生活质量的政策。

多“财富”，我将会选择早点退休。”①

参考文献

Banks, J., R. Blundell, and S. Tanner. 1998. “Is there a Retirement Savings Puzzle?” *Amertican Economic Review* 88: 769—888.

Beck, S. H. 1982. Adjustment to and Satisfaction with Retirement. *Journal of Gerontology* 37 (5): 616—624.

Beck, S. H., and J. W. Page. 1988. “Involvement in Activities and the Psychological Well-Being of Retired Men.” *Activities, Adaptation & Aging* 11 (1): 31—47.

Bernheim, B. Douglas. 1991. “How Strong Are Bequest Motives? Evidence Based on Estimates of the Demand for Life Insurance and Annuities.” *Journal of Political Economy* 99 (5): 899—927.

Bernheim, B. Douglas, J. Skinner, and S. Weinberg. 1997. “What Accounts for the Variation in Retirement Wealth among U. S. Households?” Unpublished manuscript.

Brickman, P., D. Coates, and R. Janoff-Bulman. 1978. “Lottery Winners and Accident Victims: Is Happiness Relative?” *Journal of Personality and Social Psychology* 36 (8) 917—927.

Brostoff, S. 1997. “Survey: Most Annuity Buyers Mid-Income.” *National Underwriter* 35 (September 1): 30.

Campbell, A. 1981. *The Sense of Well-Being in America: Recent Patterns and Trends*. McGraw-Hill.

Crowley, J. E. 1986. “Longitudinal Effects of Retirement on Men's Well-Being and Health.” *Journal of Business and Psychology* 1 (2): 95—113.

Diener, E. 1984. “Subjective Well-Being.” *Psychological Bulletin* 95 (3): 542—575.

——. 1994. “Assessing Subjective Well-Being: Progress and Opportunities.” *Social Indicators Research* 31 (2): 103—158.

Diener, E., and C. Diener. 1996. “Most People Are Happy.” *Psychological Science* 7 (3): 181—185.

Diener, E., M. Diener, and C. Diener. 1995. “Factors Predicting the Subjective Well-Being of Nations.” *Journal of Personality and Social Psychology* 69 (5): 851—864.

Diener, E., and others. 1993. “The Relationship between Income and Subjective Well-Being: Relative or Absolute?” *Social Indicators Research* 28 (3): 195—223.

Easterlin, R. A. 1974. “Does Economic Growth Improve the Human Lot? Some Empirical Evidence.” In *Nations and Households in Economic Growth*, edited by P. A. David and M. W. Reder, 89—125. Academic Press.

——. 1995. “Will Raising the Incomes of All Increase the Happiness of All?” *Journal of*

① 纽约时报，1998-10-25 (14)。

Economic Behavior and Organization 27：35—47.

Frederick，S.，and George Loewenstein. 1999. "Hedonic Adaptation." In *Well-Being*：*The Foundations of Hedonic Psychology*，edited by Daniel Kahneman，Edward Diener and Norbert Schwarz. Russell Sage.

Gall，T. L.，D. R. Evans，and J. Howard. 1997. "The Retirement Adjustment Process：Changes in the Well-Being of Male Retirees across Time." *Journals of Gerontology*：*Series B* 52（3）：110—117.

Gilbert，D.，and others. 1998. "Immune Neglect：A Source of Durability Bias in Affective Forecasting." *Journal of Personality and Social Psychology* 75：617—638.

Hausman，J. A.，and L. Paquette. 1987. "Involuntary Early Retirement and Consumption." In *Work*，*Health*，*and Income among the Elderly*，edited by Gary Burtless，151—181. Brookings.

Hurd，M. D. 1987. "Savings of the Elderly and Desired Bequests." *American Economic Review* 77（3）：298—312.

——. 1989. "Mortality Risk and Bequests." *Econometrica* 57（4）：779—813.

Karoly，L. A.，and J. A. Rogowski. 1994. "The Effect of Access to Postretirement Health Insurance on the Decision to Retire Early." *Industrial and Labor Relations Review* 48（1）：103—123.

Kremer，Yael. 1985. "The Association between Health and Retirement：Self-Health Assessment of Israeli Retirees." *Social Science and Medicine* 20（1）：61—66.

Knesek，G. E. 1992. "Early versus Regular Retirement：Differences in Measures of Life Satisfaction." *Journal of Gerontological Social Work* 19（1）：3—34.

Loewenstein，George. 1996. "Out of Control：Visceral Influences on Behavior." *Organizational Behavior and Human Decision Processes* 65（3）：272—292.

Loewenstein，George，and D. Schkade. 1999. "Wouldn't It Be Nice? Predicting Future Feelings." In *Well-Being*：*The Foundations of Hedonic Psychology*，edited by Daniel Kahneman，Edward Diener and Norbert Schwarz. Russell Sage.

Loewenstein，George，and N. Sicherman. 1991. "Do Workers Prefer Increasing Wage Profiles?" *Journal of Labor Economics* 9（1）：67—84.

Loeweastein，George，and R. Thaler. 1989. "Anomalies：Intertemporal Choice." *Journal of Economic Perspective* 3（4）：181—193.

Lykken，D.，and A. Tellegen. 1996. "Happiness Is a Stochastic Phenomenon." *Psychological Science* 7（3）：186—189.

McGoldrick，A. E. 1994. "The Impact of Retirement on the Individual." *Reviews in Clinical Gerontology* 4（2）：151—160.

Michalos，Alex C. 1987. "German Social Report：Living Conditions and Subjective Well-Being，1978—1984." *Social Indicators Research* 19（1）：171.

Modigliani，Franco，and Richard Brumberg. 1954. "Utility Analysis and the Consumption Function：An Interpretation of Cross-Sectional Data." In *Post Keynesian Economics*，edited by Kenneth K. Kurihara，388—436. Rutgers University Press.

Myers, David G., and E. Diener. 1995. “Who Is Happy?” *Psychological Science* 6 (1): 10—19.

Palmore, E. B, G. G. Fillenbaum, and L. K. George. 1984. “Consequences of Retirement.” *Journal of Gerontology* 39 (1): 109—116.

Prelec, Drazen, and George Loewenstein. 1998. “The Red and the Black: Mental Accounting of Savings and Debt.” *Marketing Science* 17 (1): 4—28.

Reitzes, D. C., E. Mutran, and M. Fernandez. 1996. “Does Retirement Hurt Well-Being? Factors Influencing Sclf-Esteem and Depression among Retirees and Workers.” *Gerontologist* 36 (5): 649—656.

Reitzes, D. C., E. Mutran, and H. Pope. 1991. “Location and Well-Being among Retired Men.” *Journal of Gerontology* 46 (4): 195—203.

Robb, A. L., and J. B. Burbidge. 1989. “Consumption, Income and Retirement.” *Canadian Journal of Economics* 22 (3): 522—542.

Ross, Michael, and Ian R. Newby-Clark. 1998. “Construing the Past and Future.” *Social Cognition* 16 (1): 133—150.

Scitovsky, T. 1976. *The Joyless Economy: The Psychology of Human Satisfaction*. Oxford University Press.

Smith, P., L. Kendall, and C. Hulin. 1969. *The Measurement of Satisfaction in Work and Retirement*. Chicago: Rand McNally.

Strack, F., L. L. Martin, and N. Schwarz. 1988. “Priming and Communication: Social Determinants of Information Use in Judgments of Life Satisfaction.” *European Journal of Social Psychology* 18 (5): 429—442.

Veenhoven, Ruut. 1991. “Is Happiness Relative?” *Social Indicators Research* 24 (1): 1—34.

Wallace, M. 1956. “Future Time Perspective in Schizophrenia.” *Journal of Abnormal Social Psychology* 52 (1): 240—245.

Ward, Suzanne P., Thomas E. Wilson, and Dan R. Ward. 1994. “Perceptions of Retirement Satisfaction: Data from Retired Certified Public Accountants.” *Perceptual and Motor Skills* 78 (2): 525—526.

评 论

◎ Matthew Rabin

这一章用新的调查证据提出了一些重要的退休研究论点。经济学家因退休储蓄的福利含义而意识到了退休储蓄的重要性，作者调查了由储蓄带来的抱怨和满意，而不仅仅是调查储蓄行为。对享乐主义的关注是受欢迎的，询问人们对他们现在活动和他们过去为退休做的准备工作的满意度是一个对退休的其他研究有用的补充。

对心理因素的关注通常更受欢迎。经济学家在传统上假设在大量的不确定因素约束下，人们非常理性地计划退休，并根据有利于他们的 SWB 的准确预测方式行动。如果经济学家应该担心的理性消费的领域只有一个，那就是退休计划。一直被经济学家用来消除探究理性消费的局限性的观点之一——人们通过对重复的决定的反馈来作出正确的行动——在退休计划背景下争论不多，因为没有一个 30 岁的人会两次决定存多少钱。人们过多关心那些实际上重要的事，而且因此更倾向于在重要的事情上做对，因此一个人应该忽视这些背景下的理性缺失。完美地猜测人们花了大量的时间为退休作计划，而且因此比他们做那些不是很重要的事情离非常理性的选择更近。然而，在这一章的很多证据（尽管比作者弱化了）、其他章节以及他处的很多证据表明，人们花非常少的时间考虑退休。

这一章的中心是三个内在联系的主题。第一，作者确定了退休者经历的 SWB 的决定因素，并将其同那些未退休者的一些决定因素作比较。他们发现，退休者更关心他们的健康而不是他们缺少的钱，还发现他们享受闲暇活动。第二，作者发现人们错误地预测自己的退休幸福。很大程度上因为人们低估了他们适应低的物质生活水平的能力，他们想象中的退休幸福感比实际中的幸福感低。第三，作者认为被经济学家和政策制定者所抱怨的，美国人储蓄太少有点过分了，因为退休者似乎和未退休者一样快乐；与学院派的对退休者的利益的担忧相反，退休者对储蓄太少抱怨很少。

我认为这一章对退休计划和行为的经济学研究是一个有价值的贡献。这份调查得到一些有趣的发现，本章促进了对退休经济学研究焦点的有用的再次定位。退休者和未退休者的满意源头的细致分析，以及根据他们满意的水平和原因的不同而划分的个体阶层的轮廓的发展都非常有趣。一些学者对未来研究的建议进一步推动退休经济学的发展。

因为一些原因，无论如何，我认为他们的发现应被看作是试探性的。我也感觉很多学者的解释和从他们的证据得到的推测是没有证据的。因为我希望这样的研究持续下去——因为这一章的积极部分为他们自己叙述了——接下来我的评论集中在了对这些解释和推测的批评上。

作者的主要结论：虽然退休的消费大幅度地降低，但是“我们样本中的退休者发现，他们的收入一般足以应付自己的需要。”作者通过以下论据得出这个结论：第一，他们提出了“退休者在消费方式和偏好上怎样不同于未退休者”的证据。在这上下文中，作者暗示规范经济学认为人们的消费方式不会随退休而改变，特别是，经济学家错误地认为在退休期间观察到的消费减少是因为储蓄少了，然而它可能是适应“退休必须少消费”一个合理的调节。

一个有用的简化的假设是，从消费中得来的效用与可利用的闲暇时间相互独立。但是当将那些退休者和未退休者的福利相比较时，这样一个简化的假设非常糟糕。经济学家意识到这一点，引进的经济学课本的常规解释为：闲暇时间和消费之间不是替代就是补充关系。对退休者比未退休者在花多少和怎样花上面有不同的发现，很少有经济学家会对它吃惊。在我的印象里，研究人员不重视这样的假设——源自经验上偏好的一个转移导致了消费的下降。我认为心理智慧和作者带来的调查证据能有助于回答这个问题，但是我没有发现他们引人注目的证据——退休消费的剧烈下降与偏好的变化一致。

如果他们对金钱及相关问题焦虑，通过询问退休者和未退休者对自己的消费水平的满意情况，作者提供更多的直接证据，发现退休者不在乎低的消费水平。我发现很难解释调查中发现的结论——花费不是很重要，因此消费减少不太可能会导致更低的幸福。我还不能真正明白，如何使用现存的对福利的经济担忧的结果，以引起了政策制定者和研究者对它的关心。

我困惑于作者的推测，一个人不应该被与收入下降联系的福利的减少而过多地困扰，因为它与其他诸如社会联系、关系网络和退休时间等因素的效果联系不紧密。我更困惑于退休者对健康与消费担心的比较。健康吸引了很多退休者没什么惊讶的。健康问题——特别是那些消费提高解决不了的——是我们生活中必须面对的现实，在退休者中也非常普遍。随着人们变老，糟糕的健康状况成为影响福利减少的日益重要的因素。确实，那些有着严重的身体健康担忧的人们的调查结果可能意味着与健康者的不同。如果是这样，这些反馈的解释可能是有问题的，因为就算是在其他领域对福利有物质阻碍的人们，如果他们很健康，就可能不会有这样强烈的不满。在某种情况下，由于与他人的联系不大，而不把焦点集中在退休者中间的消费满意度上的争论看起来类似于丧葬业中不重视消费者保护的观点，因为死者家庭更加关心去世的亲人而不是企业经营者的欺骗。这不是决定是否需要规则的、有用的标准，也不能够用来评估失去亲人的家庭比其他家庭受到的伤害要小一些。

需要强调作者得出“退休者都满意的结论”时使用了满意度的一项标准是，“幸福与他们的朋友和熟人有关”。但是因为退休者通常比未退休者有更多的朋友熟人，这个标准带来了宣布两个群体都满意的风险。虽然在两个群体的熟人中间确实有大量重叠，虽然 SWB 的某种程度来自于与周围人的比较，但是就当前的问题来说，这明显是满意度的一个不能令人满意的测量标准。

而且，作者呼吁关注这一事实，他们调查的反馈者比一般人富有。我会重申这个担心，我是比作者担心这个事实减小了来自调查推测的合理性。然而，这一章里的证据表明经济上的焦虑在还不贫穷的退休者中不是一个主要的影响因素，但是在贫穷些的退休者中它确实是一个较大的影响因素。

然而所有人认为，虽然经济学家对消费中的降低可能不会降低 SWB 的假设吃惊，但是作者非常确信这个假设符合大量心理学证据。退休者调整到适应自身降低的生活水平的建议与一些背景相符合，作者查阅的大量文献证明，SWB以相关的消费水平为基础，如或者与自己以前的消费水平相关，或者与自己周围的人的消费有关。虽然经济学家开始探询这种可能性，但是大量的研究假定福利只是单纯地由绝对消费水平决定。但是就算人们习惯了低消费的假设正确，但是这样更说明了观点（我猜想学者会同意的），不管对退休者来说还是对未退休者来说，消费水平在福利中一般不是像经济学家认为的那样重要。因此会总结出不需要担心不贫穷退休者的生活水平，简单地是因为不需要担心任一个不贫穷退休者的生活水平。

第二，他们可能不正确地理解他们的需求。消费下降是相对于人们退休前认为的退休所需要的消费水平的一种准备不足；但是，人们可能夸大了未来的需要。因为可能存在一个系统偏差，一个人反映了一个普遍现象就如同这一章中调查数据显示的一样，人们期望比实际需要更多的储蓄，因此，消费的下降对退休者的福利没有太大的坏处。

观察中有大量的、真实的东西，这正是它的重要之处。但是我非常担心作者这儿的推测。比如，他提到人们对储蓄不够与对自己的储蓄决定考虑过少均没有太多的遗憾。这个发现很难解释。事实上，为什么一个人应该对退休上没有作过多的考虑就抱怨是不清楚的。退休计划无疑是重要的，所以人们理性地多花些时间。而且，因为各种各样的因素，如认知的不和谐，那些在储蓄上犯了错的人们会在这些错误上表现出强烈的抱怨是不明显的。询问人们表达出来的在其他领域的抱怨的程度的标准会帮助一个人看清楚这一抱怨是过多还是过少。或许更多的人应该推断这个调查是否已经问了“是否有人抱怨花考虑退休的时间太久。”假定多花些时间考虑退休是理性行为，如果大部分的人都没有这样做，那么将会有更多的证据来证明一个令人惊讶的观点：花过少的时间考虑退休不存在系统偏差。

第三，我感觉对于退休时人们对金钱的担忧比应该担忧的多还是少，作者选择的两个比较群体是不合适的。作者确信被迫减少消费的人们惊讶于这样做是不痛苦的。猜测这个惊喜发生于退休前几年和退休后几年之间，就是作者作比较的时间段。但是，退休研究的焦点是有问题的行为——人们储蓄过少，没有为退休准备好——发生在更早一点的时间。一个60岁的、还没有退休的、有着很少的钱的人会意识到他没有太多的钱，因此会在65岁他刚退休的时候感到焦虑。事实上，如果那些感到最焦虑的人推迟退休，这个调查有偏的选择，表示了退休者相对于那些将要退休的人感到对经济上的焦虑更少些。如果一个人愿意通过检查经济焦虑来推测人们为退休准备到什么程度，那么合适的比较群体应该是30岁，而不是60岁。为了解决这个问题和其他问题，有用的方法应该是从那些距离退休还很早的人们中收集数据。

第八章

家庭协议和退休行为

1935 年社会保障制度建立时，劳动力中妇女所占的比例不到 25%，女性工人中已婚的仅占 1/3。虽然美国劳动力中有 46%的女性，大部分女工人都已婚，但经济学家们对退休决定的研究仍受到人口统计因素的影响。在传统的家庭模型中，单一决策者，即家长（通常为男性）会选择最优的工作和消费方式，这种模型为几乎所有的退休经济分析提供了固有的框架。在退休时间的理论模型和实证研究中，都忽视了包括妻子在内的其他家庭成员的存在，实际上，许多退休行为的研究中所使用的关键变量“家长年龄”被毫无疑问地解释为“男性家长年龄”。

一对已婚夫妇面对的退休问题与单个工人面对的退休问题不相同。已婚夫妇共同决定他们的工作和消费，其消费约束和目标与个人决策不同，家庭内共同的资源可以缓解任何一个工人面对的时间和收入方面的约束，降低个人因素的变化所带来的风险如健康状况；然而，丈夫和妻子有不同的偏好，他们的目标无论从短期看还是从长期看都不可能一致。在退休行为研究中许多重要的实证问题就涉及已婚夫妇之间需要和目标不同的情况。例如，老年遗孀中大量贫困就是因为不同余命的已婚夫妇作出的消费和储蓄决定的结果，最近有关社会保障资产的个人控制和配偶津贴最终结果的审议就明显缓和了老年丈夫和妻子之间可能的利益冲突。

对这些及其他问题的分析必须以储蓄和劳动供给决策的模型为研究起点，并考虑到丈夫和妻子的各自偏好以及因死亡或离异造成的婚姻终结。过去 40 年间，已婚女性就业的增加和婚姻稳定性的降低毫无疑问地改变了男性和女性的退休模式，但是，如果没有一个概念性框架，包含退休决定的家庭背景，就难以分析这些影响。近几年，集体家庭决策模型，包括合作模型和非合作模型，都已经得到了发展并得到了相当大的实证研究的支持，但对退休研究却没有什么影响。

我总结了家庭行为选择模型，包括标准单一模型（standard unitary models）和最新的集体模型（collective models），并思考如何通过认知丈夫和妻子在家庭决策（涉及工作、储蓄和养老金）中可能存在的利益冲突来提高我们对于退休行为的理解。与此同时，证实婚姻博奕模型对于政策制定有重要的影响。婚姻内财富的分配受资源控制者影响，因此影响退休年龄或退休资产分配的政策会影响到老年夫妇中各自相应的财富，也会影响资源分配效率。我也探讨了博奕模型对退休行为的某些方面产生的影响，并认为相对于单一框架来说，一些可观察的事实与协议框架更一致。文章最后，我提出了在博弈理论背景下分析退休行为的研究计划。

丈夫、妻子与退休

传统的退休行为模型检验了一个人面对其余命内效用流选择时所表现出来的行为。退休行为包括离开工作岗位并由此失去大部分或全部劳动收入。每个工人通过比较不同退休年龄所带来的预期未来效用现值，来选择最好的退休时间①，这个效用现值取决于市场工资、养老金资本积累、闲暇价值和时间偏好率。然而，通常情况下，退休者不是单身，他们大部分都有配偶，其配偶的未来消费（和闲暇）将会受到退休选择的影响。可以预见，一个婚姻伴侣，无论她是工人、退休者还是家庭主妇，都会影响其丈夫的退休决定。然而，在退休行为理论模型中这种相互依赖性几乎没有考虑进来，实证研究中也忽略了它。

“传统家庭”模型是许多劳动力供给实证研究的基础，一个人的退休决定符合“传统家庭”模型。② 在传统家庭中，丈夫是主要收入者，假定他的工作时间取决于他的工资率和非劳动收入，而不是妻子的工作行为或工作性质。相反，妻子则把丈夫的收入视作他们共同的财产收入。具体地说，就是丈夫的行为影响妻子，而妻子的行为没有影响丈夫，这种情况只能便于判断但并不能解释最优模型的结果。随着美国女性劳动力参与的增加，已经将男性家主的退休研究扩展到女性退休行为，这些研究也都与“传统家庭”模型相一致。然而，最近对于老年男女劳动供给的研究结果并不总是符合传统家庭模型，因为男性工作行为似乎受妻子就业状态的影响③，只有少数研究把丈夫和妻子的退休决

---

① 退休行为的结构模型相当丰富。最近一些研究例子包括 Lumsdaine，Stock 和 Wise（1992），Berkover 和 Stern（1991），Stock 和 Wise（1990），以及 Gustman 和 Steinmeier（1986）。

② Lundberg（1988）.

③ Honing（1998）发现尽管老年女性的退休预期受其丈夫的收入和退休计划的影响，但与过去相比，现在更多地受自己预期工资、雇主提供的津贴和养老金的影响。Blau（1998）发现丈夫和妻子如果一方选择继续工作或退休，那么另一方更可能作出同样选择，这个结果表明分享闲暇的偏好。

定看作是相互依赖的。[①]

上述研究结果表明需要建立一个联合决策框架。一种可能性就是拒绝传统家庭模型，支持联合效用或“单一”（unitary）决策模型。单一模型假定家庭行为好像在家庭预算约束下，极大化包含了所有家庭成员的偏好的单一效用函数。在这个模型中，配偶之间的资源共享意味着双方的工作机会将影响彼此的退休行为。例如，一个从业妻子参加医疗保险会影响医疗保健的边际值，进而影响丈夫的退休决定。此外，联合效用模型也考虑到丈夫和妻子对家庭公共物品消费的相互依赖以及彼此闲暇时间的互补性。

对家庭决策的单一模型来讲，另一个日益重要的替代模型是“博弈理论”或“集体模型”，它们包含两个或两个以上家庭成员各自的利益。早期模型是合作博奕模型，最近几年出现了各种非合作模型和集体框架下的其他模型。这些模型相对单一决策模型来说，一大优点是引入了个人生命周期分析——考虑到结婚、离婚和配偶的死亡——而不是只分析已婚夫妇的生命周期。比如说，社会保障配偶津贴对女性工作激励的影响必须依赖离婚风险和离婚中所得的补偿。此类模型也考虑了婚姻中丈夫和妻子之间的利益冲突，为分散的个人目标下的家庭行为提供了一种研究机制。

博奕模型拓宽了理性家庭行为的范围，在没有放弃经济学家把个人看作是有远见、有明确目标的标准假设的前提下，解释了偏离简单的生命周期模型的原因。在一些博弈中，社会规范在提供夫妇退守点（fallback position）或焦点（focal point）中也有个外在作用，影响了博弈结果。博奕模型解释了退休年龄集中现象，它与同伴影响的直接后果相关但并不完全相同。此外，单一模型假定已婚夫妇行为是一个整体，它不能求解大量的有关退休行为和老年人财富的实证谜底。最不寻常的是，在保持“不改变已婚夫妇单一效用选择”的政策变化下，宁愿选择单人年金（single-life annuity）养老金也不选择联合及遗属养老金（joint-and-survivor pensions）的男性比例逐渐减少。[②] 1974 年修订的《雇员退休收入保障法》规定单一年金（single-annuity pensions）是法定规定，但不限制其他任何方式的选择。1984 年《退休权益法》要求雇员选择单人年金养老金前必须提供配偶同意这一选择的公证。尽管对这些改革的回应无法通过传统家庭或单一家庭模型来解释，却表明解释与退休相关的经济行为时需要考虑丈夫和妻子的自利和策略行为。

---

① 最近例外的例子由 Gustman 和 Steinmeier（1997）提供，他们以合作退休决策的实证分析为基础，在夫妻均就业的家庭中构建了一个非合作退休模型。Hurd（1990），Clark 和 Johnson（1980）实证检验了丈夫和妻子联合退休行为。

② Diamond（1997）.

家庭行为建模

以下两个基本类型取代了传统家庭模型：单一模型和集体模型。集体模型又包括合作博奕模型和非合作博奕模型。单一模型最大化单一效用函数，结果必然有效，丈夫和妻子间的资源分配问题不会出现。家庭决策取决于全部家庭收入和相对的外部价格，政策只通过对家庭全部预算约束或直接的行为限制来影响行为。在合作博奕模型中，博弈结果帕累托有效，但家庭成员间的资源分配取决于家庭成员的博弈力量，反映在“威胁点”（threat point）值或合作的选择上。因此，个人社会福利取决于个人对资源的控制力以及政策影响的其他途径。在非合作模型中，家庭成员的相对财富也取决于个人资源，但博弈结果可能是帕累托无效。

单一模型（Unitary Models）

在古典单一模型中，丈夫和妻子在家庭收入联合预算的约束条件下，都同意根据他们各自的效用最大化社会福利函数。[①] 此模型在联合预算约束下，好像假设夫妇为一位最大化依赖于他们联合消费的效用函数的代理人，分析夫妇的支出。“家庭”对商品和闲暇的需求，取决于外生的价格和家庭全部收入，产生效用最大化问题。[②] 单一模型中生命周期设定的范围很简单，结果类似于个人模型。

单一模型为家庭消费行为和劳动供给的研究提供了一个简单有力的框架，然而不断地受到理论界和实证界的不断质疑。原因是单一家庭决策模型不能用于分析婚姻的形成和分解，家庭决策也不取决于婚姻之外的条件，而这些缺点在分析退休行为时特别重要，因为老年夫妇作出的长期决策必须考虑其未来鳏寡的可能性。例如，由于妻子一般比其丈夫更年轻，预期寿命更长，所以，与丈夫相比，妻子应当有更强的储蓄动力。中年妻子预期其退休期平均长于丈夫的一半。[③] 对单一模型的巨大挑战源自难于用模型中已婚夫妇最大化单一效用函数来分析结婚和离婚的决策，因为行为人在决策中必须对婚姻内和婚姻外的预期效用进行比较，老年夫妇的决策也需要一个特殊的外部考虑——鳏寡情况。

最近的经验证据与单一模型不符，对于家庭集体模型的发展则更具有影响

---

① Samuelson (1956).

② 如果个人效用函数合适，这些需求就具有标准性。

③ 这个例子来自 Browning (1994)，以加拿大预期寿命数据为基础。

性推动作用。单一模型产生的家庭需求取决于外生的价格和全部家庭收入，而不是家庭成员之间的收入分配。而几个实证研究表明资源分配的确是个问题。最具有争议的结论就是母亲控制的家庭收入份额越大，孩子就会越健康。① 例如，英国最近的政策改革就是将给予每一对父母的子女津贴（child allowance）由支付给父亲转移为直接支付给母亲。虽然津贴金额并没有增加，但家庭收入中女性和儿童的服装花费相对于男性的有所增加。②

集体模型（Collective Models）

有证据表明，家庭内收入的分配影响消费，这推动了家庭行为的博弈理论和其他集体模型的发展。③ 典型的婚姻合作博奕模型以家庭为研究起点，只包括丈夫和妻子，每个人都有一个基于各自私人物品消费（U^h 表示丈夫的消费，U^w 表示妻子的消费）的效用函数。如果无法达成一致协议，那么接受的支付值就由“威胁点”来表示（T^h，T^w），效用与默认结果有关。“纳什博弈”（Narsh bargaining）解就是家庭收支约束条件（$px=I^h+I^w$）④ 下，最大化合作所得的积函数［$N=(U^h-T^h)(U^w-T^w)$］的分配。在纳什博弈解中，丈夫和妻子接受的效用取决于威胁点，在威胁点上的效用越高的人，在纳什博弈解中的效用也越高。因此，如果丈夫和妻子在老年储蓄或其他问题上存在利益冲突，那么这些模型中可观察的结果就取决于配偶各自的威胁点效用。

合作博奕模型中的威胁点由婚姻双方对于合作婚姻均衡解的最佳选择来决定。在离婚威胁博弈（divorce-threat bargaining）模型中，威胁点就是婚姻以外获得的最大效用。如果正在离婚的双方仍保持婚姻中各自获得的收入，那么婚姻博弈的结果就不取决于全部家庭收入，而是丈夫和妻子各自保留的收入。离婚威胁点也可能依赖如再婚率和离婚男女的收入所得等因素，包括社会保障配偶津贴的领取资格。⑤

与离婚威胁模型不同，“分离半球”（separate spheres）博奕模型的威胁点假定是在婚姻以内，协议的另一个选择是婚姻中无效的非合作均衡，每一个家

---

① 见 Thomas（1990，1994），Haddad 和 Hoddinott（1994），以及 Rose（1999）。Behrman（1997），Bergstorm（1996）以及 Lundberg 和 Pollak（1996）最近调查家庭行为的理论模型和经验模型中的变化。

② Lundberg，Pollak 和 Wales（1997）。

③ 在 Manser 和 Brown（1980），以及 McElroy 和 Horney（1981）建立的传统模型之后，大部分模型是合作协议模型。

④ 除了纳什博弈以外的解产生类似结果。

⑤ McElroy（1990）称这些是“家庭外部环境参数”。

庭成员自愿提供家庭公共物品①，在其他成员行动既定的前提下，选择效用最大化的行动。分离半球模型也是性别均衡，社会规范分配妻子生产一些公共物品的责任，另一些分配给丈夫。

在非合作解中，也像合作均衡中一样，个人财富取决于丈夫和妻子对于收入和其他资源的各自控制。非合作婚姻中，家庭成员从共同消费公共物品中受益；在日复一日的婚姻博弈中这种非合作婚姻比离婚有更合理的威胁，特别是对于老年夫妇，他们的离婚率（考虑离婚后再婚）很低。非合作不需要公开的冲突或敌意，丈夫和妻子通过小的协商都会完成社会易于接受的各自责任，因此非合作解取决于社会规范所规定的家庭责任的性别专业化分工，此模型提供了社会规范影响家庭结果的路径。

婚姻的博奕模型取消了单一模型的一些约束性假设，如个人收入共同使用、婚姻外部条件对于婚姻博弈结果的不相关性，拓宽了理性家庭行为。此类模型的许多变型意味着，在婚姻内部和外部，控制资源的人会影响婚姻内资源的分配，支持此结论的经验证据正在增加。对于接近退休的夫妇，博弈力量受个人控制劳动收入和退休时间的影响，也受个人控制养老金、其他退休收入、支出的影响。从事市场劳动并且有养老金的妇女可能比家庭妇女有更强的讨价还价的地位，况且，妻子从事市场劳动本身就是讨价还价的结果。Jeffrey Gray 发现已婚女性的劳动供给是其婚姻中博弈地位的增函数，可用各州离婚和婚姻财产法来衡量。② 显然，男性会与待在家中的妻子讨价还价，而这个协商结果将会影响家庭资源的长期分配。

老年遗孀的高贫困率及对其相对低收入的可能性解释成为经济分析和公共政策中重要的问题。已故丈夫曾作出的自私或缺少远见决策的考虑似乎产生于传统的家庭决策模型，丈夫根据自己的偏好和预期寿命单方面作出储蓄和退休决策。然而，遗孀的相对贫困也可能由合作家庭博弈引起，即妻子的博弈力量无法确保生命后期仍保持贫困线以上的消费状态。如果用内生威胁点或外生威胁点的合作博奕模型都能准确地描述家庭关系，那么可以预测女性不断增加的、相对的市场收入，将会提高其成为遗属时的经济地位。③ 因此，博奕模型表明提高女性就业机会、限制养老金的政策都会改善老年遗孀的生活状况。④

虽然一期单一模型的生命周期方程已被我们所熟知，但大部分博奕模型一

① Lundberg 和 Pollak（1993）。

② Gray（1998）.

③ 对于这个观点，我想到的唯一经验证据由 Browning（1995）提供，他在加拿大数据中发现，家庭收入中妻子的份额对家庭储蓄率无显著性影响。

④ 影响家庭内资源分配的方式，在发展文献和最近发展机构的活动中是一个普遍的话题，但在国内政策讨论中不突出。

直被限制在一个静态的、一期博弈中。分析退休决定时，重要的是认识到应动态地研究家庭前瞻性的多期决策，每个人都意识到自己当期行为对其未来的影响。这种决策模型至少需要两期，即工作和退休，并且许多问题需要增加可能成为遗孀的第三期。婚姻博弈理论模型要求在合作和非合作框架之间进行选择。合作博奕模型假定博弈双方之间可能存在有约束力的、无成本的可执行协议（例如，关于消费方式和退休时间），但家庭内有关资源分配的协议通常没有法律强制性，只有社会规范可能从外部强制配偶的责任，丈夫和妻子可信赖地采取私人非最优的未来行动是困难的。因为这一原因，一个集中于自我执行协议的非合作框架，可能偏好于家庭博弈研究。此情况下，家庭内资源的分配和家庭行为的有效性更可能依赖社会或私人的机制，如社会规范或来自朋友和大家庭的压力，来帮助执行内部的临时协议。

退休和博弈

退休作为人生的一个决策，有三个重要的特征。首先，从职业生涯中退休具有不可逆性。退休者可能会返回到工作岗位，但通常都是低工资，因为他们失去了与职业工作相联的特定人力资本价值，或者说他们逐步失去延期补偿、增资计划。工资的减少会降低退休者对收入的潜在控制，也会削弱其在家庭内的博弈力量。其次，退休行为减少了市场劳动，增加了闲暇时间。特别是对于女性，增加了家务劳动时间。最后，退休行为影响了退休者的资产和实际消费。

当丈夫是主要收入者时，夫妻双方对其退休时间不可能达成一致。退休实质上增加了丈夫的闲暇时间，而没有增加其妻子的闲暇时间，妻子会有更大兴趣为其退休后较长余命积累资金。当妻子突然发现她们已退休的丈夫整天无所事事时，我们可以想到妻子除了不悦外更喜欢其丈夫晚退休。此外，退休者潜在收入的减少会威胁到他对家庭资源的未来控制权，更倾向于推迟退休。

几项研究结果已经证明退休时消费水平会显著地下降。[①] 标准的生命周期模型无法解释这一点，像工作费用的结束、闲暇时间的替代、家庭生产市场物品等因素在理论上与事实也无法趋于一致。消费间断性下降符合下面的令人惊讶的报道："退休者估量他们的财富，发现他们的资源不足以维持他们习惯性的生活标准……并且根据他们的现实情况，降低了他们的期望"。[②] 家庭内部

① 在美国，Hamermesh 和 Mariger（1987）；在英国，Banks，Blundell 和 Tanner（1998）；在加拿大，Robb 和 Burbrige（1989）都用文献记录消费下降。

② Bernheim，Skinner 和 Weinberg（1997，p. 5）。

博弈模型提供了另一个解释，丈夫的婚姻威胁点随着其退休而发生改变。当丈夫对市场收入的控制力下降时，夫妇的消费状况将转向妻子偏好的状态，妻子由于预期余命更长而喜欢维持储蓄。当然，这种转移是预期的，但夫妇对未来分配无法达成有约束力的协议，将会阻碍生命周期模型所预测的平稳消费。如果婚姻博弈在可观察的消费下降中很重要，就可以预料这种情况只发生在已婚夫妇中，并且当丈夫比妻子年龄大得更多时更显著。

丈夫和妻子倾向于一起退休。在单一模型中，丈夫和妻子之间闲暇的极大的互补性可以解释同时退休行为。其他可能性解释包括夫妻退休偏好中的相互关系，或者他们养老金增长状态中的相互关系。[①] Alan Gustman 和 Thomas Steinmeier 发现退休行为的一致性取决于偏好而不是预算，同时发现尽管妻子的退休决定不受其丈夫的强烈影响，而丈夫的退休决定却受妻子的强烈（正的）影响。这种模式既不符合最初的次要收入者的范例，也不符合单一模型；前者意味着妻子的行为不影响其丈夫的行为；后者意味着配偶间退休相互影响中的对称性。Gustman 和 Steinmeier 推测这种结果由丈夫的战略行为引起，丈夫愿意独自面对房子和随之而来的责任。[②]

研究议程（Research Agenda）

博弈理论在退休及相关问题的潜在运用中仅有一些得到发展。最近的几个研究已经检验老年夫妻联合劳动供给。我们认识到男性退休决定更可能取决于他们妻子的劳动供给行为，而当前已婚女性的退休决定相比过去更多地受她们自己参与市场机会的影响，这些事实与推动大多数退休分析的传统家庭范式相一致。然而，有关退休决定的婚姻背景的大量实证空白抑制了博弈模型的发展。对于婚姻状况、相对收入、年龄、健康状况以及夫妻其他特征，这些因素如何影响储蓄和消费的决定，我们知之甚少。扩展家庭的特点，特别指父母和孩子，可能影响成年男女的潜在资源和责任，也可能成为丈夫和妻子之间长期合同的执行指标。关于遗孀财富的博弈视角需要纵观扩展回归数据，这个数据不仅跟踪寡居前夫妇的资源，也跟踪妻子在婚姻中对资源的相对控制情况。

有着有趣含义的婚姻博弈模型一定是多期模型。当期消费和劳动供给决策对未来家庭资源的影响是我所讨论问题的关键。迄今为止，大部分有关婚姻的博弈理论模型都集中于有关年轻夫妇的问题：子女的资源分配，市场投资和家

① Gustman 和 Steinmeier（1997）。

② 与大部分婚姻博弈模型的研究相比，Gustman 和 Steinmeier 在退休中应用非合作模型（另见 Hiedemann，1995）。

庭人力资本。老年夫妇之间的博弈简单地说是与一个或多个合作伙伴协商的长期结果的一部分，但在分析退休行为时，考虑市场投资和家庭人力资本以及集中于老人和退休期整体问题也非常有用。

因此，家庭博弈的三个建模问题特别有趣：如何控制工作夫妇和退休夫妇间的资源分配；收入、健康状况和死亡的不确定性和风险的作用；如何执行承诺。

资源控制（Resource Control）

丈夫和妻子对家庭资源的相对控制并不容易测量[①]，最简单的指标就是相对收入，但相对收入也会依赖于工资率（指丈夫和妻子的时间价格）影响消费和时间的使用。此外，有效的资源控制不仅取决于潜在的市场收入和资产所有权，而且还有双方的知识、能力及习惯。因此，在老年夫妻博奕模型中，假定市场工资和家庭活动的回报具有某些不对称是合乎情理的。通常丈夫比妻子有更高的工资和更长的工作时间，结果是他们享受大额（公共与私人）养老金，而他们的妻子则承担大量的家庭责任。因生养孩子造成工作中断使女性领取相对低的工资和养老金积累，尽管她们成为遗孀时对孩子资源也许有更大的所有权。由于最近大量有劳动经验的已婚女性变老，丈夫和妻子在就业机会和养老金积累方面的差异性将减小。

风险（Risk）

生命周期模型通常包括对生命跨度或资产回报的不确定性，而婚姻博奕模型也要解决老年时不能自理的风险。这种风险对丈夫和妻子的影响是不对称的，原因是丈夫的年龄通常大于其妻子，可能更早地失去自理能力。因此，丈夫所需的护理就更可能由妻子提供。子女、其他亲属或护理机构代为护理也可能存在，但大家更偏好配偶的护理。失去自理能力的预期、护理的需要、博弈力量的改变和博弈能力都会影响丈夫和妻子早期战略选择。夫妇一直维持资产地位作为防范实际发生无自理能力时的保险，他们不经意留下的遗产就足以证明保险的重要性。

执行承诺（Enforcing Commitments）

婚姻博弈的合作模型假定丈夫和妻子会作出有约束力的、无成本且可履行

① Lundberg 和 Pollak（1996）对这一点进行了扩展性讨论。

的承诺，同时假定信息相对完全（或至少不是非对称的），则夫妇达成约束协议的能力确保了合作协议的有效性。[①] 由于法律机构没有作出外部强制执行婚姻内资源分配合同的规定，因此约束协议的假定需要依据动机。重复非合作博弈有多个均衡解，惩罚威胁通常维持有效的均衡解。本质上，每个配偶都认识到每一期偏离合作协议的所得小于后期受对方惩罚带来的损失。存在争论的是婚姻有以下特征：长期关系，相对完全的信息，稳定的博弈环境；这些特征在重复的非合作博弈中推动了帕累托有效。[②]

在检验已婚夫妇的生命周期行为的模型中，稳定的博弈环境的假定值得怀疑。Theodore Bergstorm 指出，“子女成长并且离开家庭，死亡率随年龄增长而增加”的模型缺乏静态性。[③] 如果博弈环境不是静止的，丈夫和妻子不能达成有约束力的短期协议，那么就会出现动态无效。几乎没有博奕模型考虑过动态效应，而 Robin Wells 和 Maria Maher 提出了一个婚姻时间分配的动态模型，聚焦丈夫和妻子的专业分工。[④] 在他们的模型中，有效均衡要求妻子专门从事家庭劳动，丈夫专门从事市场工作。而随着婚姻合同多期的重复协商，专业分工导致妻子相对博弈力量的恶化，这个威胁点就是非合作均衡，其中专门赚取收入和生产私人物品的一方比在家生产公共物品的一方有优势。由于对市场和家庭产品的了解，这种差异性会随时间增加。因此，妻子拒绝从事专业分工中的有效活动，除非其丈夫有足够资本能做预付资本转移，以补偿她在博弈力量中的未来损失和婚姻盈余。Wells 和 Maher 因此预测，由于重复婚姻博弈中的战略性考虑，家庭的专业化分工和生产能力将会低效率。

老年夫妇很可能面对一个不断变化的博弈环境。退休行为通常只发生一次并且永久地减少退休者可获得的工资收入。工人自己掌握退休时间，必须考虑退休对随后家庭博弈和婚姻内资源分配的影响。首先，退休行为会永久地改变家庭收入和闲暇时间的平衡。尽管多期决策是合作的，但丈夫比其妻子更喜欢较多闲暇和较少收入，他很想采取一次行动来增加其闲暇，而他的闲暇改变了接下来博弈中家庭面对的价格。其次，退休行为降低了丈夫的威胁点，以至于他获得一小部分家庭资源。前一个影响可能导致提前退休，第二个影响可能导

① 大部分家庭模型或者假定或者推断出：家庭行为是帕累托最优的。单一模型通过假定家庭社会福利函数是所有家庭成员效用的增函数，来确保帕累托最优，即在其他任何人境况不变坏的前提下，某（些）人的境况不可能变得更好。合作博弈模型通过设置公理的方式描述了均衡分配，其中公理之一就是帕累托最优。帕累托最优也是 Chiappori（1998，1992）所定义的集体模型的性质，Chiappori 只假定均衡分配是帕累托最优，而不是将合作或非合作博弈模型运用到家庭分配过程中，因此，他的集体模型包括合作博弈模型和特殊情况下的共同偏好模型。

② Browning 等人（1994）。

③ Bergstrom（1996，p. 1929）。

④ Wells 和 Maher（1996）。

致延迟退休，这两种情况都依赖丈夫和妻子无法达成有关消费和时间分配的有约束力的终生合同。[①]

婚姻博弈环境中的其他变化可能是由于老龄化而不是退休行为。随着夫妇变老，死亡和因疾病失去自理能力的概率增加。在重复博弈中，博弈双方的合作由于博弈结束的临近变得难以维持；老年夫妇更少能达到有效的合作解。

如果一对已婚夫妇同意实施一个有效的、终生的工作和消费方式，这些决策就取决于丈夫和妻子的预期需要和预期寿命。假使丈夫只从事市场工作、妻子只生产家庭公共物品，可以预料与非合作均衡相比，丈夫会工作更长、妻子会生产更多的家庭物品。在重复的非合作博奕模型中，关于有效结果的无名氏定理（folk theorem）总是被用于解释维持这种协议的原因。退休是一次决策，是否能维持一个有效的均衡解并不明显。丈夫比妻子更愿意提前退休，因为妻子预料自己比丈夫长寿，这就很难看到退休后如何有效地履行（比说在 65 岁而不是 62 岁）承诺。退休决定只能作一次，并且随着提前退休，妻子更愿意恢复在退休后新的情况中的多期合作博弈结果，而不是维持惩罚这种非合作状态。重复博弈的无名氏定理不适用这个情况，也不适用其他不经常发生的具有不可逆的单方作出的决策，如离职或怀孕。对于这些问题，已婚夫妇无法达成有约束力的终生协议，可能会导致无效的结果。有关适当的退休年龄的社会规范有助于支持那些只符合传统行为的协议。[②]

若丈夫和妻子之间家庭资源的分配取决于他们各自对市场收入的控制，则退休行为在婚姻博弈中可能就是一个战略性手段，工人会晚退休以控制更大比例的家庭资源或者早退休以降低自身闲暇的价格。[③] 如果退休时间不是婚姻双方有约束力的终生协议的一部分，那么不需要博弈的结果有效。丈夫和妻子之间的重复博弈会维持有效性，只要彼此短期行为的所得小于预期来自配偶惩罚的损失，而这个惩罚会由于最终博弈的临近（如死亡）而逐渐削弱。如果博弈最终的概率为常数，有限的生命不会妨碍有效的结果。事实上，死亡概率随着年龄增加，重复的婚姻博弈产生有效解随配偶变老其可能性降低。

随着男性和女性变老，他们会继续维持自己的意愿，因此，只要执行承诺并限定机会主义行为，就会维持有效的博弈结果。作为主要收入者的丈夫可能

---

① 退休行为与对收入控制力减少的联系程度，取决于养老金资产的分配和对其支出的相关控制。与个人对市场收入的控制相对照，我假定对资产的形式上的共同控制。

② 多年来，65 岁退休率高于标准模型的预测结果。Lumsdaine，Stock 和 Wise（1996）虽然无法解释 65 岁高退休率，却发现已婚男性比单身男性更可能在 65 岁时退休，这样一定比单身男女的适当退休年龄的习惯规定要长。可以推断婚姻内关于退休的社会规范可能作为承诺手段来帮助维持老年男性与其妻子的有效合作。

③ 值得注意的是，对劳动收入的控制会被对资产的控制所取代，退休时作出的任何有关养老金收入分配的决策对于随后的博弈和分配也将非常重要。

更愿意继续工作，条件是妻子承诺当他失去自理能力时能得到其护理。然而，由于丈夫对妻子放弃护理的惩罚只是他单方的愿望，因此无法保证妻子提供生命后期的护理，除非这样做对她私人最优。① 临终不合作对退休时间的影响并不明显。丈夫若无能提供其妻子护理收入，就会选择早退休；而倘若有资产可以保证丈夫年老时可购买替代护理，则他愿意晚退休和多积累资产。

尽管报复的威胁性逐渐削弱，而确保婚姻承诺在生命后期得到维持的重要机制却依然存在。利他主义或情感都会使妻子在丈夫年老失去自理能力时照顾他，是私人最优的，而且社会对放弃护理对方的配偶不认可。成年子女也会监督父母的行为，并惩罚不照顾另一半的父母。子女也会选择避免自己成为鳏寡父母的唯一支撑，但惩罚不提供遗属照顾的已故父母比惩罚活着的父母更难。此外，子女的作用提供了某种潜在的可检验的假设，例如，假如子女的存在促进了父母的合作，那么在有子女的老年夫妇中会看到更多的配偶护理而不是市场护理或替代护理。

家庭博弈的其他特征可能导致时间和物品分配中的无效性。如果博弈本身代价很高，那么有内部非合作威胁点的合作博弈符合无效的结果。协商、监督和合作协议的履行增加了交易成本，交易成本很可能在丈夫和妻子两个人中变化。因此，一些夫妇喜欢保持在分离半球均衡解中，因为这个均衡解通过社会强制执行来维持并不包括博弈成本。另外，非对称的信息也很重要。婚姻虽然是共享空间中长久亲密的关系，但它不可能完全展示个人偏好和其他所有重要的信息。偏好的错误表现、不适合的战略、保留个人有关私有信息（家庭功能或财政状况）都是正式建立的婚姻博奕模型的特征。1974 年 ERISA 规定共同生活则选择默认养老金，结果表明已婚夫妇间的非对称信息是婚姻决策的重要特征。

结论

通常用传统的家庭模型分析退休行为，模型中所有的决策都由决策者即家长作出。家庭的共同效用或单一模型考虑丈妻间时间分配和预算约束方面的相互影响，而且假定已婚夫妇行动就像有单一效用函数的单一决策者一样。相比之下，婚姻博奕模型允许我们考虑丈夫和妻子各自独立的行动和打算，以及由于离婚或死亡导致婚姻的解体。

相对于联合效用家庭模型，博弈理论模型认可更宽泛的理性行为，这可以

① 法律限制丈夫剥夺其配偶继承权影响了夫妇可能博弈的范围以及已规定的分配。这些限制条件随不同州和不同类资产改变，它是否与退休行为的差异性和护理安排相联系，实证研究为此提供了大量的资料。

帮助我们解开一些实证研究的谜底，比如不符合个人生命周期模型的消费状况。如果婚姻双方对于时间和金钱的未来分配问题无法达成具有强制力的承诺，那么不同战略动机就会导致家庭行为中不连续的变化。例如，如果退休行为不可逆并且退休时间不受有约束力的婚姻协议影响，那么从工作岗位退休会导致丈夫和妻子对家庭资源相对控制的改变。

博奕模型对于退休政策也有一个潜在的重要影响：首先，资源的控制和独立的决策力量增加了丈夫或妻子在各自私人利益下协商家庭结果的能力。这种结果的主要影响是分散的。大量贫困遗孀的存在不能证明家庭资源在时间上的分配是无效的，但可以证明由于妻子的博弈力量太弱以至于不能保证她们有足够的积累来防止老年贫困。其次，婚姻博弈会产生无效的博弈结果。无效结果可能导致两种情况：在博弈力量中对预期未来变化的战略回应；当生命结束临近时，非合作行为随生命临近而发生逆转。如果丈夫和妻子之间的有效合同涉及专门分工并且妻子预计比丈夫活的时间更长，那么倘若协议没有约束力，丈夫会选择更早退休，妻子则在生命的最后几年不会提供家庭服务。

预计老年已婚夫妇的博奕模型会产生各种各样的结果，取决于效用函数的确切分工、配偶间相互依赖的属性以及配偶执行相互短暂协议的能力。然而，通常家庭单一模型产生的某些结果不会保持不变，以前不影响单一博弈结果的因素如个人对于收入和资产的控制，在确定的家庭行为中会变得重要。更多有关婚姻消费环境和退休行为的实证研究会帮助证明博弈问题对于解释老年美国夫妇行为的某些方面是否十分重要。

参考文献

Banks, James, Richard Blundell, and Sara Tanner. 1998. "Is There a Retirement Savings Puzzle?" *American Economic Review* 88 (September): 769—788.

Behrman, Jere R. 1997. "Intrahousehold Distribution and the Family." In *Handbook of Population and Family Economics*, edited by Mark R. Rosenzweig and Oded Stark. Amsterdam: North-Holland.

Bergstrom, Theodore C. 1996. "Economics in a Family Way." *Journal of Economic Literature* 34 (4): 1903—1934.

Berkovic, James C., and Steven Stern. 1991. "Job Exit Behavior of Older Men." *Econommerrica* 59 (1): 189—210.

Bernheim, B. Douglas, Jonathan Skinner, and Steven Weinberg. 1997. "What Accounts for the Variation in Retirement Wealth among Households?" Working Paper 6227. Cambridge, Mass.: National Bureau of Economic Research.

Blau, David M. 1998. "Labor Force Dynamics of Older Married Couples." *Journal of Labor Economics* 16 (3): 595—629.

Browning, Martin. 1994. "The Saving Behaviour of a Two-Person Household." Working Paper 94—06. McMaster University.

——. 1995. "Saving and the Intra-Household Distribution of Income: An Empirical Investigation." *Ricerche Economiche* 48: 277—292.

Browning, Martin, and others. 1994. "Income and Outcomes: A Structual Model of lntrahousehold Allocation." *Journal of Political Economy* 102 (6): 1067—1096.

Chiappori, Pierre-Andre. 1988. "Rational Household Labor Supply." *Econometrica* 56 (1): 63—89.

——. 1992. "Collective Labor Supply and Welfare." *Journal of Political Economy* 100 (3): 437—467.

Clark, Robert, and Thomas Johnson. 1980. "Retirement in the Dual Career Family." Final Report to the Social Security Administration. Washington.

Diamond, Peter. 1997. "Macroeconomic Aspects of Social Security Reform." *Brookings Papers on Economic Activity*, 2: 1—87.

Gray, Jeffrey S. 1998. "Divorce Law Changes, Hoursehold Bargaining, and Married Women's Labor Supply." *American Economic Review* 88 (3): 628—642.

Gustman, Alan L., and Thomas L. Steinmeier. 1986. "A Structural Retirement Model." *Econometrica* 54 (3): 555—584.

——. 1997. "Retirement in Dual-Career Families: A Structural Model." Dartmouth College (April).

Haddad, Lawrence, and John Hoddinott. 1994. "Women's Income and Boy-Girl Anthropometric Starus in the Côte d'Ivoire." *World Development* 22 (4): 543—553.

Hamermesh, Daniel S. 1984. "Consumption during Retirement: The Missing Link in the Life Cycle." *Review of Economics and Statistics* 66 (1): 1—7.

Hiedemann, Bridget. 1995. "A Stackelberg Model of Social Security Acceptance Decisions in Dual Career Households." Seattle University.

Honig, Marjorie. 1998. "Married Women's Retirement Expectations: Do Pensions and Social Security Matter?" *American Economic Review Papers and Proceedings* 88 (2): 202—206.

Hurd, Michael D. 1990. "The Joint Retirement Decision of Husbands and Wives." In *Issues in the Economics of Aging*, edited by David A. Wise, 231—254. University of Chicago Press.

Lumsdaine, Robin, James Stock, and David Wise. 1992. "Three Models of Retirement: Computational Complexity versus Predictive Validity." In *Topics in the Economics of Aging*, edited by David A. Wise, 19—57. University of Chicago Press.

——. 1996. "Why Are Retirement Rates So High at Age 65?" In *Advances in the Economics of Aging*, edited by David A. Wise, 11—82. University of Chicago Press.

Lundberg, Shelly. 1988. "Labor Supply of Husbands and Wives: A Simultaneous Equations Approach." *Review of Economics and Statistics* 70 (2): 224—235.

Lundberg, Shelly, and Robert A. Pollak. 1993. "Separate Spheres Bargaining and the Marriage Market." *Journal of Political Economy* 101 (6): 988—1010.

——. 1994. "Noncooperative Bargaining Models of Marriage." *American Economic Review Papers and Proceedings* 84 (2): 132—137.

——. 1996. "Bargaining and Distribution in Marriage." *Journal of Economic Perspectives* 10 (Fall): 139—158.

Lundberg, Shelly, Robert A. Pollak, and Terence J. Wales. 1997. "Do Husbands and Wives Pool Their Resources? Evidence from the U.K. Child Benefit." *Journal of Human Resources* 32 (3) 463—480.

Manser, Marilyn, and Murray Brown. 1980. "Marriage and Household Decision Making: A Bargaining Analysis." *International Economic Review* 21 (1): 31—44.

Mariger, Randall P. 1987. "A Life-Cycle Consumption Model with Liquidity Constraints: Theory and Empirical Results." *Econometrica* 55 (3): 533—557.

McElroy, Marjorie B. 1990. "The Empirical Content of Nash-Bargained Household Behavior." *Journal of Human Resources* 25 (4): 559—583.

McElroy, Marjorie B., and Mary Jean Horney. 1981. "Nash Bargained Household Decisions." *International Economic Review* 22 (2): 333—349.

Robb, A. L., and J. B. Burbridge. 1989. "Consumption, Income, and Retirement." *Canadian Journal of Economics* 22 (3): 522—542.

Rose, Elaina. 1999. "Consumption Smoothing and Excess Female Mortality in Rural India." *Review of Economics and Statistics* 81 (1): 41—49.

Stock, James, and David A. Wise. 1990. "The Pension Inducement to Retire: An Option Value Analysis." In *Issues in the Economics of Aging*, edited by David A. Wise, 205—224. University of Chicago Press.

Samuelson, Paul A. 1956. "Social Indifference Curves." *Quarterly Journal of Economics* 70 (1): 1—22.

Thomas, Duncan. 1990. "Intra-Household Resource Allocation: An Inferential Approach." *Journal of Human Resources* 25 (4): 635—664.

——. 1994. "Like Father, Like Son: Like Mother, Like Daughter: Parental Resources and Child Height." *Journal of Human Resources* 29 (4): 950—988.

Wells, Robin, and Maria Maher. 1996. "Time and Surplus Allocation Within Marriage." Massachusetts Institute of Technology (February).

评　论

◎ B. Douglas Bernheim

Shelly Lundberg 的文章提出了充分的理由，说明已婚工人通过共同决策确定退休行为。因此，家庭内部博弈的详细论述更可能提高了我们对于退休行为的理解。为说明理由，Lundberg 提供了一个有意义并且有价值的家庭决策研究的概览，同时提出一些引起争论的退休行为的应用。她勾画出一个前景光明并且尚未探讨的调查研究方向，其文章对于年轻经济学家寻找研究古典问题的新方法特别有用。我基本同意这篇文章的中心观点，所以我的评论也主要是对一些内含主题的详细描述，不过某些方面我也有一些理论上的意见。我的评论分为四个部分，包括单一模型、合作模型、非合作模型和实证模式的解释。

单一模型

Lundberg 区分了构建共同决策模型的两种方法：单一模型和集体模型。前者最大化单一效用函数；后者包括合作博弈模型和非合作博弈模型。在古典单一模型中，夫妇在预算（等于他们收入的总和）约束下，最大化他们各自效用的社会福利函数。Lundberg 声称，此模型产生标准的家庭需求，其结果必然是帕累托有效，夫妻间分配问题在任何情况都不会出现。然后，她总结了一些与单一框架中心含义相冲突的实证结果。

尽管我赞同单一模型难以解释她所描述的实证结果，但我认为此方法比她论述中所建议的更有趣。此外，我也不赞同她对于分配和效用的论述。为理解这个原因，需要考虑夫妇的生命周期计划的单一模型。

简单地假设夫妇双方能活 T 期，用 c_t 表示 t 期家庭支出，C_t 表示向量（c_t，…，C_T），假设家庭支出是纯公共物品。假设丈夫没有足够耐心，因此，每一期 t，他的效用只是当期支出的函数：$U_t{}^H$（C_t）$=u$（c_t）；假定妻子是一个利他主义者，从效用函数 V_t^W（C_t）获得直接效用，从丈夫的效用函数中获得间接效用：U_t^W（C_t）$=V_t^W$（C_t）$+\alpha U_t^u$（C_t）。此外，假设函数 V_t^W 是常贴现率 p 的标准的、可加性的独立偏好：V_t^W（C_t）$=\sum_{\tau=0}^{T-t}p^t u$（$c_{t+\tau}$）。最后，假设妻子裁决全部家庭决策。

此模型在 Lundberg 的理解中是单一的，因为家长（特别指妻子）最大化单一社会福利函数（特别指妻子的效用函数），不存在博弈或协商，而且结果不必有效，分配问题是有意义的。为了理解这个，请注意妻子的效用函数可以改写为：$(1+\alpha)^{-1}U_t^W$（C_t）$=u$（c_t）$+$（$1+\alpha)^{-1}\sum_{\tau=0}^{T-t}p^t$（$c_{t+\tau}$）。这些偏好是动态不一致的，就此而言，在时期 t 和 $t+1$ 消费的边际替代率承受着 t 期临近而改变。特别是当时期 t 到来时，妻子不太愿意在时期 t 和 $t+1$ 之间推迟消费。David Laibson 将这些偏好看作是“双曲线贴现”(hyperbolic discounting）的情况，如他所讨论的，这种形式的动态不一致偏好会导致无效的选择。[①] 虽然妻子在某个 t 点上可能想出最优计划，但通常她不愿意在随后阶段继续坚持

① Laibson (1998).

此类计划。假设丈夫和妻子以不同利率贴现未来效用，且丈夫生病时，就产生类似的结论。

在这个简单的单一模型中，分配问题被完全从这个角度提出，丈夫和妻子受环境变化的不同影响，环境促使独权的妻子重新分配当前和未来之间的消费。通常来说，人们容易扩展此模型以适应家庭私人和公共支出的情况。环境的变化促使独权的妻子改变妻子的私人物品、丈夫的私人物品和公共物品三者之间的消费结构，显然会带来分配上的影响。

合作博奕模型

据我看，单一模型和合作博奕模型之间的关系比 Lundberg 所表明的更密切。为了理解这一点，用 U^i 和 T^i 分别代表配偶 i（$i=H, W$）的效用和威胁点。对于纳什博弈解，家庭最大化了式 $\alpha\log(U^H-T^H)+(1-\alpha)\log(U^W-T^W)$。然而，若固定 T^i，我们总是把表达式 $\log(U^i-T^i)$ 看作是配偶 i 的效用，这就相当于单一模式中所用的标准社会福利函数。

为维护 Lundberg 对两者的区分，我们可以认为合作模型对比较静态有影响，不同于单一模型。例如，由于工资率不能直接记入配偶的效用函数，单一模型中工资率的变化只会通过家庭预算约束来影响选择。与此形成对比，合作博奕模型考虑到工资率直接通过威胁点 T^i 进入表达式 $\log(U^i-T^i)$ 的概率。

尽管上述论点相当正确，但它的实际影响有限，除非一个人已经知道大量有关消费和闲暇之间的替代或补充范围，否则经验上难以区分上述两类模型：①允许工资率通过项 $\log(U^i-T^i)$ 进入效用函数的合作博奕模型；②只通过预算约束，限制工资率记入效用函数的单一模型。区别地说，如果某个人采用一种参数类型的效用函数，不包含真实的效用函数，人为限定消费和闲暇之间的替代和补充模式，那么数据就会表明工资率的影响不受预算约束的限制，这样就错误地否定了单一模型。

类似论述适用许多变量，但可能不是全部，设想这些变量通过威胁点进入博弈问题。大部分情况中，有一个可观察的均衡单一模型说明实证模式的同样情况。也有一些例外，可能包括 Lundberg 提到的英国普遍儿童津贴转移的情况。但这些例外是罕见的，无法提供足够的信息使效用函数和带置信度的威胁点函数分别参数化。然而，如果没有这些函数严格的参数化，人们就不可能用合作博弈框架对经济环境中任意变化的结果进行可靠的预测。

强调合作博弈框架不涉及威胁点的限定情况也非常重要。尽管特殊情况的经济学提出一些本质属性（例如，个人威胁点对其工资率的正向依赖），但人们不可能对威胁点事先作出更多说明。对于已婚夫妇所作的共同决策，威胁点与离婚或婚姻内缺少合作情况相似。当威胁点相似于离婚时，其中一个配偶的经济状况会影响另一个配偶的威胁点（至少在缺少利他主义或敌意时）。然而，当威胁点与婚姻内缺少合作情况相似时，每一个威胁点都依赖双方的经济结果（特别是如果家庭消费一些公共物品时）。Lundberg 提到了各种各样的可能性，但并没有解释人们实际上如何区分两者。我怀疑难以用令人信服的方式区分两者。

威胁点也可能主要由非经济因素决定，如情感的悲痛。当非经济因素比经济因素重要时，把威胁点视为固定可能合适，此时人们就置于单一模型框架。有点区别地说，单一框架就是合作博弈框架的特殊简化形式，其威胁点由制度外因素决定（可能是情感反应）。

非合作模型

在生命周期家庭共同决策的非合作模型中，行为符合动态的博弈均衡。Lundberg 强调这个事实：博弈是非静态的。退休行为只是其他事情中的一次决策，死亡率——也是博弈结束的概率——随年龄增加。我同意这个描述，并从她的文章中汲取到一些不同的经验。

退休本质上的一次性

Lundberg 提出如果退休是一次决策，那么就不可能维持有效的均衡。她给出了两个理由：第一，随着提前退休，妻子更愿意恢复在退休后新的环境中的每期合作结果，而不是维持惩罚这种非合作状态。第二，重复博弈无名氏定理不适用这种情况，也不适用不经常发生的具有不可逆的单方作出的决定。我并不确信这些观点，相信在生命周期背景下，执行有效的退休结果的余地是实际存在的。

Lundberg 的第一个理由类似于大多数博弈理论学家的观点。[①] 提出的共同问题如下：假定博弈双方发现他们处在多层博弈的子博弈中，均衡策略规定子博弈中的“惩罚”均衡。如果有一个更理想的持续均衡，博弈双方就会重复协商并同意以不同于原计划的方式继续博弈。这些论述引起各种各样的均衡改进（refinement），如“再协商试验”（renegotiation proofness）和“集体动态一致性”（collective dynamic consistency）。因此，Lundberg 区分的这个问题通常被认为非常重要。然而，它与非静止性没有关系，这个问题也会出现在最简单

① Bernheim 和 Ray（1989）；Farrell 和 Maskin（1989）。

的、静止的重复博弈中。

例如，考虑一个无限重复的“囚徒困境”博弈，博弈双方或者合作或者欺骗。只要博弈双方对未来结果给予充分的权重，他们会随着偏离再次恢复到静态纳什结果（双方选择欺骗）的重复中，以维持合作的均衡结果。然而，如果要求双方进入一个惩罚阶段，他们会更愿意在偏离后新的状况中恢复多期的合作结果，而不是维持惩罚的非合作状态。

与 Lundberg 的主张相反，重复协商的潜在性不需要削弱合作的可行性。博弈双方可以转移到对一方有利、一方不利的均衡中，而不是转向不利于双方均衡的惨重的有偏状态。[①] 这种情况下，只要尚未发生偏差，至少有一方不愿意恢复已经出现的结果。更具体地说，在 Lundberg 讨论的生命周期问题的背景中，通过转向另一均衡可以惩罚比计划更早（或更晚）退休的配偶，这个均衡从另一配偶角度看更有利于分配消费，从偏离的配偶角度则不利于分配消费。

Lundberg 的第二个理由——重复博弈无名氏定理不适用非静态环境——技术上是正确的。但无名氏定理的基本原则依然适用于不经常决策的非静态模型。一般来说，当贴现因子 δ 超过某个阈值 δ^*（δ^* 严格上小于1）时，理想的合作将以一个实际的重复博弈的均衡结果出现。当 $\delta\in[\delta^*, 1]$ 时，最严重的惩罚不仅仅足以执行合作，这意味着滞后执行，也可能适用于其他（包括不经常作出的）决策。[②] 为了说明这个情况，假想双方正在作无限重复的囚徒困境博弈，而且其中一方在第一阶段作出了一次决定，只要贴现因子非常接近1，则惩罚的均衡解就必须足够严格，不仅在每一次“囚徒困境”博弈中执行合作，而且也确保一次决策有合作解。如果把一次决策看作退休，把囚徒困境看作其他家庭决策（例如消费），则很明显无名氏定理的实质含义适用 Lundberg 的生命周期问题，尽管这个定理表面上不适用。

存活率下降

Lundberg 也讨论了生存的年龄条件概率下降的非静态影响。她推断如果终止婚姻博弈的概率随年龄增加，则惩罚威胁的影响当死亡临近时将减小，预期的博弈维持时间会缩短。由此，她认为婚姻非合作变得更有可能，这个事实也会解散前阶段婚姻合作。[③] 虽然这些观点包含真实的因素，但他们需要进一

① Bernheim 和 Ray（1989）。

② 见 Bernheim 和 Whinston（1990）的相关讨论。

③ 另外，Lundberg 讨论，为维持有效解，婚姻内重复博弈的吸引力当生命结束临近时变得很难。重要的是要理解如果合作在最终博弈中不可行，则最终博弈前的合作就会解散。

步澄清和详细说明。一般来说，合作不需要解散，仅仅是因为博弈持续的概率将随年龄增加而下降。

第一，考虑死亡时间已知的特殊情况，因此，博弈的范围有限并且确定。合作仅在博弈有唯一均衡时才会解散。实际上，对于有限范围的重复博弈，有一个无名氏定理，有效地阐明假使范围足够长，并且每个阶段的博弈至少有两个不同的均衡解，人们就会得到任何可行的、个人理性的结果。① 除了最简单的战略情况，均衡解的非唯一性普遍存在。因此，没有理由相信有限范围的生命周期博弈中的合作必须解散。

第二，即使不被无名氏定理涵盖的情况中，合作也不需要解散，除非持续概率在某个时点上实际达到“0”。对于时间上连续概率的一般重复博弈，也有一个无名氏定理，博弈双方从时期 $t+1$ 到时期 t 的贴现率为 δ_t，其中 δ_t 总是正的但可能随 t 下降，也可能渐近地接近于“0”。在这些情况中，假定 δ_t 在足够长的时间后接近于 1 并且假定在限定的范围内，当 $t \to \infty$，$\sum_{k=1\tau} [2^{-k} \ln \delta_k] > -\infty$，人们就可以得到任何可行的、个人理性的结果。此条件是合作均衡解存在的充要条件。② 当且仅当 $\alpha < 2$ 时，此条件也满足于 $\ln \delta_k = \ln \sigma + \alpha^k \ln \lambda$ 的特殊情况。这个论述在当前非常有意义，因为人口学家一直使用这个特别的函数形式解释人类生存概率的演变，并且已经发现 α 实际上小于 2。③ 所以，没有令人信服的理论原因让人相信，下降的生存概率会削弱生命周期博弈中合作的可行性（尽管一旦生存概率变得足够小，合作程度随年龄下降）。

第三，即使当个人博弈者寿命很短时，只要有重叠代的博弈者或者某些博弈者活得更长，合作通常可能维持。④ 像 Lundberg 提到的，当前子女会扩展生命周期博弈，促进父母间的合作协议，并惩罚那些在去世前短期背叛配偶协议的父母。

第四，如果博弈双方不完全了解彼此的偏好，博弈范围的有限性不会有疑问。无名氏定理也存在不完全信息的有限范围博弈。在当前背景中，可以假想每一个配偶相信对方有潜在的小的“本能的报复”的概率，即他会报复来反对不好的对待而不顾是否有利于个人利益。⑤ 这种情况下，人们有动机形成某种报复的名声，并且这会维持合作的结果。尽管合作当博弈范围临近时可能消失，但当博弈范围足够长时，有效结果是可维持的。

此外，Lundberg 似乎表明利他主义也会防止合作解散，因为像利他主义

① Benoit 和 Krishna（1985）。

② Berheim 和 Dasgupta（1995）。

③ Gavrilov 和 Gavrilova（1991）。

④ Cremer（1986），Fudenberg，Kreps 和 Maskin（1990）。

⑤ Kreps 等其他人（1982）。

或情爱以及对方变老时护理的渴望都会确保婚姻承诺维持到最后，报复威胁也会削弱。尽管这些论述相当正确，但利他主义本身不可能缓和最终博弈（endgame）要考虑的因素。从社会福利角度，利他主义会提高了最终博弈的结果，但它不需要使此结果受过去行为的条件制约。合作解散是由于无法使最终博弈结果取决于历史，而不是由于最终博弈结果的吸引。当然，当前行为会影响未来偏好。如果不好的对待使人感到无法对其配偶实行利他主义，那么当前选择实际会影响未来行为，这种情况下，人们会依靠信赖构建合作均衡解。

实证模式

Lundberg 的文章在某种程度上容易引起争论，因为她深思了各种有趣的实证模式解释。尽管这些思考有趣，但下面的例子表明，它们是初步的，且在许多情况下不完整。

不同学科的作者已用资料证明退休时的家庭消费下降，并受此现象的困惑。Lundberg 把这些现象归之于丈夫退休导致博弈力量的下降。她推断这会改变夫妇的选择，转而支持妻子的偏好，即妻子预料其活得更长，因此更喜欢储蓄。

这种解释产生了几个问题。[①] 首先，尽管女性有较长寿命，但单身女性相比男性似乎不倾向于储蓄。如果这些具体性别的倾向也描述了已婚女性特征，那么任何向妻子偏好状态的转移都将增加消费，而不会较少。其次，Lundberg 的假设意味着单个人在退休时不会出现消费中断。这个影响是可检验的。最后，Lundberg 的观点在正常模型中难以证明。丈夫的博弈力量应该随着他未来收入的当前贴现值而逐渐下降，而不是随着他收入中止而中断。人们无法看到退休前支持未来消费的家庭选择的逐渐转变情况。[②]

参考文献

Benoit, Jean-Pierre, and Vijay Krishna. 1985. "Finitely Repeated Games." *Econometrica* 53 (July): 905—922.

Bernheim, B. Douglas. 1993. *Is the Baby Boom Generation Saving Adequately for Retirement? Summary Report*. New York: Merrill Lynch, Pierce, Fenner & Smith.

Bernheim, B. Douglas, and Aniruddha Dasgupta. 1995. "Repeated Games with Asymptotically Finite Horizons." *Journal of Economic Theory* 67 (October): 129—152.

Bernheim, B. Douglas, and Debraj Ray 1989. "Collective Dynamic Consistency in Re-

---

① Bernheim (1993)。

② Bernheim, Skinner 和 Weinberg (1997).

peated Games." *Games and Economic Behavior* 1 (December): 295—326.

Bernheim, B. Douglas, Jonathan Skinner, and Steven Weinberg. 1997. "What Accounts for the Variation in Retirement Saving Across U. S. Households?" Working Paper 6227. Cambridge, Mass.: National Bureau of Economic Research (October).

Bernheim, B. Douglas, and Michael Whinston. 1990. "Multimarket Contact and Collusive Behavior." *RAND Journal of Economics* 21 (Spring): 1—26.

Cremer, Jacques. 1986. "Cooperation in Ongoing Organizations." *Quarterly Journal of Economics* 101 (February): 33—49.

Farrell, Joseph, and Eric Maskin. 1989. "Renegotiation in Repeated Games." *Games and Economic Behavior* 1 (December): 327—360.

Fudenberg, Drew, David Kreps, and Eric Maskin. 1990. "Repeated Games with Long-Run and Short-Run Players." *Review of Economic Studies* 57 (October): 555—574.

Gavrilov, Leonid Anatolevich, and Natalia Sergeevna Gavrilova. 1991. "The Biology of Life Span: A Quantitative Approach." Reading, United Kingdom: Harwood Academic.

Kreps, David, and others. 1982. "Rational Cooperation in the Finitely Repeated Prisoner's Dilemma." *Journal of Economic Theory* 27 (August): 245—252.

Laibson, David. 1998. "Life-Cycle Consumption and Hyperbolic Discount Functions." *European Economic Review* 42 (May): 861—871.